为中国母亲立言，

为天下儿女立铭，

为茫茫人海立镜。

——题记

妈妈的话

一句顶一句

—— 中国妈妈的100句家训范例解析

路秀儒　孙娘　著

山东城市出版传媒集团·济南出版社

图书在版编目（CIP）数据

一句顶一句：中国妈妈的100句家训范例解析／路秀儒，孙娘著. —济南：济南出版社，2018.11
ISBN 978 - 7 - 5488 - 3480 - 9

Ⅰ. ①一… Ⅱ. ①路… ②孙… Ⅲ. ①家庭教育 Ⅳ. ①G78

中国版本图书馆 CIP 数据核字（2018）第 271282 号

出 版 人 崔 刚
策 划 人 徐先领
责任编辑 李建议 陈文婕
封面设计 刘 畅
出版发行 济南出版社
地 址 济南市二环南路 1 号（250002）
编辑热线 0531 - 67883204
发行热线 0531 - 86131728 86922073 86131701
印 刷 山东临沂新华印刷物流集团有限责任公司
版 次 2018 年 11 月第 1 版
印 次 2019 年 1 月第 1 次印刷
成品尺寸 170mm×240mm 16 开
印 张 23.25
字 数 310 千
印 数 1—3000 册
定 价 100.00 元

济南版图书,如有印装质量问题,请与出版社出版部联系调换。
电话:0531 - 86131736

永远的温度，永远的乡愁

（自序）

　　妈妈是个说不完的话题，是本读不完的书。

　　朋友们一次次相聚，每当说起自己的妈妈，个个都是那样动情、那样自豪，间或也带着些许愧疚，五十多岁的人了就像个孩子，眼里总是噙着泪花。

　　妈妈是人世间最无私的人，中国妈妈是世界上最具奉献精神的女性，她们默默地生存着，默默地付出着，默默地期盼着，从不问自己得到什么，只求家人过得幸福，只愿儿女长有所成。受年代的限制和影响，她们大多没有什么文化，也没见过多少世面，但她们有生活的积累，有人生的沉淀，有对世事的洞察、感悟与深谙，更有一颗对儿女赤诚的心。她们说出来的话也许很粗糙，甚至土得掉渣，但话里面有哲理、有世界、有乾坤，真实得透亮，深切得入髓，受用得如水。中国妈妈最善良，中国妈妈最智慧。儿女面前，妈妈都是活菩萨；世人面前，妈妈都是哲学家。

　　一位妈妈的话可以影响一家儿女，众多妈妈的话汇集在一起，能够让无数个儿女终生受益。一个冬日的晚上，一帮"心中有妈"的朋友又说起妈妈的话题。于是，"为中国母亲立言、为天下儿女立铭、为茫茫人海立镜"的强烈愿望水到渠成、骤然而生；于是，便有了撰著这本书的构想与行动。一百位来自不同年代、不同地域，有着不同身世、不同经历的妈妈，是一个丰厚而多元的群体，她们是中国妈妈的代表与缩影，她们说出了中国妈妈的感悟与心语，也展现了中国妈妈的修行与智慧，她们大都很普通、很平凡，没有耀眼的光环，而伟大恰恰就在她们那"无彩"的世界之中。

母爱最纯洁，人之最爱是妈妈。然而，爱您虽无疑，说声"爱您"不容易。中国人表达感情的方式很内敛，对父母的感激与挚爱往往深埋心间而难以启口，这也常让一些人终生为憾。这部纪实性作品的一个初衷，就是为儿女们提供一个"晒晒"妈妈、歌颂妈妈、感激妈妈的"T台"与"秀场"，让他们的爱大声说出来。

大自然有春夏秋冬，人世间有冷暖阴阳，唯有妈妈的温度是永远；人生与乡愁相随相伴，唯有对妈妈的乡愁最浓和最不间断。那是妈妈的情常在心间温暖，那是妈妈的话常萦绕耳畔。

人活着真好！因为有妈妈，有妈有家有四方，哪怕她在与不在。

《一句顶一句》这本书，凝结了集体的智慧。感谢一百位子女提供了妈妈的话语、妈妈的故事及个人的悟见，这里面倾注着您对妈妈的挚爱与用心，也承载着您对家庭、对社会的责任与担当。

人与人相识是一种"遇见"，人与书会面同样是一种"遇见"，这里面有缘分，更有情分。感谢您阅读这本颂扬妈妈的书，我们相信您与妈妈会在书中"遇见"。

世间最值得敬重的人是妈妈，敬重妈妈的您同样值得人们敬重！

路秀儒　孙　娘

目 录

1

4

妈妈的话　NO.1

半粒黄豆富一生，一句忠言享几代。

—— 朱品高

朱品高（1926—1985），安徽省舒城县人。30岁时吕姓丈夫去世，后再嫁张姓。朱妈妈出生富家，经历了家道衰落、青年丧子、中年丧夫的人生之痛。她虽然目不识丁，人生坎坷，但已将民族做人、处事要义融入骨髓。她心胸豁达，识体明理，教子有方，邻里关系和睦，享有常人难及的威望。去世30多年来，在亲朋故友话语中时有不凡之评。

张德强①对妈妈的感情很深，尤其是有了自己的孩子后，对妈妈的思念日趋加深，苦于"子欲孝而亲不待"，总是借妈妈生日、自己生日、清明节等时机，以书信方式抒发情感，感恩妈妈。有一年清明节，他对远在天堂的妈妈写了这样一封信：

今为人间清明节，虽不知天堂何日，但您今天一定在期待。儿子今年不能去您坟前祭拜，只好在千里之外与您隔空交流，但愿不会打扰您老人家的瑶池之美，更恳请您饶恕不孝之举。

作为您最小的儿子，我打心里从没感谢过您给了生命，因为那不是您的主动选择。但我感恩在衣不蔽体、食不果腹的年代，您养育了我十几年，并教给了我生活之要和生存之道，尤其您那"半粒黄豆富一生，一句忠言享几代"的口头禅，让我受益终身。

您身上穿的永远是从表婶那里拿来的不合体的衣服，您那"新三年、旧三年、缝缝补补又三年"的消费观和"发财好比针挑土，破家就像浪打沙"的节俭观，现在看来，不仅是因为确实家里太穷，更有培养我们节俭习惯的远虑。尽管当下物质生活丰富了，但我不会花钱的"毛病"更多的还是传承了您的基因。

我记得，每当年少好动的我与别人家的孩子打架回来，您从不问青红皂白，我得到的总是您的教训甚至打骂，哪怕我"冤比窦娥"，您也不例外。二十世纪五六十年代，在家境衰落时受尽了别人的冷眼和欺凌，您仍然以平常心态笑对人生。那时对您的不理解，直到我经历人生中一次次委屈，始终能保持包容之心；承受成长路上一次次打击，始终能保持自检之态，才真正懂得了您教给我的是什么。

---

①张德强，朱品高妈妈的儿子，在部队曾任大军区机关参谋、秘书，团政治委员。转业后，任安徽省六安市工商联合会副主席。

我没忘，大雪之年，因为没有棉衣穿，躺在被窝里都会瑟瑟发抖。但您还要求您的儿子天不亮就去给几公里外的长辈们拜年，并告诫我们：家有穷富之别，人有长幼之分，穷不可理短。这也是多年后，不管我工作单位如何变换、身份地位怎么改变，尊老谦卑之心永不改的情感根源所在。

我还记得，为了填饱肚皮，在我萌生和其他孩子一起去"摘"别人瓜果的想法时，您常挂嘴边的"小时偷针、大了偷心"这句谆谆教诲还在我耳边回响。这也是现如今，我面对诱惑不动心、坚持原则不动摇，在工作中能够守住底线、不越红线，内心坦然、生活安然的"笼头"与"缰绳"。

我历历在目，因交不起学费，在辍学路上徘徊时，您给我讲"数九寒窗无人问，一举成名天下知"的励志故事，给我分析"一树枣子看我红"的家庭现状和责任担当，导致我两次休学打工且没能给您送终。为此现在，我带着内心对您的无比愧疚，尽全力照顾哥姐及他们的子孙，承担了赡养父亲的全部责任，并帮助了一个困难家庭。家庭存在感和社会责任感让我累并幸福着。我知道，您目不识丁，也讲不透什么高深理论。然而在您的怀里，我第一次听到了"王强救母焐寒冰""人心不足蛇吞象""孟母三迁""孔融让梨"等经典故事。我清楚，您一生都没有离开过舒城这块土地，更没有见过什么大人物、大世面，但您一直要求我：站要有站相、坐要有坐相、吃要有吃相。我明白，您位卑言轻，但您却在亲朋邻居中享有极高的话语权，处理家庭矛盾，协调邻里纠纷，时不时都有您的身影。我见过许多高学历高地位之人，与您相比，我感觉您虽无多少文化但很有知识，而那些人多半是知而不识、文而无化。

在别人眼里，您也许不算是个多么成功的母亲，因为您没有为哪个儿子操办过结婚成家之事。就是在我的眼里，您也不是个尽善尽美的母亲，您在我未成年时就离我而去，确实给我留下了一生不可弥补的缺憾。但几十年来，每到人生关键处，始终能感到是您在牵引我前行，是您在保佑我平安，是您在扶持我克难。细雨纷纷知时节，叫儿怎能不想妈！

我欲孝而您不待。儿愿天堂没有人间苦，妈妈衣食皆无忧。

"非遗"远胜"金谷遗"

在物质高度贫乏的年代，冬春之交的江淮地区农村，富裕人家为了改善生活，补充营养，通常将油喷黄豆伴食用作早餐。朱品高娘家在家境殷实时，父母就要求儿女们在吃早饭时一粒黄豆要作两半吃，意在提醒孩子们富裕来自节俭。娘家后来家境衰败，很多人帮着出了一些主意，令人惋惜的是有些后来证明非常好的意见，当初并没有给予采纳，错过了起死回生的机遇。朱妈妈从中深刻感悟到，即便一句忠言也可能挽救整个家势，并且可以让几代人受用终身。所以，"半粒黄豆富一生，一句忠言享几代"这句话成为她一生的座右铭，也成为她教育孩子的口头禅。

朱品高妈妈走后，给儿女们没有留下什么钱财，甚至连一张照片都没有留下。朱妈妈生前也没有给儿女们带来什么物质享受，在儿女们心中也没有留下多少值得回味的"舐犊之情"。张德强作为她最小的儿子，记事后的每个生日，没有吃过妈妈一个煮鸡蛋，过年也没有收到过妈妈一分压岁钱，他的第一个书包是妈妈用旧毛巾改造的。然而，张德强这封写给天堂妈妈的信，情深意浓，催人泪下，他的心语向人们道明，父母给子女留下的遗产，什么才是最弥足珍贵的；同时也揭开了一个谜底，为什么张德强如此感恩和留恋没有多少"舐犊之情"的妈妈。

有人说，越是父母不怎么疼爱的孩子，对父母的感情越深，也越有爱心孝心，对父母关爱和照顾得越好。实际上，世上没有不疼爱自己孩子的爸妈，只是疼爱的方式和理念不同，进一步说那或是更理性、更长久、更智慧的疼爱，那些有孝心、有出息的孩子，对爸妈给予的疼爱像张德强一样，有特别的感受、更深刻的理解。

品高则"朱"，德强则"张"。有了朱品高这样的好妈妈，便有了张德强这样的优秀儿子，逻辑或许就这样简单！

妈妈的话　NO.2

每天看到太阳升起就该高兴。

—— 朱双荣

朱双荣（1940—），山东省冠县人。这位生活在鲁西北农村的慈祥妈妈，性格爽朗，阳光大方，热爱生活，珍惜每一天，快乐度过每一天，走到哪里就把快乐带到哪里。她胸襟开阔，豁然大度，遇事理智从容，困难压不倒，挫折击不垮，强大的内心撑起了整个家；能吃苦、能吃气、能吃亏的"三吃"品格，闻名邻里乡亲。她贤惠聪明，勤劳俭朴，生活上精打细算，经营家庭有道，教育子孙有方。她热心善良，乐于助人，对困难家庭常常伸出援助之手。她的信条是："每天看到太阳升起就该高兴。"

语境介绍

一元复始，万象更新。可对许文振①来说，2007年元旦则是背运倒霉的日子。这天，他兴致勃勃地骑着自行车去书店买书，路上却不明不白地被一辆违规行驶的轿车撞倒，导致小腿胫骨全部折断。住进医院手术后，腿上固定了四个钢钉，医生说至少需要两年时间才能恢复。哪知道，这正是他人生的关键期，长期住院、病休，对事业、对生活的影响是不言而喻的。他此刻的心情，可以用"悬崖万丈冰"来形容。

妈妈朱双荣见到躺在病床上郁闷不堪的儿子文振，既心痛又欣慰。她对儿子说："孩子，娘不是经常对你们说吗，无论遇到多大的坎坷，都不要太在意，只要每天看到太阳升起就该高兴！你虽然腿折了，但万幸的是没有伤到别处。你应该高兴才是，振作起来！"妈妈的话激励着文振，他调整心态，坚持锻炼，积极配合治疗。最终，奇迹出现了：许文振三个月后正常上班，九个月后伤口痊愈、拔掉钢钉，腿恢复如常。

2015年新年刚过，领导突然找许文振谈话，考虑到军队改革在即，准备安排他转业。此时，他任处长已满6年，28年的军旅之情实难割舍。回到办公室，情感的洪流即刻冲溃堤坝，泪水无法控制地涌出眼眶。然而，转眼看到窗外的灿烂阳光，他突然想起了妈妈的那句话，于是不再犹豫不再伤感。他意识到，人挪活，树挪死，转业不过是一次转岗，既能增加阅历，又能学到更多知识，也面临着新的人生机遇。如今，他在省直机关工作有位有为，充实并快乐着。每天清晨迎着升起的太阳，走在上班的路上，内心充满自豪，充满感恩，充满幸福。

---

①许文振，朱双荣妈妈的儿子，曾在部队师（旅）、集团军、大军区财务部门任助理员、副处长、处长。现转业在山东省财政厅工作。

心中永远有座"桃花源"

　　是人，就无法免俗，即便再高雅的人，活着也要与"俗事"打交道。世间总有不平事，人生总有顺境、逆境时，交往总会碰上可心、闹心人，理财经商也会有赚、有赔，生老病死更是绕不过的坎。人间的这些"俗事"，往往紧紧揪住你脆弱的心，用力地消耗着你有限的精力与人生，考验着你的耐力与心智，逼着你拿出答卷，做出选择。于是，有人选择了郁闷，有人选择了消沉，有人选择了叹息，有人选择了愤世……当然，也有人像朱妈妈说的那样，选择了乐观与豁达。

　　晋代文学家陶渊明，生活在一个不幸的时代，军阀混战，政权更迭，民不聊生。他为过民，也做过官；五仕五隐，顺利过，但更多的是坎坷，一生大多生活在逆境之中。为避战乱，他曾两次逃难，仇家一把火又将他那点可怜的家产烧了个精光。他看不惯官场腐败，几度愤然辞职，随之而来的便是家庭生活的更大困境。然而，在他的诗文里找不到怨恨，找不到牢骚，找不到哀叹，反倒有一种"采菊东篱下，悠然见南山"的恬静。用当代作家梁衡的话说："不是说这逆境不存在，而是他能精神变物质，逆来顺推，化烦躁为平和。他以太极手段，四两拨千斤，将愁苦从心头轻轻化去，让苦难不再发酵放大，或干脆就转而发酵为一坛美酒。"于是，他的万般忧伤在《桃花源记》里化为"土地平旷，屋舍俨然，良田美地，往来耕作，鸡犬相闻，黄发垂髫，怡然自乐"的美妙期盼。他既为世人勾画出了一种理想的社会状态，更设计出了一个人心理的最佳状态，这就是梁衡所说的"永是平和自然，永葆一颗平常心"。

　　"每天看到太阳升起就该高兴"，这句听起来有些"文"、带些"雅"

的话，竟然出自一位农村老妈妈之口，这似乎有些不可思议，但细细品来确实又在情理之中。这缘于老妈妈不仅是位"脸朝黄土背朝天"的普通农民，更是一位"抬头看天"的睿智老人。在她的眼里，阳光不是烈日炎炎，不是酷暑难耐，而是暖意融融、生机盎然，看到阳光就感受到生命的存在，看到阳光就感受到生活的希望。在她的眼里，即使是居家过日子遇到的什么难事、苦水，也不过是美好生活中的插曲与调料，是上苍的眷顾，是生活的恩赐。在她的心中，总有一座陶渊明笔下的"桃花源"。

用不同的眼光，以不同的心态看世界、看人生、看事物，得出来的结论往往大相径庭。用欣赏的眼光来看，漂亮的女人是美女，是天仙，摇尾弄舌的狗狗是贴心的卫士、开心的伙伴，令人垂涎的螃蟹无疑是美味中的上品；而用嫉妒的眼光、攻讦的眼神来看，貌美的女子连着"狐狸精"与"祸水"，善良的狗狗演变成"哈巴狗""狗腿子"，美肴螃蟹则被贬成"恶人""帮凶"的替罪羊。从这种意义上讲，那些缠绕在我们心际的烦恼，许多是"看"出来的，大多又是能够靠"看"来打开心结的。

艾伦·盖尔是英国朗汉姆酒店的副总裁，正当他的事业蒸蒸日上时，不幸却接踵而至。1985年，他遭遇了一场车祸。朋友们为盖尔失去左腿而难过，纷纷前去安慰，他却不以为意地笑了。"你怎么还有心情笑呢？"朋友们都以为他在强装笑颜。盖尔依然笑道："为什么不能笑呢？当我醒来后得知自己只是失去一条腿时，就对自己说：'没什么，你只失去了一条腿，而不是整个生命。'所以，我现在有足够的理由笑啊。"不久，他被免去副总裁的职务，但他仍然笑呵呵的。"你不感到沮丧吗？"朋友问道。盖尔回答说："既然免职已成为无法改变的事实，我与其沮丧，还不如这样想：'幸好你只是失去了工作，而不是失去了再创业的勇气啊。'所以，我没有理由难过。"

盖尔像朱妈妈一样，是一个让人读懂生活的人。人生苦短，我们没有工夫去纠结、去烦恼，没有理由去和自己较劲，睿智的做法是善待自己、享受生活，把逆境当作顺境来过，过得神情怡然，过得让人嫉妒起敬；把苦日子当作好日子来过，过得有滋有味，过得让人羡慕点赞；把坏事当作好事来对待，权当花钱长见识，一笑了之，释然得让人惊讶慨叹；把上帝关上的那扇门，看作是为你打开了另一扇更大的门，把自己置身于一种新的快乐源……这不是混淆是非界限，也不是"阿Q精神"再现，而是没必要、没时间、没心气去折磨自个儿。世间无处不驻美，生活无时不生趣，何必自寻烦恼钻牛角尖，老在苦海里翻腾，自个儿和自个儿过不去呢！换一种心态就换了一个世界，应抱着"看到太阳升起就该高兴"的心气去迎接每一天。这样，凡俗的生活也会变得优雅起来，平淡的日子也会变得流光溢彩。

笑看人生、乐享生活，是一种境界，也是一种功夫。这需要人们去潜心铺就心中的那片绿地，去精心打造那座涵养心智的"桃花源"，让自己的人生始终充满着希望，让自己的生活始终充满着欢乐，让自己投足之间始终升腾着一股洒脱气，释放着一种正能量。

妈妈的话 NO.3

祝您思想愉快。

—— 徐翠英

徐翠英（1927—），山东省栖霞市人，是一个生在旧时代的新女人。那个时代，女孩子是要裹脚的，而她总是把妈妈包好的脚偷偷松开，因此她有一双现代女人的脚。徐妈妈是一个有思想的人，与人为善、积极向上，有较强的组织协调能力。婚前，曾担任6个行政村的妇女主任，还隐名改姓加入中国共产党。徐妈妈最大的特点就是非常注重子女的文化教育，她经常对孩子说："我是一个没有上过学的人，深知没文化的可怕，就是砸锅卖铁也要供你们上学……"所以，七个孩子在上学的路上一个都没少。

语境介绍

1996年元月，吴淑珍①的丈夫王培佐出差到省会济南。临近返回时，想起吴淑珍说过妈妈有副佩戴多年的银手镯丢了，曾为此痛惜不已。于是，王培佐就到省华联商厦花了390元钱给岳母买了一副。回到家，当他把手镯给岳母戴到手上时，这位淳朴的农村老太太的手颤抖了，显得非常激动。她握着女婿的手深情地说："王培佐，我不会说话，就祝您思想愉快吧！"

对徐妈妈来说，从她口中说出的"思想愉快"，或许是激动之余的随口偶成，可能她还理解不了"思想愉快"的深刻内涵，但在她的潜意识里必定有一种超越吃穿与闲玩，超越"步步高升"之类的快乐向往。或许她觉得，这个有着一肚子墨水、爱动脑筋、能写点东西的女婿，不仅是个善良、孝顺的好孩子，更是一个有主见、有思想的后生。所以，激动之下，表达了"祝您思想愉快"这种高品位、高境界的祝福。

家训夹议

人生当上三层楼

快乐，从不同的角度讲，是一种感觉，是一种状态，是一种欲望，是一种享受。人都有追求快乐的权利，都有享受快乐的自由。衡量人生的质量，一个很硬性的尺度就看活得快乐不快乐。

不同的人对快乐的理解与感觉，各有不同。老子认为："知足之足，恒足矣。"孔子说："一箪食，一瓢饮，在陋巷，人不堪其忧，回也不改其乐。"孟子认为，人生有三乐："父母俱存，兄弟无故，一乐也；仰不

---

①吴淑珍，徐翠英妈妈的女儿，现就职于某锅炉检测站，是一名环境监测专业工程师。

愧于天，俯不怍于人，二乐也；得天下英才而教育之，三乐也。"这是圣人对快乐的诠释与追求。从凡人来看，有人从吃喝应酬、熬夜打牌中找到快乐，身累并快乐着；有人从功名追求中找到快乐，心累并快乐着；有人从旅游、音乐、健身中找到快乐，放松并快乐着；有人从挥毫泼墨、"爬格子"中找到快乐，清苦并快乐着；有人从含饴弄孙、下厨烹饪中找到快乐，忙碌并快乐着。但是，无论是圣人们所描述的那种快乐，还是凡人们享受的种种快乐，都只是一般意义上的人生之乐。

丰子恺说："人生境界有三层楼，一层是物质生活，二层是精神生活，三层是灵魂生活。"而马斯洛有个著名的"五层次需求"理论，认为人在满足一定层次的需求之后，必将追求更高层次的满足。人的这种需求规律，在现实中是随处能够感受到的。改革开放若干年后，一些富裕起来的人反而心里的怨气增多了。对此，人们往往指责这些人："端起碗来吃肉，放下碗来骂娘。"意思是指责一些人没良心，不厚道，不懂得感恩。其实，这是人们快乐需求升级的一种必然反映，是一种社会进步。当人们解决了温饱问题之后，就开始追求精神层面的快乐，更多地关注社会公平，关注社会风气，关注个人权利，等等。精神层面的快乐需求得不到满足，自然就会边吃肉边骂娘，而且吃饱了更带劲儿地骂。

物质生活是精神生活的基础，物质上的快乐可以转化为精神上的快乐，而有了丰盈的物质生活并不一定能够带来精神上的真正快乐；灵魂生活即思想、道德生活，与精神生活连在一起，而精神快乐也不意味着灵魂快乐，只有建立在灵魂快乐基础之上的精神快乐才是最根本的。晋代思想家嵇康，不屈权贵，不惧杀身之祸，不与恶势力同流合污，是因为他坚守自己的价值观，他弹着著名的《广陵散》含笑赴死，是为自己的操守而快乐。小说《红岩》里有一个人物原型，叫刘国志。1949年11月27日，山城重庆之外已是炮声轰隆，解放的曙光即将冲破黎明的黑暗。原本是大资本家少爷、西南联大经济系高材生的中共重庆地下党学运特支书记刘国志，三拒家人营救，面带微笑走向刑场，用鲜血和生命守护自己的信仰，英勇就义。革命烈士方志敏就义前坚定地说道："敌人只能砍下我们的头颅，决不能动摇我们的信仰。因为我们信仰的主义，乃是宇宙的真理！"他们是在为自己对真理的坚守而快乐。

回过头来再看看当代一些为官者，他们升官之初自然春风得意快乐足，而时间稍长就觉得自己又该提了，不提就开始发牢骚，而等到退出岗位、走下"辉煌"，这种快乐感就更少了，有的甚至演变成一种苦痛。事实说明，物质上的快乐、精神上的享乐，往往起于一得、兴于一时、持于一间，是有"审美疲劳期"的，唯有思想的快乐才是持久耐磨、享用终生的。

是楼就可攀登，物质、精神、灵魂这"三层楼"的生活自然都无可厚非，问题是许多人"只听楼梯响，不见人上楼"，甚至干脆把"楼房"变成了"平房"。其结果是，一些人沉溺于单纯的物质享受而不能自拔，一些人寻求低俗丑陋的精神刺激而沦落不堪。近年来媒体报道的那些"富二代"和文娱明星吸毒的丑闻，不仅令疯狂膜拜的粉丝们吃惊不已，也让一直为生计奔波的人们十分疑惑。这些事例，还有"口袋鼓鼓，六神无主；身体棒棒，东张西望"的苦涩描摹，让人看到物质需求满足后精神空虚、灵魂缺失是多么可怕啊！

"我们的全部尊严就在于思想。"（帕斯卡尔语）徐妈妈那句"祝您思想愉快"的话不在于她理解了多少，而在于当下的人们理解了多少——我们为什么要追求思想愉快，怎样才能做到思想愉快？

妈妈的话　NO.4

有知识，才有克服困难、不断前进的力量。

——缪　敏

缪敏（1909—1977），江西省弋阳县人，方志敏烈士的夫人。她跟随方志敏参加革命，出生入死，英勇顽强，信念坚定，不屈不挠，与反动势力进行了艰苦卓绝的斗争，堪称巾帼英雄。新中国成立后曾任江西省上饶地委组织部长、省总工会组织部长、省卫生厅副厅长。

1938 年 6 月，经党中央批准，出狱不久的缪敏带着两个儿子到达延安，受到毛主席的亲切接见。后来，缪敏在中央妇女干部培训班学习时成绩优秀，得到有毛主席题词的笔记本奖励。毛主席在题词中鼓励李祥贞：没有什么困难可以阻碍人们前进的，只要奋斗，加以坚持，困难就赶跑了。李祥贞，是缪敏在江西参加秘密斗争时，丈夫方志敏给她取的化名。

毛主席的题词让缪敏深思：克服困难、不断前进的动力来自哪里？她结合革命斗争实践深切领悟到：有知识，才会有坚定的理想信念，才会有取之不尽、用之不竭的智慧和力量。

缪敏在弋阳县城淑育女子小学读书时，勤奋好学，能歌善舞，追求上进，品学兼优。在南昌女子职业学校读书时，她是学校的优等生，并秘密加入共产主义青年团，积极参加革命活动。被学校以"赤化分子"的罪名开除学籍后，她在参加秘密工作的同时，也不忘抓紧学习。后来在组织的牵线下，与方志敏相识相爱。

方志敏为缪敏纯洁可爱和敢做敢为的个性深深打动，认为她有知识、有信仰，能够成为自己革命道路上的真诚伴侣。但他觉得缪敏学到的文化知识还远远不够，于是他耐心帮助缪敏，督促她写日记，并要求她每天给自己写一封信，还常常带她参加省农协和其他的一些社会活动。在他的引导下，缪敏的政治觉悟和文化水平不断提高。

缪敏曾两次入狱。第一次是，鄱阳县委准备召开会议时，遭到敌人的包围，担任警戒任务的缪敏被捕。在狱中，她机警地应对敌人的审讯和引诱，始终没让敌人觉察出她是共产党员，更不知道她就是方志敏的妻子。为了迷惑敌人，她故意显露出未懂世事的青年学生的样子，常常不顾狱警的呵斥，放声高唱思念故乡的歌。同时，她还热心地帮女看守织毛衣、做针线活，争取他们的同情与帮助。庆幸的是，当狡猾的敌人从弋阳县得知她的真实身份时，她已被组织成功营救。第二次是，红十军北上抗日离开苏区后，敌人加紧了对苏区的清剿，缪敏带着身孕与敌周旋，产后第二天即在德兴被捕，和方志敏一起被关押到国民党的南昌监狱。敌人在各种威逼利诱手段都无效的情况下，秘密处决了方志敏，判处缪敏无期徒刑。狱中的缪敏积极与敌做斗争，抓住一切机会进行学习和宣传。有一位好心人送给缪敏一本学生词典，她如获至宝，利用这本词典教难友学文化，给他们讲故事，武装和团结了一批人。抗日统一战线形成后，缪敏在党组织的保释下出狱，并积极向组织反映，救出了一些关押在南昌监狱的政治犯。

出狱后的缪敏，每到一处，都召开党员、革命骨干和开明绅士联席会议，宣传、阐述抗战必胜的道理，动员各界人士迅速行动起来。她精彩的演讲，赢得人们的赞誉，都说"缪敏讲话和方主席讲话一样有道理！"她一再教育启发孩子，有文化、有知识，才有克服困难、不断前进的力量。

家训夹议

文化从来不分人

方梅①住在一幢老式的、没有电梯的8层公寓里，公寓对面是著名的赣江和滕王阁。年近90高龄的方梅每天坚持从7层下楼锻炼身体，这对于常年受老寒腿折磨的她确实不易。尽管她年事已高，但耳不聋眼不花，声音洪亮，思维敏捷，每天都看书写作。

17岁前的方梅可是一个没文化的人。在艰苦的战争年代，方梅一出生就被父母送到养母家，4岁时父亲方志敏英勇就义，母亲缪敏离开她去延安。新中国成立后母女得以相见，母亲发现她是一个没有文化的人，觉得

---

①方梅，方志敏与缪敏的女儿，江西省交通厅航运管理局退休干部，江西省方志敏研究会名誉会长。

没有把她培养成为有文化的革命接班人，对不起方志敏。很快，母亲将她送进江西上饶烈士子弟学校学习，可她不愿意读书，天天想着养母家里的人，以至三次"开小差"跑回村里。最后，母亲亲自去村里把她抓回去读书，还在村里召开了群众大会，母亲在会上痛哭着说：为了完成志敏的遗愿，才坚持要方梅读书。母亲的行动深深感动了方梅，她表示不再"开小差"了，一定好好读书，报答母亲的教育之恩。

参加工作后的方梅，一直没有放弃文化学习。她边工作边写文章，每天还坚持写日记。10余年间，她自费走遍父亲战斗过的地方，访问过千余位父亲的战友和知情人，开过百余次的座谈会，写了几百万字的采访文摘，做过百场父亲革命斗争事迹报告会，接受全国不少电视台和报纸杂志记者采访，为父亲做节目。又花10余年时间创作40余万字的《方志敏全传》和20余万字的《方志敏和他的亲人们》。

当年，方志敏在家乡发动群众搞革命，也从办学校、学文化着手。在湖塘村办的"贫民夜校"和"旭光义务小学"，白天是孩子的乐园，晚上是农民的天地。开学前方志敏笑着对乡亲们说："一说到学知识、学文化，你们就感到头脑发涨，甚至以为学不学无所谓，还不是靠种田吃饭！"接着他严肃地告诫大家："弟兄们，我们若不多点文化，就只能像牛马一样地生活，租种地主的田，交租、痛苦下去，永远摆脱不了苦难的枷锁，永远改变不了黑暗的世道！"

救国不能没文化，强国也不能没知识。培养有文化、有知识、有理想、有信念的接班人，这是方志敏烈士的遗愿，也是缪敏始终不放松自身学习，始终不忘记督导孩子们学文化学知识的原因所在。缪敏对女儿文化上的进步非常欣喜，她送给方梅一本父亲遗著《可爱的中国》，并在扉页题写："梅儿，这本书是你爸爸在狱中用血泪写出来的遗言，你要反复地精读，努力地学习，用实际行动继承你爸未竟的事业！"这是方梅学文化后读的第一本书，这本书便奠定了她的人生基础，也让她的文化知识学习自此一发而不可收，终生为伴，受益终身。

　　一个人活着，文化、知识就像空气、水和粮食，不可或缺。没有后者，人就会失去生理生命，而求生的本能常让人只知道它的重要；岂知，没有前者，人就会失掉精神生命，活着也是一种苟活。文化和知识中不仅有看不见摸不着的精神世界，更有看得见感受得到的眼界与层次、智慧与力量。那些文化和知识在心中没有位置的人，恰恰暴露了他们文化与知识上的贫乏。

妈妈的话 NO.5

永远要有一颗爱的心,爱家人,爱生活,爱社会。

—— 张雨霄

张雨霄（1956—），山东省海阳市人，1986年2月起任中国烟台SOS儿童村妈妈至今。SOS儿童村的妈妈终身不婚，由一位妈妈组建一个家庭，同时抚养儿童村收养的数个孤儿。儿童村目前有16个家庭、16位妈妈，张雨霄是16位妈妈中最优秀的一位。32年来，她共抚养了25个子女。在她的辛勤操劳下，有的已经走上工作岗位，有的已经结婚成家。虽然她早已过了退休年龄，但仍担任着妈妈的工作，继续抚养新来的孤儿。她喜欢和孩子们在一起，她之所以不愿退休，是希望走出去的孩子永远有一个家，能够常回家看看。

2018年的春节，我（孙娘）和几位友人去给张雨霄妈妈拜年。或许是听到院子里传来的车声，孩子们立刻从屋里出来迎接我们。

张妈妈家的洋房坐落在SOS村的最北边。走进家门，首先映入眼帘的是客厅里她和孩子们的一些合影，还有洁净墙面上挂着的颂扬张妈妈的锦旗，以及友人的题字"大爱无疆"。

张妈妈个子不高，清瘦的脸上戴着一副眼镜，笑起来挺好看的。她快人快语，动作干脆利落，是典型的胶东妇女形象。

张妈妈从小受父亲的熏陶，深谙孔孟之道。她得益于母亲的言传身教，母亲说水是干净的，人是勤劳的，所以她不仅把家里收拾得井井有条，也把每个孩子打扮得干干净净的。

张雨霄是个老高中生，当时女孩子念高中已是高学历了。毕业后，她到供销社代销点工作，这个工作在当时还挺吃香的，引来好些人羡慕的目光。但她眼光高，不甘平庸，当选妇女委员后，积极带领村里的小青年们学习先进思想，并且主动申请去SOS村当妈妈。当张雨霄的姐姐和弟弟知道她一辈子不能结婚时，都哭着不同意。第二年她回家，骗母亲说自己有对象了，母亲就问怎么不带对象回来呀。她说他忙，人还挺优秀的，母亲信以为真。没想到母亲来年就过世了。她带着孩子们去给母亲扫墓，后来还给母亲写了一封道歉信。

33年来，张雨霄妈妈勤俭持家，处处精打细算，为了省点钱都是自己蒸馒头，孩子们不但吃得很好，而且家里还有积蓄。

张妈妈也有脆弱的时候，有时生气了就趴在沙发上哭一会儿，然后爬起来继续照顾孩子。她说做妈妈就是两个字"良心"。她前额的头发已经稀疏，这是最小的孩子每晚要揪着她的头发入睡造成的。她抚养的第一批孩子中有两个亲兄弟，母亲患眼癌去世。父亲再婚，可继母只疼爱自己的两个女儿，有了好吃的也不给兄弟俩，父亲感到绝望自杀了。这两个亲兄弟，哥哥张建成[1]实在、不会说，靠实干破格提升，每当提到这个哥哥，张妈妈都无比自豪。弟弟人长得好，但工作不努力，妻子看不惯他，经常找张妈妈诉苦。婚后的前两年弟弟家租房子住，张妈妈用自己微薄的工资替弟弟家付了两年的房租。如今弟弟家买了新房，张妈妈又张罗着给他家置办家具，还跑前跑后地帮着搬家。她实在是为弟弟操碎了心。

张妈妈最忙碌的时候要同时抚养 9 个孩子，其中有个智障小男孩，每晚尿四次，她要及时给他换尿布、洗尿布。有时小男孩夜里发高烧，她急得直哭，其他孩子见妈妈哭也跟着哇哇哭，她赶紧抱着孩子去敲大夫家的门，恳求大夫救救孩子。张妈妈的所作所为孩子们都看在眼里、装在心里，即使有的亲属叫孩子回去，孩子也不回去，孩子早已把她当成亲生妈妈了。

张雨霄妈妈早已子孙满堂，她们家已是 40 多口人的大家庭，而且人口还在增加。她们家按风俗办婚事，每年过年都和亲家们走动。女儿王丽媛[2]嫁给了美国律师，为了给妹妹办一个中国式的传统婚礼，哥哥姐姐们可是各尽所能出力了。张妈妈嘱咐女儿，虽然出国了但不能忘记祖国母亲。

张雨霄妈妈一生未生育自己的孩子，她视孤儿们为亲生的孩子，无论在生活上还是思想上都给予无微不至的关爱。为让孩子们好好做人，她磨破了嘴皮，甚至吃饭间也不忘唠叨几句。她告诫孩子们，没有社会的关爱就没有自己的今天，要知恩感恩，永远要有一颗爱的心，爱家人，爱生活，爱社会。

---

[1]张建成，张雨霄妈妈的儿子，曾在空降兵某师任排长、副连长、参谋，参加 1998 年长江抗洪，被空军表彰为"抗洪勇士"，1999 年参加国庆 50 周年阅兵，后转业到湖北省孝感市民政局工作。

[2]王丽媛，张雨霄妈妈的女儿，受国际友人资助在挪威读高中，后考入美国大学读本科、研究生，毕业后在美国就业、结婚、定居。

化作春雨润万物

　　如果说 SOS 村的孩子们是弱小的幼苗，那么张雨霄妈妈则是滋润幼苗成长的春雨。

　　张雨霄妈妈特别注重孩子们的青春期教育，她经常看法制节目，教育孩子们遵纪守法，孩子们没有一个乱上网的，没有一个违法犯罪的。她提倡孩子们做到"三勤"：眼勤、手勤、嘴勤，教育孩子们助人为乐，奉献爱心。在她的鼓励下，孩子们个个不自卑，从未感觉到自己是孤儿，儿童村就是自己的家。

　　张妈妈没有把 SOS 村的工作当成一项职业，而是把 SOS 村当成一个家。她是这个家的一个妈妈，她必须尽妈妈的职责和义务。她从未后悔当初的选择，她说和孩子们在一起很快乐，她说这话的时候让我想起一位育儿师。这位育儿师是学服装设计专业的，人长得俊俏，穿着有品位。她曾体验过几项工作，最后选定做一名育儿师，她说她喜欢和孩子们在一起，自己也变得年轻快活。她每天打扮得漂漂亮亮地去客户家上班，育儿、做饭、打扫卫生样样精通，得到客户们的一致好评，被公司评为年度最美的优秀员工。

　　人这一生很短暂，能在短暂的时光里做自己喜欢且有意义的事，是开心的，张妈妈就是一个很好的典范。如果说张妈妈还有遗憾的话，就是她那副好嗓子没能派上用场。不过话说回来，人活在世上应该有遗憾，有遗憾的人生是真实的、完美的。

妈妈的话　NO.6

谁家光是正晌火。

—— 马福坤

马福坤（1932—2018），河北省景县人。这位再普通不过的母亲，性情柔弱，任劳任怨；与世无争，甘愿吃亏；待人实诚，乐善好施；艰辛持家，孝老闻名。她心不算灵、手不算巧、力不算强，但纺线、染织、剃头、修脸（美容）等"技术活"都能上手。她把品德看得高于一切，三年困难时期，许多人借为大队收庄稼的机会在衣服里藏点吃的，但她宁可吃糠咽菜，也不拿集体的一粒粮食。她常对子孙们说，别看贼吃饭，要看贼挨打。

有一年中秋节，路秀儒①回家看望80多岁高龄的母亲。几位在外谋职和在县里任职的同学听说后，相约会聚在他家的院中看望老人。同学们聚在一起，天南地北之后很快就聚焦到为官这个热门话题上。说到这个话题，大家不约而同地为其中一个同学或者惋惜或者鸣不平，因为就在几天前，他眼睁睁地看着"煮熟的鸭子飞了"。大家说着说着，这个一直默默不语的副处级同学竟然眼圈发红、抹起泪来。坐在旁边"听话"的马福坤妈妈清了清嗓子，突然对他说："孩子，别难受了，谁家光是正晌火！"大家一听，接着都不言语了。

"谁家光是正晌火"，这是路秀儒打小经常听母亲说的一句话。意思是说，无论是一个人还是一个家庭，都不可能始终处在最红火、最风光的晌午头，太阳有升起的时候，也会有降落的时候；人生有上行、登顶的时候，也会有下行、沉寂的时候；人有得意的时候，也有失意的时候。世上没有不散的筵席，人总要走下辉煌、融入平淡。这句话，让路秀儒懂得了圆缺，懂得了知足，懂得了坦然，无论是顺境还是逆境，无论是得到还是失去，都能心境淡然，顺其自然。

笑看风云淡，坐看云起时

人们都知道巴西足球队是世界上战绩最为辉煌、荣誉最多的球队，可很少有人知道，在巴西队荣誉陈列馆的最显眼位置，却悬挂着一条似乎很

---

①路秀儒，马福坤妈妈的儿子。曾任大军区司令部办公室副主任、军区综合训练基地司令员、军区司令部动员部部长。被表彰为"全军爱军精武标兵"。先后出版十四部专著。

不协调的横幅——"不过如此"。说起这条横幅，它真还有一段不寻常的来历。

1954年的世界杯足球赛中，巴西队本来被寄予厚望，却在半决赛中意外输给了实力逊于他们的法国队。回国的飞机降落后，巴西队的球员一个个神情落寞地走了下来，他们甚至不愿和来接机的球迷们说上两句。此时，人群中突然出现了一位老者，他还举着一条醒目的横幅，上面写着"不过如此"。看到这句话的那一刻，很多球员都很惊讶，也瞬间释然、感到了难得的轻松。

四年后，巴西队一路过关斩将，终于取得了世界杯冠军。在机场迎接的人们载歌载舞，各种欢迎和赞美的横幅随处可见。此时巴西队的队长留心观察了一下，突然他发现那条"不过如此"的横幅又出现了。他心里很是不解，便径直走向那位老者，问道："我们失败时，你举着这横幅；我们成功了，你依然举着这横幅，有什么特殊的寓意吗？"老者说："对于生活来说，一切不过如此。没有什么痛不欲生或者得意忘形。失败了如此，胜利了也不过如此。"

巴西队队长沉思良久，对老者说："能把这条横幅留给我们做纪念吗？"老者同意了。就这样，"不过如此"的横幅走进了巴西队的荣誉陈列馆，一直被悬挂在了最显眼的地方。

这位巴西老球迷令人肃然起敬，他用一句再普通不过的话，诠释了一个普通人悟不出的深刻道理，告诉了人们看待成功与失败、对待得意与失意所应秉持的哲学态度、理性思维。

世间有得意人，必定有失意者；人生有得意刻，也会有失意时，就像潮涨潮落、月缺月圆。人不可能总在高峰，有上坡攀高时，也有下坡走低时，况且人总要走下辉煌。得意与失意，都是人生的基本底色与常态存在，只不过体现在具体人身上，二者比重有大有小、转换有快有慢、适应有难有易而已。或许可以这样说，人生就是一场游走在失意与得意之间的游戏!

晚清重臣曾国藩是当下人们热捧的历史人物,透过他的人生轨迹,人们不难发现,他走的是一条典型的得意与失意频繁转换之路,功夫与诀窍则在于:他既经受住了得意之下的顺境考验;又经受住了诸多挫折中的逆境挑战,坚强而智慧地迈过了一道道"失意之坎"。

失意并不意味着失败,即便失败者也还有转圜的机会和可能,何况暂时的失意者。暂时的失意感也并不可怕,可怕的是缠绕其中而不能自拔,最终把人生中正常的、难免的失意演变成不可挽回的失败。多年前,一位非常有才华的年轻干部,深受领导的信任和器重,从秘书到副秘书长,一直顺顺当当地给一位领导服务。几年后,这位领导退了下来,组织安排他服务新任领导。由于磨合不够,他多次受到新领导的批评。不过批评归批评,但新领导从内心还是蛮认可他的。但这位一向"春风得意"的副秘书长受不了了,总觉得领导是故意"整"他,从此便消沉起来。后来患上了抑郁症,再后来竟然搞起割腕自杀,虽然发现及时保住了性命,但大好的前程就此葬送了,实在令人惋惜。

人是强大的,又是渺小的。人生中的许多事情,往往是不以个人的意志为转移的。人生在世,皆喜好顺境,都追求荣宠,但由于环境条件和机遇运气上的缘由,不可能事事顺达,有些美好的愿望即使你再致力追求,也可能都无法实现。这就需要人们善待自己,不要为念想囚系,更不要无谓地纠结或自责,该随缘的要随缘,该叩认的一定要叩认。

明代著名诗人杨慎,父亲是太子的老师,家境十分优越,他聪明伶俐,24岁就中了状元,可谓春风得意。然而为官期间,只因为多说了几句话,触犯了"龙颜",在官外被剥掉裤子和尊严,挨了狠狠一顿板子,然后谪戍边关,在当时边远而落后的云南度过了人生最宝贵的35年。从得意到失意,竟然是如此简单。然而,非同寻常的身世与经历,使他对人生有了更深的感悟,胸臆得到了彻底的释怀,于是写下了气度宏阔的词篇:

　　滚滚长江东逝水，浪花淘尽英雄。是非成败转头空。青山依旧在，几度夕阳红。

　　白发渔樵江渚上，惯看秋月春风。一壶浊酒喜相逢。古今多少事，都付笑谈中。

　　悟透才能释然，放下方能解脱。明人洪应明在《菜根谭》中也说过："宠辱不惊，闲看庭前花开花落；去留无意，漫随天外云卷云舒。"

　　人人不可能都有这种境界，但应该崇尚和向往这种境界。人喜欢争强好胜，不愿服输，这未必有什么不对。但还是淡看成败为好，因为人生毕竟不是战场，战场上需要决出输赢，而人生如果不是走到极端，往往难言胜负。睿智的态度应当是，顺也坦然，逆也坦然；得意显品，失意得人。

妈妈的话 NO.7

百日连阴雨,总有一朝晴。

—— 牛丽萍

牛丽萍(1962—),河北省无极县人,出生于革命军人家庭,父母都是参加过抗日战争、解放战争和抗美援朝的老兵。她生来就是个快乐、直爽的干脆人,喜欢唱歌跳舞,是个乐于助人的热心肠。1976年,14岁的她离开父母进入军校学习,毕业后成为一名军队医务工作者,就职于原济南军区总医院。

张开羽①小的时候一直学习不错，每次考试都名列前茅。他中考在全济南市排到了三十几名，被济南最好的一所高中的实验班录取了。那时候，爸爸妈妈对他的学习成绩从来不怎么担心，而且他们是双军人，工作一直比较忙，开羽又住校，也没太多时间照顾他。

开羽读到高三下学期，眼看就要高考了，结果出了意外，在体育课上打篮球时被人撞倒，送到医院一查，脚踝骨折了。他就这么拄了半年多拐，其间参加了高考。因为一段时间没法上课，成绩一出来，他当时就蒙了，比预想的成绩低了五六十分。当时填报志愿是在成绩发布之前，他报考了几所比较好的学校，这一下分数都不够，面临无学可上的境况。看到他整天唉声叹气，妈妈牛丽萍心疼得不行，就找了一个机会，跟他说："妈妈没多少文化，也不怎么会教育人，但是我觉得人生的路还很长，高考只是你人生中的一个小逗号，百日连阴雨，总有一朝晴，人生哪有那么多顺心的事情，但逆境只是暂时的，阴雨天总会过去，太阳总会出来的。走出逆境，未来还有很多大事需要你去做呢。你在妈妈心目中永远是最优秀的！"

妈妈的一席话，终于让开羽脑袋瓜"开窍"了：人生不如意事常八九，有时候难免会赶上低谷期，这个周期可能很短暂，也可能很漫长，但是不管多么漫长，只要满怀信心，积极准备，就总会走出低谷，慢慢让自己变好，就一定能迎来属于自己美好的"晴天"。

---

①张开羽，牛丽萍妈妈的儿子，先后就读于昆明理工大学、解放军理工大学、解放军南京政治学院。目前在北部战区陆军参谋部工作。

家训夹议

希望在，未来就在

一个人生活的动力来自哪里？来自希望，来自念想。希望是站在山巅向你招手的母亲，山再高，路再长，人再惫，也会让你义无反顾地投入到她的怀抱。人有希望，就有奔头！

1952年农历九月初六，那是一个阴雨连绵的秋日，哭天喊地的恸撼，从胶东半岛一个小山村的堂屋中传出——年仅33岁的父亲撇下35岁的妻子和7岁的长子、5岁的女儿还有9个月的幼子，万般不舍地离开了人世！顷刻间，这个四口之家陷入了绝望。

在那个贫穷的年代，这个没有了男子汉的家庭，难的不仅仅是生活的重担落在了一个裹脚小女子肩上，也不在于进一步加剧了缺吃少穿的困境，最要命的是世俗的偏见、恶邻的欺凌、亲戚的歧视、"寡妇门前的是非"，这些压得寡妇妈妈喘不过气来。然而，面对重重苦难，面对种种屈辱，她从没低头，从没消沉，从没退却，硬是带着儿女们一路闯了过来。因为，在她的心中有一个念想，就是一定要兑现丈夫临终前她许下的诺言："我就是吃糠咽菜、拖棍要饭也要把孩子拉扯成人……"她坚信，这样的苦日子会过去的，好日子会来的。

这位坚强的母亲，再苦、再累、再委屈、再作难，都是自己扛着，在子女面前展现的都是刚强、乐观、进取、向善的正能量，她不能让孩子们失去生活的希望，不能影响他们对未来的信心。遇到事情，自己心中确实承受不了了，她就偷偷跑到丈夫坟前哭一场，排解一下内心里的愁绪。就这样，她连拖带拽把三个子女培养成人，两个儿子一个成了副省长、一个成了部队的师长。这位令人敬仰的母亲，名字就叫崔玉瑛（后边还要做专题介绍)。

　　希望在，梦就在。耕种信心，收获精彩。美国俄亥俄州的托莱多动物园，老虎馆里有好几只奇特的小动物，它们长着猪的脑袋，身体却有老虎的花纹。仔细一看，原来是几只穿着"虎皮衣"的小猪。大老虎躺在地上，那几只活泼调皮的小猪则肆无忌惮地趴在老虎身上，有的甚至还用嘴咬着大老虎的耳朵用力拉扯，那大老虎也不发脾气，任由小猪胡作非为。大老虎和小猪怎么会相处得如此融洽？工作人员介绍说，这只大老虎不久前生了几只小虎崽，但没几天就夭折了，这令它非常伤心。工作人员为了让大老虎振作起来，便带来几只小猪给它做伴。"痛失爱子"的大老虎见到这几个小家伙开心极了，很快重燃"生活的希望"，喂奶、陪玩，没一样落下，甚至连睡觉也要将它们搂在怀里。这些小猪崽也很黏虎妈妈，总是在它面前撒娇打闹，跟虎妈妈一起玩耍，其乐融融。动物"生活"尚慰藉于"希望"，何况人呢！

　　作家刘震云的母亲是姥姥在半路上捡回来的孩子。那个年代，连野草、树叶都被人吃得精光，姥姥常常是找不到吃的给他的母亲。姥姥没办法时，一次次只得伸出手腕让他的母亲舔。时间长了，姥姥手腕上的骨头分明可见。多年后，他的母亲一想起这事就掉泪，怪姥姥不该让她这么做。姥姥说："孩子，那个年代你饿得快要死了，我又没啥本事，只想着给你点信心，你才能好好活下去。"刘震云小时候，最想要的是一辆自行车。当时，这可是很奢侈的要求，母亲理直气壮地给予了回绝。姥姥听说后，悄悄答应了下来。一年后，姥姥靠捡废品、卖废品一分一分积攒的钱，给他买了一辆自行车。车子交给他的时候，姥姥说："不是姥姥惯着你，你想要什么，老是得不到的话，时间长了，就会觉得这日子没啥奔头。姥姥帮你，是为了让你有点信心，明白生活的艰难后，照样能做好喜欢做的事。"这句"让你有点信心"的话，一直激励着他，让他在苦难深重的日子总能看到一束亮光。

　　每个人的一生都不会一帆风顺，都可能遇到一些挫折甚至大的磨难。磨难并不可怕，可怕的是被磨难遮望眼，泯灭了生活的希望，失去了对未来的信心。英国诗人雪莱在他的著名诗作《西风颂》中说："如果冬天来了，春天离我们还远吗？"人生在世，无论经受什么样的挫折、遇到多大的磨难，都应该坚信，冬天终究要过去，春天不久就会到来。

　　百日连阴雨，总有一朝晴。不过，这种人生的光亮不能总是期望妈妈们去"指"、姥姥们去"点"，重要的是靠自己去领悟、去发现、去耕种，尤其要注重到生活的挫折与磨难里面去拥抱希望、磨砺信心，演绎属于自己的人生逆袭。

妈妈的话　NO.8

有灯就有光。

—— 刘庆桂

刘庆桂（1909—1989），山东省济南市长清区人。这位黄河滩上辛劳一生的妈妈，风雨中展现了坚强与挺拔，危机面前展现了镇定与智慧，困难面前展现了乐观与奋进，邻里之间展现了宽容与豁达，平凡之中锥透着不凡。

语境介绍

2009 年阴历的十月十四日，是王魁章①已故母亲刘庆桂老人九十九岁生日，按照老家的风俗，也是老人家的百岁诞辰纪念日。为此，王魁章请山东省美术馆的油画家刘德润先生，仿照妈妈的照片画了一张像。这张像画出了他心目中母亲的形象：在昏暗的夜幕中，身体瘦削的母亲，一手端着一盏老式油灯，一手在灯前遮着夜风迎面走来。灯光照在母亲消瘦苍老、棱角分明的脸上，显露出刚毅端庄的神情，双眼闪烁着沉静而又带着期望的光芒。

望着母亲的这张像，王魁章说起了发生在他们家的一个悲苦、恐怖而又令人万分憎恨的事件。大约是 1942 年，他们家被黄河水淹了，无法居住，就由居住了近百年的中楼子村搬到东楼子村。这个东楼子村俗称"官宅子"，是光绪年间由清政府出钱买地，为安置因水灾从老楼子村和中楼子村出来的灾民而建的新村。搬到这个村子不久，不知什么地方的一帮土匪盯上了他们家，跃跃欲试要来抢。王魁章的祖父和父亲为此修了院墙，养了大狗，买了土枪，但不幸的事还是发生了。第二年早春的一个寒夜，二十几个人跳墙进了院，把全家人赶到一个房间看管起来，却把魁章 3 岁的哥哥元章单独留在母亲屋里。强盗们逼迫母亲端着灯，为他们往外抬家具、搬粮食、牵牲口照亮。母亲惦记着儿子元章，不由得转身借着灯光向外张望，还想看清身旁那个土匪黑灰抹着的脸。这下引起了那个土匪的警觉，他抬手"啪"的一声就打在母亲的左脸颊上，母亲忍住痛，咬着牙，一声没吭。多少年后，仍然落下左耳听力不济的毛病。不幸之中又万幸的是，3 岁的元章机警地躲藏起来，没有被土匪绑走。

那年母亲 32 岁，一个出门不多、见识不广的青年女子，面对如此突发事

①王魁章，刘庆桂妈妈的儿子，1969 年毕业于山东师范学院。曾任山东省文化厅文化处副处长、山东省美术馆馆长、山东画院院长等职，是山东省美协、书协、曲协理事，中国曲协会员，山东省第八、九届政协委员。

件，面对凶神恶煞般的亡命徒，竟然能够镇定自若、冷静应对，这是需要多大的勇气，多强的心劲！

王魁章祖上早年遭贼人陷害，当家的被拘到县衙过堂，满肚子的冤屈说不出来，被迫卖掉了几十亩好地，也没打赢这场无中生有的官司。为了出这口恶气，魁章爸爸的祖父凭着自己有些弓马功夫，又去县里争考武秀才，因没给主考大人送礼，结果是名落孙山。没别的办法，除了下功夫种地，又开了家酒店以图兴家旺人，但又因遭到乡绅的敲诈和地痞的欺负，最终赔光了本钱关了门。爸爸的祖父再也压不住满腔怒火，性格变得焦躁起来，稍不顺心就吼着嗓子骂人，随手拿起什么不是打就是砸，弄得一家人整天提心吊胆，百思不得解脱的办法。

魁章说，正是这个时候，母亲出现了。由于她的贤淑庄静，对老人的悉心照料，给全家人带来了温暖，使这个从物质到精神都处于风雨飘摇行将崩溃的家庭展现出生机，充满了希望。每天一早，她起床后，先去祖父的床前请安，照料老人起床后，接着叠被扫炕，打水洗脸，随即满上一袋旱烟，点火抽着，递到老人手里，高兴得老人哈哈直笑，逢人便说，不知哪世修来的福，摊上这样的好孙媳妇，"我这个家有盼了，要兴家了！"从此老人再也不吵不闹，不打不砸，就是有时发了脾气，母亲一到，叫几声爷爷，捶几下背，马上就云消雾散，哈哈笑着，忙他的农活去了。

秋麦抢收抢种，农村的小户人家缺少人手，一家老老少少男男女女都得上阵。每到这个季节，母亲消瘦的身影就一天到晚忙活在场里，摊场、翻场、轧场、扬场她样样都行，以至扛着沉甸甸的粮食袋子向家里运，这些老爷们都怵头的活，她也干得利索。有一年秋天，她怀了孕，为了不耽误场里的农活，她谁也不告诉，用布条把腹部紧紧扎起来，干活累得小产了，到家里生下已经断气又不足月的孩子，悄悄埋掉，用布条往腰上一扎，又跑回场里干活。后来当老人知道实情后，又是心疼，又是纳闷，问她为什么这样没命地干，她平静地说："还不是为了这个家！"

是的，她为了这个家，一进门就挑起了超负荷的重担，成了全家人的主心骨。

魁章和哥哥长大后与母亲说起家史，敬佩母亲为全家点亮了一盏明灯，照耀着他们度过漫漫岁月，逐渐成长起来。母亲听后对他们说："有灯就有光，有光日子就能往前奔！"

2012年12月，魁章作《寸心吟》感念故去的双亲：

> 箸光杯影嘘频频，拥前呼后车辚辚。
>
> 千里盛客人倦倦，风尘归来先娘亲。
>
>
> 娘亲榻居半山沉，辗转莹莹望晨昏。
>
> 老父躬身终相守，寸草何以报三春?!

家训夹议

用心点亮那盏灯

前行路上无坦途。每个人、每个家庭乃至每个团队的旅程不可能总是顺进顺达，既会遇到清明的白昼，也会碰上漆黑的长夜；既有光亮下的畅行，也会有黑暗里的彷徨。一路走来最需一盏带来方向、带来信心、带来力量的明灯。漫漫长夜里，风雨交加时，那盏灯尤其需要用心智去点，用心力去呵护。

刘庆桂妈妈是一位用心的妈妈。儿子魁章回忆说，哥哥元章从部队每次寄来的信，母亲都要他一句句念给她听，而对于哥哥在信中对他提出的要求，她听得更为仔细，并一再嘱咐他一条条地照着去做。哥哥在部队多次立功，还参加过珍宝岛作战，担任过团政委。哥哥每次立功的喜报寄回家，母亲总是让父亲买来最好的玻璃镜框镶起来，擦得干干净净，让魁章挂在北屋最显眼的地方，然后就是出神地望着。晚上魁章写作业的时候，母亲又常常让他背一遍喜报上的话，再念一遍他以《立功喜报给我的鼓舞》为题写的那篇作文。

母亲的基因和言行传承给了魁章。他从省画院院长的位置上退下来后，不思享乐悠闲而是发挥余热，把自己的热心与才华回馈给养育他的乡亲，用心用力于乡村文化事业。他在村里建起图书馆，把孔子学堂搬进了偏僻乡村。他收集民间文化器物，建起了民俗博物馆。他为村里编写村史并制成图板，建起了村史展览馆。他还为乡亲们组织文艺演出、书画展览，丰富大家的业余文化生活，竭其所能把社会主义新农村那盏文化之灯点亮，想方设法让乡亲们在精神世界里活得更敞亮。

送人玫瑰，手留余香。世间那些用心为人点灯的人，照亮了别人，也照亮了自己。

妈妈的话　NO.9

孩子，人生的路充满艰辛，只要你善良、真诚、努力、勤奋，即使平凡，我们也为你骄傲。

—— 明莲香

明莲香（1940—），山东省广饶县人。她是一名朴实的农村妇女，虽然文化程度不高，但是善良、宽容、贤惠。在儿女的记忆中，妈妈从来没有耽误过子女一顿饭，从来没有让他们辍过一天学。她经常说，无论家里什么条件，只要娃娃愿意读书，能读到哪，就供到哪。

 语境介绍

　　明莲香妈妈的儿子付金庆①，当兵就要离开家了。临走前，明妈妈没有对儿子千叮咛万嘱咐，更没有提多高的目标与要求，因为她知道儿子厚道、懂事、勤奋。她只是淡淡地对儿子说："孩子，人生的路充满艰辛，只要你善良、真诚、努力、勤奋，即使平凡，我们也为你骄傲。到了部队好好做人就行了。"

　　付金庆带着"母训"来到部队，无论当士兵还是当军官，无论是当机关干部还是当师旅领导，对谁都是不分贵贱，诚心相待；干工作舍得出力，不求出名挂号，只求踏踏实实；顺的时候不得意忘形，不顺的时候也不垂头丧气。妈妈呢，每次听说儿子在部队做出成绩、有了进步，都会做上一桌大餐为他庆祝；每当他遇到挫折、失意苦闷时，她都会坐下来静静听儿子倾诉，然后给他安慰、给他鼓舞，同样会做上一桌大餐来慰劳儿子，让他始终心平如镜，一如既往地工作和生活。这让人想起著名作家、诗人郑振铎的话："成功的时候，谁都是朋友。但只有母亲——她是失败时的伴侣。"

　　"人好"，这是众人对付金庆的一致看法。"人好"，让付金庆赢得了领导和官兵的信任与敬仰；"人好"，也让付金庆的人生收获满满。

家训夹议

有一种成功叫做人

　　"学而优则仕"，是封建王朝恪守的千年定律；"登科入仕"，是士流才子走向成功的千年轨道。然而，作为晚清重臣曾国藩大儿子的曾纪泽，

---

①付金庆，明莲香妈妈的儿子，历任班长、助理员、科长、处长、旅长、军分区司令员。入伍 37 年，守卫海岛 18 年。

不爱科举爱西学，第一次科举考试后就有了不再参加这种"入仕游戏"的想法。曾国藩非常尊重儿子的选择和爱好，毫不含糊地支持他学习西方科学和英语，从而使曾纪泽成为晚清少数早期接触西方和科学文化的人，并成为当时最有名的外交家。后来，就是曾纪泽凭着自己的拳拳爱国之心和非凡的智慧魅力，硬是从沙皇"口中"夺回了即将吞下去的新疆伊犁，在世界上引起了轰动，也才有了今天的国家版图。曾国藩的二儿子曾纪鸿喜欢数学，对科举为仕之路也不感兴趣，曾国藩同样给予大力支持。结果曾纪鸿不仅写出好几本数学专著，还把圆周率推算出小数点后一百多位，在当时世界范围内处于领先水平。后来，还写出最早的一本电学专著。以纪泽、纪鸿兄弟为代表的曾家后代，谦逊待人，勤俭持家，好学上进，也使曾家走出了盛极而衰的历史定律，始终保持勃勃生机与活力，作为令世人敬重的名门望族挺立于中华大地。

曾家后代的成长、成才、成器，曾家家族的长盛不衰，原因固然是多方面的，其中最关键的是得益于家长曾国藩严格的家教，而家教的核心是修身进德、立品做人。曾国藩强调："无论大家小家，士农工商，勤苦俭约，未有不兴，骄奢倦怠，未有不败。"他在写给弟弟的信中说："门第太盛，余教儿女辈惟以勤、俭、谦三字为主。"叮嘱两个儿子："尔等奉母在寓，总以勤俭二字自惕，而接物出以谦慎。凡世家之不勤不俭者，验之于内眷而毕露。余在家深以妇女之奢逸为虑，尔二人立场撑门户，亦宜自端内教始也。"可以这样说，曾国藩的后代做事很成功，首先归功于做人很成功。

每个人都渴望成功，希望通过成功来实现人生的价值。那么，怎样才能成功？怎样才算成功？明妈妈和曾家父子告诉人们，世界很大，成功的定义有很多种，而做人成功就是其中的一种；并且从某种意义上讲，做人成功高于一切成功。

如果我们把成功比作一座大厦，那么做人就是大厦的地基或者说地下几层；而地上各个楼层，装载着各种各样的成功，有做大官的，有创大业的，有挣大钱的，也有搞科研的，等等。做人这个大厦的地基越好，成功的大厦就可以起得越高；相反，没有做人这个好的地基撑着，无论成功是属于哪个楼层的，都会从空中摔下来，并且楼层越高摔得越惨。作为成功大厦地基的做人，虽然扮演的是一个人们容易忽略的配角，但在支撑和托举别人的成功中体现着自己的价值；既支撑和托举了别人，又在地下几层开辟了自己独立的天地，收获和装载着自己特有的成功。做人也如楼房的地下室，虽不显山不露水，卖不出好价钱，领略不到户外的清风丽景，享受不到高楼的奢华富贵，却默默承载着成功的重负。可以说，这是一种更为了不起的成功。

建楼先打地基，做事先学做人。有了做人的成功，就不愁做事的成功。那么，无论是对当今的父母来说，还是对时下的社会教育来说，与其"望子成龙""望子成器"，不如"望子成人"！

妈妈的话　NO.10

做人要本分，远近好名声。

—— 彭友春

彭友春（1907—1984），湖南省韶山市人，生长在世世代代为农的贫困家庭里，没上过一天学，和丈夫结婚后生育了五男三女，靠着丈夫打零工和租种地主的地养活了四男两女，日子过得很艰辛。她是个为人正直，诚实善良，但又能吃苦耐劳，极能勤俭持家的女人。新中国成立初期，国家很不安定，抗美援朝战争还在进行当中，她毅然送两个儿子参军入伍。

二十世纪四五十年代，山区农村缺医少药是常事。彭淑清①记得，孩子们感冒发烧、肚痛腹泻时，妈妈彭友春总是用民间偏方土法为孩子们治病。她常用一整棵紫苏，烧一锅沸水，倒入木桶，让生病的孩子坐在桶边，再用一大块布包围住桶和病人，经药水熏蒸，让孩子出一身汗，再睡一觉，最后烧就退了。妈妈还学会了刮痧、拔火罐、推拿、按摩。她不但给家人治病，还给左邻右舍的人治病。可能是乡下人常劳动身体硬朗，经妈妈治疗后竟好了，乡亲们都夸妈妈能干。

新中国成立初期，乡里组织培训一批新法接生员，彭友春妈妈被选上了。卫生队给每个接生员配了带红十字的接生包。包里有消毒过的药棉、纱布、剪刀和消毒液。经常有人找她接生，不管是白天、晚上、雨天、雪天，她从不怠慢，总是快速提着接生包迈开小脚直奔产妇家，由于争取了时间，产妇和孩子都平安。在几十年的接生工作中也从没出过事故，即使碰上难产，她也会用妥当方法化险为夷。久而久之，彭妈妈名气大了，只要提起彭三阿婆，村里、乡里没人不知、无人不晓。乡亲们都说："三阿婆接生技术好，家中人丁兴旺，找她接生，吉利！"

彭妈妈常说："人一生想要的东西很多，但不一定都能要到。肩有多少力，就挑多重担子，手中有多少钱，就办多少事，不能超越边界，不能与人比富，更不能贪财忘义。做人要本分，留个好名声。"

---

①彭淑清，彭友春妈妈的女儿，1968 年毕业于北京石油学院炼油机械系，长期从事炼油设备维护、设计和审核，高级工程师。1959 年 6 月 26 日，毛泽东主席回到阔别 32 年的故乡韶山，视察了韶山学校，并与全体师生合影留念。彭淑清与 12 年后成为自己丈夫的蒋含宇作为韶山少年儿童代表，向毛主席敬献鲜花，蒋含宇还为毛主席戴上了红领巾，合影时他俩幸福地依偎在领袖身边。这段特殊的经历，一直激励着两人的成长和人生。

本分与本钱

说起本分人，许多人脑子里浮现的是老实巴交、死板保守，没多大本事、没什么出息之人的形象，同时也觉得本分人吃亏。其实，这些都带有某种偏见，本分人最核心、最可贵的恰恰是那个"本"。何谓"本"？一木一横组成"本"，意为树木通过主干向地下奔放的规律。"本"是指原来的，基础的，根源的，根本的，所以人有了本分就有了源、有了根、有了基。从这种意义上讲，守住了本分不仅守住了做人做事的底线，而且也有了谋人谋事的本钱。要知道，与本分的人打交道心里踏实，但凡领导都喜欢本分的下属，合作都喜欢本分的伙伴，姑娘嫁人都喜欢找本分的人。谁说本分人总吃亏？谁说本分人的人生不精彩？

彭淑清与蒋含宇虽是知名人士，但他们都本分地生活着，儿女们也本分地成长着。孩子们在爸妈和外婆的教育抚养下，学习优秀、工作认真，自力更生、生活独立，习惯于躲在爸妈的光环和力量之外。两个孩子结婚时，彭淑清、蒋含宇只从积蓄中给每人五万元钱，孩子们靠自己的收入买房买车，婚后他们也从不开口向家里要钱要物。孩子们都很孝顺，常打电话问寒问暖，逢爸妈生日买礼物、送红包。彭淑清与蒋含宇作为长辈，也从不向孩子们索求回报，生活中总是多报喜，少报忧。全家形成了小不啃老，老不啃小，遇到问题和困难相互沟通、相互关心、相互包容的家庭氛围，充满着幸福和正能量。他们家多次被评为"五好家庭""模范家庭"和"文化建设特色家庭"。

妈妈的话　NO.11

咱不和任何人攀比，要努力做好自己。

—— 王秀娟

王秀娟（1951—），山东省诸城市人。由于家境贫寒，她从未上过学。虽然没有文化，但她心灵手巧，绣花、纳鞋底、裁衣服样样精通，加上人又长得俊俏，是村里有名的"青岛大嫚"。丈夫从小娇生惯养，身体较弱，家里所有的农活都压到她的身上。家里最多时种了近30亩地，她常常是天不亮就去地里干活，天亮后顶着一身露水再回家做早饭。有一年，丈夫得了急性坐骨神经疼痛病，一个月不能走路，那时正值秋收，她既要照顾三个年幼的孩子和病中的丈夫，又不能耽误地里的农活，整个人快要累垮了。然而正是这些苦难的磨砺，让她更加自强不息，成为三个孩子人生的榜样。

> **语境介绍**

　　何丽①出生在一个偏僻的小村庄。爸爸妈妈为了让女儿接受好一点的教育，更是为了能让她跳出这个贫困的小村庄，在她上小学五年级的时候，就托亲戚把她安排在镇上上学。没有出过远门的她，来到镇上就觉得眼界大开了。在镇上，第一次见卡拉 OK，第一次逛百货商场，第一次见到酒店……一切都是那么新奇又那么充满诱惑，虽然每周都要来回骑几公里路的自行车也乐此不疲。每当给村里的小伙伴讲起来，那绝对是眉飞色舞，同时也激发了她的虚荣心。

　　上初中时，由于自身免疫力差，她得了那时很难调治的过敏性紫癜，给本就不富裕的家庭又增加了很大的负担。记得当时每周都要去医院检查，每次检查拿药都要 500 元左右。家里既不想耽误她上学，又不能耽误给她治病，每天就起早贪黑地干不停，爸爸妈妈经常是为去哪借钱而犯愁。有一次周五放学回家，正好赶上下大雪，同桌的爸爸开车来接女儿，也顺便把她送回了家。那是她第一次坐轿车，下车时连车门都不会开。坐完车后，那激动的心情到晚上睡觉都停不下来，对妈妈滔滔不绝地讲坐车有多好，有多快，最后从车讲到了同桌的名牌旅游鞋……讲着讲着，妈妈忽然很严肃地对她说："咱不和任何人攀比，要努力做好自己！妈妈虽然没文化，但妈妈知道天上不会掉馅饼，咱们每个人都做好自己的事，我们努力种好地，你们努力上好学，其他都不要想，将来该有的一定会有。"听到妈妈的话，何丽瞬间沉默了，因为妈妈无论她犯多大的错误都没有批评过她，但今天不一样，妈妈的话深深地烙在了她的心里。

　　如今，何丽姐弟三个都有了自己的家庭和事业，虽然不是什么成功人士，但都是知足之人。他们深深地感到，没有妈妈的鞭策就没有今天的成就。同

---

　　①何丽，王秀娟妈妈的女儿，现就职于山东电视台农科频道，同时创办了食乐公社家庭农场，愿做老百姓身边的健康顾问，是安全食品的倡导者和推广者。

样是妈妈的何丽，也不断地用这句话来鞭策自己的孩子：咱不和任何人攀比，要努力做好自己，有再多的钱不如自己值钱，努力吧，孩子！

 家训夹议

勿忘我，宁作我

魏晋南北朝时期，是中国历史上思想最解放、思维最活跃、成果最丰硕、名人最耀眼的时代之一。出现过最好的书法《兰亭序》、最好的文论《文心雕龙》、最好的文选《昭明太子文选》、最好的散文《桃花源记》、最好的士人群体"竹林七贤"、最好的数学家祖冲之……要问个中缘由，最重要的是得益于个性的自觉。《世说新语·品藻》记载，东晋名士殷浩与权臣桓温齐名，桓温常有竞争之心，每每要与殷浩一比高下。殷浩对此回应道："我与我周旋久，宁作我。"在他看来，社会上的声望和排名高下并不重要，做一个独特的人，做我自己才是重要的。"宁作我"，这就是魏晋南北朝士人的思想、行为、生活特色的生动写照，不管别人怎么说，不管社会怎么看，忠于自己的感受，忠于自己的情感，忠于自己的个性，活出真正的自我。

英国小说家乔治·奥威尔说："我们真正的敌人是随波逐流，不管对当下思想认不认同都随之起舞的应声虫。"做人做事贵在有自己的判断，有自己的主见和定力，既不做别人的影子，也不做随风飘浮的气球；与其在别人的生活里跑龙套，不如精彩地做自己。

前些年，送礼、送红包成风，过年过节送，领导来了送，提升晋职送……送者振振有词，收者心安理得。然而，就有这样一位大军区的副政委，不管谁送的红包、谁拿来的东西他一概回绝。下部队检查工作时，有些单位的领导给他送红包，他当面收下，临走时把红包放在一个别人不易发现的地方，走出营区后再打电话告诉单位领导拿走，既拒收了礼，又保住了人家的面子。时间久了，就再没有人敢给他送红包了。对此，有些人讥讽他太清高、太各色，不"接地气"、不"入流"，有的领导干脆躲他远远的，"道不同不相谋"。他却置之不理，"不思悔改""一意孤行"。有些高级领导，一边用着公勤人员，一边拿着公勤补助费。他则把公勤费退了回去，并明确地对工作人员说，我用着公勤人员，就不能再享受公勤补助了。工作人员向他解释说，都是这么办的。他严肃地说："别人是别人，我是我，别人的事我管不了，我自己的事我说了算!"这样一位"宁作我"的优秀干部，在那个时候自然是吃不开的，官兵们都觉得他最该提升，可就是提不了。或许，这就是代价。然而，正是他守住了他的那一片净土，守住了自己的"世外桃源"，他才守住了自尊，换来了心灵的自由，也赢得了人们的敬重。

歌德说："谁不能主宰自己，便永远是个奴隶。"有一位寒门出身的副省长，父亲早逝，是寡妇母亲吃遍人间的疾苦把他带大成人的。自从他做了官，母亲每次见到他都嘱咐他别犯错误，珍惜来之不易的今天。当初，他还是听进去了，为人做事都比较谨慎。后来，官越做越大，别人的好话听多了，母亲的话渐渐被抛到了脑后。一次，一个房地产大老板给他送了500万元钱，他收下后心里就很不踏实。过了几天"风声一紧"，就让大老板拿了回去。妻子听说后骂他傻，说别人都敢收你为什么不敢，给人办了事不收白不收!哭着闹着让他把钱再要回来。于是，这位副省长便委婉地把那500万又要了回来。于是，失去了自我的他便失去了人身自由，失去了人生几乎最宝贵的一切。

人的尊严与价值，最重要的在于"把自己当自己"。人在世上过，什么时候都不能忘了我是谁，我从哪里来，为谁而活着;什么时候都要记着我就是我，我主宰着我。人间多繁扰，世态趋纷杂。变革转型的社会，明潮翻腾猛，暗流涌动急，亦多姿多彩，亦鱼龙混杂，亦有泥有沙。攀别人，就会越攀越累，越攀越泄气；跟别人，可能就会越跟越迷茫，甚至跟到沟里去。不是倡导以自我为中心，也不是听不得别人的劝言，重要的是不为外界的评价和暂时的所得，去突破做人的底线和原则；不是"两耳不闻窗外事"，一心死守一己见，重要的是莫让外面的喧嚣遮住自己那双本就智慧的双眼，被人卖了还替人家数钱。

勿忘我，宁作我，不是一味地高看自我。"宁作我"是建立在"我与我周旋久"基础之上的，需要站在社会这个大舞台上，放开眼界、敞开心扉，不断地认识自我、反省自我、战胜自我、提升自我，孕育出自己的山水。心中有了成熟的自我，就不会幼稚地尾随这潮那流，就不会虚荣地在意这高那低，就能"会当凌绝顶"，走好自己的路。

妈妈的话　NO.12

心要学长，眼要放远。

—— 王学芹

王学芹（1936—），河北省魏县人，出身地主家庭，3岁丧母，由后妈抚养长大，是一位心胸宽广、性格开朗、处事低调、勤劳持家、宽厚待人、任劳任怨的慈祥妈妈。在那多灾多难的岁月里，食不果腹的情况经常出现，她常常把有营养的食物让给丈夫吃，说他要出力干活；把好吃的留给孩子们吃，说他们要发育成长。偶尔吃顿面条就是改善生活，当她把孩子们的碗盛满后，剩下的只有几根碎面和清汤。为了孩子们安全过冬、整洁过年，她常常是通宵纺线纳鞋。再苦再累，她从不抱怨什么，留给孩子们的总是温暖和快乐。

语境介绍

　　王学芹妈妈虽然没上过学，没有什么文化，更没有高深的育儿理论，但她内心深处有一个坚定的信念，那就是有文化才能有明天。王妈妈孩子多，孩子们上学负担重，但在这个问题上她总是说"心要学长，眼要放远"，家里再困难、爹娘再作难也要供孩子们读书，决不能为了多挣几个工分让孩子辍学。哪个孩子上学不上心，她也总是用这句话来耐心开导。

　　蔡同祥①在部队当领导后，妈妈不时提醒儿子，不管是做好人还是做好官，都不要做井底的蛤蟆，芝麻官不能有芝麻心，还是"心要学长，眼要放远"好。蔡同祥在当医院院长、卫生处处长时正值医院综合升级改造，欠了不少外债，一次他在妈妈面前无意间流露出一些焦虑情绪。妈妈沉默了好大一会儿，然后有意又似无意地念叨说，老百姓不容易，干医的千万别为了眼前多挣几个钱就让老百姓瞧病多花钱、去犯难；再说了，医院医术高了，花钱少了，来瞧病的人就多了，日子也会越来越好过。蔡同祥听后心里一震，由衷地向妈妈点了点头。

家训夹议

看得长远方能长远

　　惠普公司成立没多久，有一批军事订单送上门来。原来，此时恰逢二战爆发，军方对电子仪器需求猛增，遂向惠普公司订了一批电子测试仪器。公司初创收到大订单，对公司的发展自然有非常大的帮助，而且和军

---

　　①蔡同祥，王学芹妈妈的儿子，曾任解放军456医院副院长、院长，济南军区空军后勤部卫生处处长。

方合作是个利润丰厚的买卖，风险极小，惠普公司上下都感到很兴奋，摩拳擦掌，准备大干一番。

不过，公司创始人惠尔特想到一个问题，他和联合创始人普克德商量说："我们的员工能按时完成这个订单吗？"普克德想了想，回答："我们员工比较少，就算加班加点也不能完成，我看至少需要再招聘12名员工才能完成任务。"

惠尔特问："那这项合同完成以后，新雇员工能安排到别的什么合适的工作吗？"普克德摇了摇头，说："不能。我们公司规模尚小，没有空余工作岗位，只能辞退他们。其他公司普遍是这么做的。"

惠尔特说："要知道，公司聘用他们，他们就是公司的一员，理应得到我们的尊重和平等对待，而且我们所雇用的都是专业技术人才，怎么能说辞退就辞退呢？这不但会损害新雇员工的权益，对我们公司的声誉也会有很大的影响啊。"

一番商议后，惠特尔和普克德决定放弃这个大订单。此后，惠普公司逐渐形成一条不成文的管理原则：不轻易裁掉任何一个员工。在这样以人为本、重视人才的管理制度下，惠普公司茁壮成长，最终闻名全世界。惠普公司走过的路，也印证了王妈妈的那句话："心要学长，眼要放远。"

"远"，是中国传统美学的重要范畴，古人喜欢用"远"这个概念来概括山水画的意境。宋代郭熙在《林泉高致》中说："山有三远。自山下而仰望山巅，谓之高远。自山前而窥山后，谓之深远。自近山而望远山，谓之平远。高远之色清明，深远之色重晦，平远之色有明有晦。高远之势突兀，深远之色重叠，平远之意冲融而缥缥缈缈。其人物之在三远也，高远者明了，深远者细碎，平远者冲澹。"古人之所以把"远"与意境连在一起，是因为"意境"的美学本质是表现"道"，而"远"就通向"道"。《庄子·逍遥游》所说的"游无穷""游乎四海之外""树之于无何有之乡，广漠之野，彷徨乎无为其侧"，是追求"道"，也是追求"远"。魏晋

53

玄学追求"远"的境界，正是因为"远"就是"玄"，"远"就通向"道"。"道"，通俗地讲就是规律。望远者，才会有对世间规律的深刻认识，才会有对事物本质的深刻把握，才会有对生活真谛的深刻感悟。常言说，距离产生美。那么，世间最美的风景当在远方！

或许有人说，我们固然要追求"诗和远方"，而更重要的是要好好地"活在当下"。这种颇为时髦的说法，可视为一种现实的、务实的活法。问题是，人生的"当下"有若干个，你有了今天的"当下"，就会有明天、后天的"当下"吗？未必。从企业的发展和命运来看，国内外有许多厂家创建之初很是红火，但由于缺乏长远发展战略，总是在原地徘徊，靠"吃老本"生存，结果在激烈的竞争中纷纷垮掉。个人的命运也大抵如此，那就是"人无远虑，必有近忧"。比如春秋时期吴国的谋臣伍子胥，一直受到吴王阖闾的信任与重用。阖闾死、夫差继位后，自认多谋功高的伍子胥没有考虑到夫差的秉性，也没有反思"狡兔死，走狗烹"的历史宿命，对自己的前途及命运缺乏深入思考和长远筹划，最后落得个被赐死的可悲下场。而大智者孙武，与伍子胥共同帮助吴王阖闾战胜楚国、功成名就后，就主动辞职归隐，不仅避免了杀身之祸，而且成就了"兵圣"和"兵学圣典"的美誉。

无论是对一个人来说，还是对一个企业而言，眼之所及便是路之所至，眼界有多远路有多长，看不到注定就走不到，看不远注定就走不远。如果眼光总是在跟前打圈圈，人生就会总是在眼前打转转；那些心中只有眼前的人，最终要失去眼前。

妈妈的话 NO.13

凡事留余地，有让才有得。

—— 孟淑珍

孟淑珍（1930—2014），出生在山东省日照市东港区一个农民家庭。婆婆早逝，她和丈夫承担起照顾一家老小十几口的重担。家里的衣食住行全部由她亲手料理，家里人谁生病了她衣不解带不分昼夜照顾，从没有怨言。她47岁时丈夫去世，当时5个孩子没有一个结婚成家，是她含辛茹苦，为每一个子女组建了幸福的家庭。她时刻告诫孩子们要勤俭持家，善待他人，"多工作，少使心眼"。

孟淑珍妈妈从小受苦。12 岁那年，她背着弟弟跟随母亲从日照乞讨要饭来到烟台。一路上，历尽千辛万苦，多亏得到好心人的帮助和施舍。困难的生活和他人的帮扶，造就了她坚强的意志和大爱的性格。孩子们小的时候，她给他们讲的最多的故事，是一双同父异母兄弟"树枝和树叶的故事"。哥哥树枝与人打交道，总是谦让有加，有好处与大家分享，别人有了难处也愿意分担一些，多年后成了远近闻名的实业家。弟弟树叶与人相处，总爱要心眼，也很贪利，有了好处自己独占，甚至不惜把竞争者置于死地。后来，他经营的企业陷入绝境，很快倾家荡产，一家靠哥哥接济生活。他后来才知道，正是当年被他挤垮的对手东山再起后又挤垮了他。

孟淑珍妈妈用这个故事警醒孩子们，要善待他人，凡事留余地，有让才有得。胡焕锡①从妈妈的这句话中感悟到，做任何事情都应把握好一个度，不应该把好处全部占为己有，自己吃肉别人连汤也喝不上；更不能自己好事占全，而把不好的事全转嫁给别人；即便是竞争对手也不能把事情做绝。让利于人甚至互利共赢，才能长远。后来，妈妈的话便成了胡焕锡经营企业的主体理念之一。

想起了曾国藩的"求阙"

晚清重臣曾国藩是一个不甘平庸的人，也是一个崇尚完美的人，一生不懈地向着修学进业的峰巅乃至极致孜孜以求。他一生创造的业绩可谓骄

---

①胡焕锡，孟淑珍妈妈的儿子，现为烟台东岳科技有限公司董事长、烟台东方电子衡器有限公司董事长、烟台东阳新能源有限公司董事长。

人无比：一是带领湘军剿灭了太平天国运动，稳住了摇摇欲坠的清王朝政权；二是开辟了洋务运动，推动了近代中国的改革。而在追求至高、至精、至善的同时，有一种思维左右着他，那就是"求阙"。他深知"日中则昃，月盈则亏""斗斛满则人概之，人满则天概之"的道理，担心盈满则衰、过则成灾，推崇"花未全开月未圆"的境界，为自己的书斋取名"求阙斋"。曾国藩"求阙"并不是心里想想、嘴上说说、做做样子而已，而是实实在在付诸行动，用自我刮平祛满来防止出现"天概"之祸。

在太平天国的威胁之下，清王朝对曾国藩及其湘军是既不放心又离不了，既利用又掣肘。特别是随着太平天国的逐步式微，以及湘系势力的日益壮大，这种猜疑防范之心也进一步彰显出来。这一点，曾国藩比谁都清楚。为此，他的策略既不是"争"，也不是"辩"，而是"让"：让功，每战下来，他都要把首功推给别人，甚至让给与他素有不和的湖广总督、满人官文；让势，湘军攻占太平天国"首都"金陵不久，曾国藩就马上奏请朝廷，主动提出裁撤湘军主力；让位，与太平天国的主要战事一经结束，就替弟弟曾国荃向朝廷申请开缺回籍，让这个以贪著称的弟弟功成隐退；让理，对朝廷的有意刁难和满汉对手的无故挑衅，常常采取息事宁人的做法，用他的话说"打掉牙，和血吞"。通过这一系列"让"的举措，逐步打消了朝廷对他的猜疑和不安，从而保住了湘系势力的地位，保住了整个家族的荣耀，也抬高了自己的人气，并在险象环生的清朝政坛得以善始善终。

"求阙"，说到底就是一种适度的"让"。比如，让利于人，有钱大家一起挣，不能"吃独份"；让誉于人，有功大家一起分享，不能"抢独彩"；让势于人，有平台大家一起展身手，不能"显独大"；等等。

曾国藩的"求阙"固然是出于一种自保，是一种生存智慧，然而，"求阙"不仅仅可以实现自保，而且能够谋求自得，是一种经营之道，是一种发展智慧。台湾奇美集团创始人许文龙，经常利用周末去台南安平港钓鱼。一个星期六的早上，许文龙和新任职的助手张晓宏一起来到安平港。选好位置后，两人开始打窝子，上饵料。张晓宏早就知道许文龙是垂钓的高手，所以他特别关注许文龙是如何上饵料的。许文龙的钓竿上有两只鱼钩，他一只鱼钩上使用蚯蚓，另一只鱼钩上用的却是番薯泥揉成的鱼饵。

当许文龙将鱼钩放进水里后，张晓宏问："许总，番薯泥做鱼饵，进水就会掉落水底，怎么会有鱼咬钩呢？你用了两个饵料，实际上不就是蚯蚓那一种饵料吗？"许文龙双眼注视着水面，回答道："我平时都是两个饵料只钓一条鱼。你说得没错，番薯泥饵料一入水就会掉落，而恰恰就是这些番薯泥，会吸引更多的鱼儿靠过来，这样你才有机会利用另一个钩上的蚯蚓钓到鱼儿。如果你在两个鱼钩上都用蚯蚓，虽然一开始可能会钓上两条鱼儿，但用不了多久，就会被鱼儿发现，再也没有鱼儿上钩了。"

话刚说完，鱼漂往下一沉，许文龙顺势一提，钓上一条半斤左右的草鲫。鲫鱼咬的，正是那条蚯蚓。另一只钩上，正如许文龙说的那样，空空如也。

两饵只钓一条鱼，不仅是许文龙的钓鱼秘诀，也是他为人处世的准则。对别人始终留有余地，使得许文龙成为圈内备受欢迎的合作伙伴。

兵法云："归师勿遏，围师必阙，穷寇勿迫。"意思是说，对正在向本国撤退的敌军，不要去阻拦；包围敌人要虚留一定的缺口；对已陷入绝境的敌人，不要过于逼迫。这是一种适度、留有余地的目标追求，是"求阙思维"在战场上的活性运用、智慧体现。给对手留有余地，等于给自己留出了回旋空间。战场上，某种"退"实为更好地"进"、某些"让"实为更大的"得"。用兵尚需如此，为人处事自不多言。

妈妈的话 NO.14

牦牛好不好，看看鼻子就知道；
姑娘好不好，看看父母就知道。

—— 米瑟降初

米瑟降初（1948—2004），藏族，西藏自治区日喀则人，普通牧民。从未上过学，基本不识字。丈夫去世早，她拉扯着四个孩子长大。特别是在高原大雪封山的那些日子，一家人在帐篷里几乎保不住生命，是她用冻紫的嘴唇鼓励孩子们坚强地活着。

儿子扎西杜基走出雪山，参军入伍，她对儿子说，是毛主席、共产党解放了农奴，给了藏族人民新生活，作为一名藏族战士，永远都不能给藏族人抹黑。后来，她查出咽喉癌，扎西一路奔波回去陪妈妈做手术。术后她说不出话，可每天拿着扎西的军帽抹了又抹，然后用手指向远方，儿子明白她怕影响他的工作，是在劝他归队。

"军功章有我的一半，也有你的一半"，这句话用在扎西①夫妻身上一点也不为过。

朋友带我（孙娘）去见扎西，当他和妻子何宁宁站在我面前时，我不禁脱口而出，好看！在这之前，只是陆陆续续地听了一些关于他俩的传说，今见其人不为虚传。

扎西的家乡在西藏的日喀则，当兵前是个放牛娃。他经常是一边放牛一边投石子。牛儿一天天长大，石子投得也越来越远。正是从小练就的功夫，使扎西在日后手榴弹投掷比赛中，无人能敌。

当年部队在西藏招了二十几个新兵，这些新兵一句汉语不会讲，一个汉字也不识，部队就每天给他们上文化课。扎西制定了"日识十字，周记一文，月读一书"的学习计划。入伍不到一年时间，他翻烂了一本《新华字典》、一本《成语词典》和随身携带的《名人名言》。经过4年多的努力，他不仅能讲一口流利的普通话，而且学完了初高中文化课程，取得了函授法律大专文凭。由于扎西各方面表现优秀，在部队提了干，走上了领导干部的岗位。

扎西今生最幸福的事，莫过于娶了一个文静、贤惠的胶东媳妇。婚后，他们有了个可爱的小扎西，如今上小学了。

由于部队换防，妻子在父母的支持下狠心辞掉大学老师的工作，跟随着扎西来到新驻地，并在驻地附近开了一家西藏特产小店，而就是这个小店成为扎西夫妻抚养5个孩子的重要经济来源。

扎西的父母早已去世，扎西一直牵挂着家乡的哥哥姐姐，他和妻子商量把他们的孩子接来上学，妻子欣然同意了。于是，他们在驻地附近买了个小

---

①扎西杜基，藏族，米瑟降初妈妈的儿子，现任解放军某部副主任。先后被集团军表彰为"学习成才先进个人""优秀基层带兵人"，被军区表彰为"学习成才标兵"，被四总部表彰为"全军十大学习成才标兵"，荣立二等功、三等功各1次，第十届全国人大代表。

公寓，4个西藏孩子住进了山东的家。现在两个大孩子已学有所成，走上了工作岗位。

"牦牛好不好，看看鼻子就知道；姑娘好不好，看看父母就知道。"扎西每次见到岳父母就想起妈妈的这句话，感激之情油然而生。

家训夹议

军嫂自有军嫂的爱

扎西和妻子的爱，净如冰山上盛开的雪莲。

妈妈生前嘱咐扎西，姑娘不在多漂亮，心地善良才好。扎西娶媳妇了，妈妈的心愿实现了，可她没等到这一天。这是扎西的遗憾。

婚前的扎西一贫如洗，妻子却家境殷实。妻子虽似温室里长大的，然而可别小看了这枝未历经风雨的花朵。她不依赖父母资助，硬是和扎西来了个"裸婚"。这一举动，源于她的自信和对扎西兵哥哥的爱。

扎西工作繁忙，很少顾及家庭，妻子包揽了家里的大小琐事。有时赶上夜里孩子发高烧，扎西又出发在外，她只能一个人抱着孩子往医院跑。尤其是把几个孩子从西藏接来以后，她肩上的担子更重了。

做军人不易，做军嫂更不易。军人几乎常年在外训练和执行任务，妻子在家辛劳尽责，同时还要忍受情感上的孤寂，个中滋味只有她们自己体会。然而，她们自有她们的爱，"忠贞不渝，心美如画"。

妈妈的话　NO.15

有本事的汉子不挣有数的钱。

—— 郭永香

郭永香（1932—1973），山东省济南市长清区人，一生务农，生育6名子女，一子因病夭折，生活艰辛，自己因操劳过度中年离世。她意志坚强，积极乐观，对未来、对子女充满期盼。

方勇①年少时妈妈身体不好，家里姊妹又多，家境十分贫寒，他几次想辍学做工，早挣点钱贴补家用。妈妈每次都耐心教导，力劝他完成学业。她总是说，有本事的汉子不挣有数的钱，人要立大志、长大出息；只顾眼前的蝇头小利，因小失大，会后悔一辈子。

妈妈去世后家中生活更加艰难，方勇17岁时便到电灌站打工。每月9元的工资却要每天步行3个小时上下班，加之干活劳累，感到体力不支，想让父亲给买辆自行车骑着上下班。老父亲盘算半天，最后把家里喂的猪给卖了，凑够了钱交给他去买自行车。他拿着钱前脚刚走，后脚父亲便追了十几里山路又把钱要了回去。父亲非常愧疚地对儿子说，买了自行车，往后一年，一家人就得饿肚子。望着操劳而苍老的父亲，想起妈妈的教诲，方勇决定放弃这点死工资，去外面闯一闯。这年年底，他离开熟悉的家乡，参军到艰苦的野战部队开始了新的生活。经过多年的打拼，他从部队到地方，从政府机关到自己经商，妈妈的教诲始终指引着他克服重重困难，砥砺前行。如今创立了自己的企业，不但衣食无忧，还尽力帮助家人，并回家乡投资。

人到中年的方勇，对妈妈"有本事的汉子不挣有数的钱"这句话的深意有了进一步的认识，那就是人生要志存高远，不安于现状，勇于追逐梦想；艰苦奋斗，百折不挠，积极面对困难和挑战。妈妈的教诲和人生的经历让方勇执着于红色文化事业。他认为，红色文化中的爱国主义、艰苦奋斗、无私奉献等精神，在新时代更加弥足珍贵，是鼓舞、激励人们继续奋斗不可或缺的精神源泉。于是，他致力于研究和弘扬红色文化，希望红色文化的精髓在新时代发挥出独特的魅力，指引更多的人实现人生的梦想。

---

①方勇，郭永香妈妈的儿子，经商并从事红色文化研究和传承。现任中国红色文化产业发展联合会副会长兼秘书长，山东天时伟业文化产业有限公司董事长。

位卑未敢立志卑

方勇儒雅、稳重、低调，很难把他和商人联系到一起。《济南时报》曾采访方勇，他说他今生最崇拜的人是毛主席。

在方勇的记忆深处，难以忘却的是上小学时，生产队分发毛主席像章，谁家先发到了谁光荣。从那时起，他开始崇拜毛主席。有一次生产队分发毛主席像，他迫切地想得到一张贴在自家墙上。于是他向队长索要，队长不给，说只有大人才能来领。每当谈到对毛主席的崇拜程度，方勇说自己也无法用语言形容。1976年方勇上初中，9月份就传来毛主席逝世的噩耗。村里的大人都去礼堂领黑纱，方勇也想有一块黑纱戴在胳膊上，以缅怀他心中的伟人毛主席。但生产队长又是因为他是个孩子不给他。当时，他都急哭了。

在以后的岁月里，方勇以崇拜与感恩的心情开始收集和收藏毛主席像章、毛主席像，以及其他红色文物，并且在这个过程中遇见了几位红色收藏者。经过多年的积累，方勇有了一个大的想法，就是创建一个以弘扬长征精神为主题，以爱国主义教育为着力点的红色文化园。从2016年开始，他就自筹资金展开文化园的筹划和建设工作，红藏馆、伟人诗园、影视基地、实景再现、拓展训练，等等，将成为传播红色基因、培育青少年爱国主义精神的生动场所和有效方式。

方勇红色情结深厚，他经常参加全国性的红色文化活动，2013年起担任了中国红色文化产业发展联合会副会长兼秘书长。他经常去韶山看望主席的家人和邻居们，去享受那片红色土地上的文化与情怀，他说他已经记不清去了多少次了，他几年前就被韶山村特支委书记毛雨时授予"韶山村荣誉村民"。

方勇说办红色文化园不图什么回报，哪怕一个人守着园子也开心。方勇还准备在"花果乐园"专辟一块地，命名为"孝园"，以弘扬中华孝文化。献身红色文化事业，建设红色文化园，这是方勇人生中最重要、最快乐的事情。

人生不能没有志向，正所谓志不立则无成。怎样立志？宋人戴复古用诗句告诉人们："人生一世间，所忌立志卑。"郭永香妈妈则用她那句朴实的话语启迪儿子：位卑未敢立志卑。方勇则用他那一串串稳重扎实的脚印写就："人皆可以为尧舜"。

妈妈的话　NO.16

受得了委屈，才成得了大器。

—— 崔玉瑛

崔玉瑛（1918—2000），山东省栖霞县人，出身贫寒，从小由姐姐带大。年轻时丈夫因病去世，她忍辱负重，苦苦挣扎，含辛茹苦地把三个幼小的孩子抚养成人，两个儿子一个成为副省长、一个成为部队的师长。她心胸开阔、不计前嫌，谦逊待人、乐善好施，是一位德高望重的农家妈妈。

　　田野①很小的时候听妈妈说过一个故事，至今还记忆犹新。说是一位秀才到外地去做官，临行前母亲问自己的儿子，如果出门之后有人向你脸上吐了一口唾沫，你该怎么办？秀才说，我就把它抹去。这位母亲说：不对！你应该留在脸上让它自己干。后来，这个人果然成了大器。妈妈是在借用"唾沫自干"这个故事告诉孩子们，要学会忍辱负重，勿与世人相争。她说："逢事要再三忍耐，受得了委屈，才成得了大器。"

　　田野刚出生9个月的时候，33岁的父亲抛下妻子和三个幼子撒手人寰。在那个缺吃少穿的年代，这家相依为命的幼儿寡母最苦最怕的不是贫穷，而是亲戚村人的歧视特别是右邻后舍的欺凌。后舍有一位在村里出了名的泼妇，以欺弱骂人为快事，三天两头对着田野家大骂，其卑贱下流之状不堪言表。崔妈妈向村里反映，村干部不仅不管，反而冷嘲热讽。

　　因此，每到泼妇骂人时，崔妈妈只有忍气吞声，泪水往肚子里流。同时，教导还不太懂事的大儿子和女儿，别和这种不讲理的人一般见识。后来，后舍的这个泼妇得了重病，家里一贫如洗。有一次，崔妈妈在家里煎鱼，这个人忍不住贴在后窗上闻味道。崔妈妈发现后，赶紧用玉米皮包了几块鱼从窗口递给了她。田野不解地问妈妈："为什么给她鱼？"妈妈叹了口气说："尽管她欺负过咱们，但快死了的人，也够可怜的。"从此，多年关系紧张的两家开始搭腔说话了。

---

　　①田野（笔名），崔玉瑛妈妈的儿子，曾任团长、师参谋长、师长，参加广西方向边境自卫作战并荣立战功，被评为"第四届中国时代十佳卓越人物"。现担任烟台市慈善总会名誉会长、关心下一代工作委员会副主席、老年体协名誉主席等职。是山东省作家协会会员，先后出版5部长篇文学作品。

别拿他人的过错惩罚自己

韩信小时候蒙受"胯下之辱"的故事，世人皆知。"胯下之辱"，不仅没有辱没韩信的男子汉形象，反而助推和衬托了他的功业与英名。周恩来的母亲曾把年少的周恩来带到淮安河下镇的"胯下桥"，对他说：韩信这么做是对的，没有忍，就成就不了大事业！或许，一代伟人周恩来的博大心胸、隐忍品格，从那时起就被母亲播下了"种子"。"文革"中，正是凭着他的过人智慧和忍辱负重，保护了大量老干部、知识分子，维持了国家的艰难前行。提到"人民的好总理"周恩来，刻在历史和世人心头那个最庄重的字，就是"忍"。

话说回来再看韩信。其实，韩信成也忍，败也不忍。人们都知道韩信能忍，却不太知道他正是因为后来功高生骄、忍耐不够，而引起刘邦、吕后的不满和猜疑，最后落得个被设计诛杀的下场。

韩信与张良、萧何为汉王朝的建立，立下了头功。刘邦后来有一段经典之谈，他说："夫运筹帷幄之中，决胜千里之外，吾不及子房；镇国家、抚百姓、给饷馈、不绝粮道，吾不及萧何；连百万之军，战必胜，攻必取，吾不及韩信。三人者，皆人杰也。吾能用之，此吾所以有天下也。"应该说，刘邦之语并非虚言，是出于内心的折服与赞扬。然而，或许正是随着实力的激增和功劳的凸显，他的内心也在发生着微妙的变化。公元前203年，韩信尽定齐地。他以齐人伪诈多变、反复无常为由，派使者向汉王刘邦请立为假王，以镇抚齐地。当时刘邦处境不利，听了使者的请求后不禁大怒："吾困于此，旦暮望而来佐我，乃欲自立为王！"陈平和张良马上轻轻地踩了一下刘邦的脚，悄悄地对他说："汉方不利，宁能禁信之自王乎！不如因而立之，善遇之，使自为守；不然，变生。"汉王顿时醒悟，又改口假意骂道："大丈夫定诸侯，即为真王耳，何以假为！"随即派张良持印至齐，立韩信为齐王，并且征其兵击楚，顺利完成对项羽的战略包围，终于取得楚汉战争的最后胜利。韩信虽然如愿封王，但他的坐大不忍，也为自己埋下了祸根。

常言说，小不忍则乱大谋。能忍，才不会失方寸；善忍，才不会丢大局。当然，对来自他人的不公、不敬、误解甚至诬蔑攻击、刻意刁难，也不是一概漠视，而是既明辨是非曲直，又权衡利弊得失，该忍的要忍住，该守的底线也一定要守住。但是，更多的时候还是倡导"忍"，因为"忍"体现的是一种胸襟，一种气度，一种宽容，也是一种智慧，彰显的是一个大写的"人"。

换一个角度来看，"忍"也好，不"忍"也罢，过错者毕竟是别人，受害者是自己。如果纠结别人的过错，总是耿耿于怀、卸放不下，无异于拿别人的过错折磨自己；如果报复别人的过错，给自己带来更大的伤害，无异于用别人的过错报复自己。从这种意义上讲，宽容别人也是释然自己，放过别人也是放过自己。真君子历来不与小人计较，不与小人过招，那样，没有对手、唱"独角戏"的小人，总有一天会觉得没趣，总有一天会失去恶待他人的兴致，说不定还会产生点反思与良知。当年那个带头诬陷、调查、审问苏东坡的李定，有一天与满朝官员一起在崇政殿门外等候早朝时，向大家得意扬扬地叙述审问苏东坡的情况。他说："苏东坡真是奇才，一二十年前的诗文，审问起来都记得清清楚楚！"他以为，对这么一个哄传朝野的著名大案，一定会有不少官员感兴趣，但奇怪的是，他说了这番引逗别人提问的话之后，没有一个人搭腔，没有一个人提问，崇政殿外一片静默。他有点慌神，故做感慨状，叹息几声，回应他的仍是一片静默。用余秋雨的话说："这静默算不得抗争，也算不得舆论，但着实透着点高贵。"

忍让与尊严并不矛盾。有人说，要想人前显贵，就要人后流泪。这话说得虽然有些绝对，但也不无道理。人要有尊严地活着，就要在小是小非、小事小节上，吃得下气，受得了委屈。

妈妈的话　NO.17

十里赶嘴，不如在家喝凉水。

—— 张凤兰

　　张凤兰（1927—），山东省淄博市张店区人，一生为农，略识文字。历战乱年代，度灾荒苦日，忍失两幼子切肤之痛，背负长辈"地主"家庭成分，履"文革"薄冰岁月；改革开放吹新风，享复兴盛世鸿福，儿孙绕膝，五世同堂，仍耳聪目明、精神矍铄。儿子李森为母亲写生：慈眉凤目心善宽，八方亲朋顾周全；性情温良不生非，睦邻无争尽行善；家境条件再苦艰，厚待长辈无怨言；哺育晚辈含茹苦，不打不骂不偏袒；尝遍世间苦百味，历尽坎坷多磨难；三寸金莲载人生，喜逢盛世享百年。

　　李森①依稀记得，二十世纪七十年代末春节正月初七的一天，本家一个叔叔家的干亲戚一家人，踏雪从十里外的村寨来叔叔家拜年，不巧的是叔叔全家也到外乡走亲戚去了。他一家便到李森家问情况，知道实情后执意要返回去。妈妈讲："大老远的来了，返回去得几点？"就真诚地把他们留下热情地招待一番，感动得他们再三感谢，还拿出2元的压岁钱给了六七岁的大侄子。如果不是遇上妈妈这样热情好客的人，叔叔的干亲戚就真的扑空返回家去了，大过年的，那将是一件非常尴尬、非常扫兴的事。后来，妈妈每每回想起这件事，自豪与满足中便念叨起这句老话："十里赶嘴，不如在家喝凉水。"

　　"十里赶嘴，不如在家喝凉水"，就是说跑十里路外出赶顿饭吃，不如在家喝口凉水舒服。李森理解，就是不要随意到外面去参与那些没必要、没意义的应酬，有时间待在家里多学习学习、多修修身养养性，也免得生是非、找难堪。

　　在妈妈的言传身教下，六个子女都养成了内敛、安静、低调的为人处事风格。李森在镇上担任副镇长后，招商引资、迎上接外等应酬繁多，无暇顾及学习。后来主动向组织申请，从比较热眼的镇长岗位调到区委宣传部文明办，不仅很好地发挥了理论和文字功底较好的优势，而且工作、学习相得益彰，自己也成为一个耐得住寂寞、经得起孤独的"雅官"。

---

　　①李森，张凤兰妈妈的儿子，曾担任小学、初中多学科任课教师及学校负责人，淄博市张店区中埠镇党委秘书、宣传委员、副镇长，区委宣传部文明办副主任。

学会孤独，享受孤独

在喧嚣的物质世界里，是安静地度日还是贲张地活着，这是一个人的选择自由。然而，再喧闹的大戏也有谢幕的时候，喧嚣之后是冷寂，人注定要与孤独同行。

现实中，有些人不愿孤独、害怕孤寂，喜欢到"场"里去找存在感，在人们廉价的追捧里寻求慰藉，在良莠难辨的往来中排解孤寂。这些人把熙攘的"凑堆"看成"风云际会"，以显身为荣、以喧腾为品、以应酬为乐，不辞辛劳地赶场，似乎哪哪都能见到他奔忙的身影，大把大把的时光就这样挥洒在交际场上，消磨在风花雪月中。不过，他们虽"享"一时的热闹，而最终也摆脱不了孤寂的来袭。就像借酒浇愁愁更愁，热闹之后更是冷寂。

孤独是一种超脱，也是一种超越。在嘈杂不堪的街市里，孤独是一位窗前的静女，既远离了尘世的忧扰之苦，又观端着世事的变迁之谛；在波涛翻滚的大海旁，孤独是一湾平静的内河水，既远离了明浪暗涌的拍袭之险，又享用着心灵的自由之餐。世界著名作家、哥伦比亚人加西亚·马尔克斯，是一个崇尚孤独、"用孤独拥抱世界"的人。在他的小说中，孤独是深入骨髓的。一篇文章介绍说，他的自传《活着为了讲述》向世人揭示了孤独的根源。暗夜中能够将故事发挥到极致的外婆；眼盲心亮，能够凭着嗅觉解决一切问题的姨姥；啃着泥土，吃着墙皮的小姑娘；大度到可以将父亲婚外情子女视同己出，坚强幽默的妈妈；一群行为怪异、心地善良的女仆；一身重孝，远道赶来宣布"我要死啦"的帕姨。马尔克斯说这群疯疯癫癫的女人，她们"用人间天堂中一种自然不做作的态度对我，铸就了我的性格和思维方式"。

喧腾虽甜，但过了会让人患病；孤独虽苦，但常了会养心益体。孤独并不可怕，孤独者也不可悲，善于孤独的人不仅不孤寂，而且内心是自由的，生活也是可以丰富多彩的。车海英的妈妈（后面有专题介绍）和她的爸爸感情颇深，爸爸去世后，两个女儿又不在身边，妈妈倍感孤独。为了排遣心中的孤寂，也是为了心中有个依托，妈妈开始自学画画，用签字笔画各种花鸟画。经过几年的习练，如今把鸟儿都画活了，不仅得到众人的称赞，也给孩子们带来了惊喜和欣慰。现在，妈妈每天都过得充实，生活的品位得到了提升，人生的价值也得到了体现。

人应乐享孤独，与孤独做朋友。

妈妈的话　NO.18

老虎起头也怕驴。

——刘泽花

刘泽花（1940—），山东省青岛市即墨区人，出身贫寒却性格开朗，不识字却达常礼。她一生守着脚下的土地，守着生活中的针线麻纺，守着做人的本分，守着风雨同舟的亲人亲情。丈夫常年有病，里里外外都靠她张罗，平时和男劳力一样稼穑，锄镰锨镢样样会用。她心灵手巧，针织刺绣、面食制作，样样精致。村里的红白喜事，只要找到她，能连饭不吃就操持起来。她豁然大度，从不与人斤斤计较。她爱好听书看戏，却鲜有时间顾及。

语境介绍

在二十世纪七十年代，考上高中还是比较难的。刁乃克①的哥哥刁乃博觉得自己考取无望，便准备放弃中考。妈妈听后，并没有说能不能考上的事，只是说了一句让刁乃克既好奇又新鲜的话："老虎起头也怕驴。"刁乃克的哥哥经妈妈这么一说，鼓起勇气参加了中考，竟也顺利地考上了高中。从那刻起，刁乃克便把这句叮咛记在了心中。当他上中学学到唐代杰出文学家、思想家柳宗元的寓言《三戒》时，当他在全班一字不误地背诵《黔之驴》时，当他分步解析外强中干的驴子终被老虎识破、吃掉的故事时，他的自信心与求知欲随之而来。

可能自小缺乏营养，刁乃克身子体质较弱，一直长到19岁时才想着去当兵。对自己能否体检合格，心中也无把握，而乐观的妈妈和老实巴交的爸爸都鼓励他去试一试，尤其妈妈那句"老虎起头也怕驴"让他信心大增。没承想，体检顺利过关，如愿参军入伍，后来还当了一个大军官。

刁乃克谈到，对"老虎起头也怕驴"这句话，几乎没进过学堂、没念过书的妈妈，也不知是听别人说起过，还是从说书人那儿得来的，反正他们兄弟在关键的当口儿犹豫不决的时候，在面对困难畏首畏尾的时候，妈妈的这句活还真受用。

也有畏惧也有勇

刘妈妈那句"老虎起头也怕驴"的话，源自《黔之驴》。然而，《黔

---

①刁乃克，刘泽花妈妈的儿子，在部队曾任房地产管理处党委书记、房地产管理局产权处处长，高职六级。出版专著4部，荣立三等功7次。

之驴》故事的主角并不是"黔之驴",而是"黔之虎";让人敬佩的当然也不是那头驴,而是这只虎。这"黔之虎"的可贵之处在哪里?就在于它也有畏惧也有勇。

畏中显智,勇中存谋。老虎本来威风八面,碰到从没谋过面的"庞然大物",心生几分畏惧,流露几分谨慎,恰恰是有智慧的表现。要知道,吃不到庞大的猎物反而被其咬伤致残或致死,那才是得不偿失,傻瓜一个。然而,饥肠辘辘的老虎如果就这么轻易地放走了一个如此难得的猎物,同样是一个大傻瓜。这只老虎的最大特点就在于,勇敢而不失谨慎,小心地与驴周旋,几个回合下来便发现,这"庞然大物"不过外强中干,如此而已。就这样,技穷的"黔之驴"很快成为这只聪明老虎的美餐。

无畏并非真豪杰,有惧有勇才英雄。40 年前邓小平搞改革开放,提出"摸着石头过河"。这一历史性创举前所未有,既没现成的理论,也没成熟的经验,搞"大跃进"式的蛮干不行,必须又大胆来又谨慎,试着水深、流速,摸索着蹚水,小心翼翼前行,形象地说就是"摸着石头过河"。这与"黔之虎"扑杀"黔之驴",实有异曲同工之妙。

人能致远,勇气为先。"黔之虎"的成功启迪人们,人生的机遇难得,抓住它固然会有这难那险,但决不能轻易放过,一定要拿出把握机遇的勇气与智慧来。当年,有一个不知天高地厚的在校学生,竟敢去摸老虎的屁股,找胡适就《红楼梦》的不同见解进行争论。这个学生叫周汝昌。现在看,如果没有这种勇气,就没有今天周汝昌红学上的丰硕成果。抗美援朝时,当美军首席谈判代表哈里逊狂傲地在板门店宣布:"无限期休会!让枪炮去辩论吧!"我 15 军军长秦基伟的回答是:"抬着棺材上上甘岭!"45 师师长崔建功的回答是:"打剩下一个营,我去当营长,打剩下一个连,我去当连长!"这种虎气血性,张扬着有勇有智的自信,让对手胆寒。

人们常说"万事开头难",其实有些事一旦你尝试了,或许就会觉得并不是想象中那么难。任何事情，只有在尝试的过程中你才能认清路径，熟悉过程，掌握规律，找到方法，进而变"难"为"易"。刁乃克在工作生活过程中，也有过"拖延症"，在遇到困难和遭受挫折时，也会耍蹶子、使性子，但事后只要把母亲的叮咛细细品咂，心胸便会逐渐豁达开来。所以，他无论遇到怎样的迷惑和矛盾，都不会因为胆怯无知和消极懒惰而错过成功的机会。

妈妈的话　NO.19

没有不会做的事，只有不想做的事。

——杨凤兰

杨凤兰（1940—），山东省聊城市第一汽车运输公司退休职工，先后担任售货员、班组长、安全员、政工科长等职务。她经历了新旧社会的变革，历尽了人生的坎坎坷坷，长期的工作磨砺和生活阅历，使她养成了泼辣要强、乐观豁达的性格，具有坚韧的毅力，遇到困难从不退缩，做什么都充满着自信。

语境介绍

6岁时的那个夏天，孟国玉①被父母送到农村的姥姥家。姥姥村里有一条河，小孩子都喜欢去河里嬉水，因他不会游泳，妈妈和姥姥再三叮嘱他不能去。有一次他还是偷偷跟着小伙伴去了河边，一开始只是在岸上观望，后来经不住诱惑也下水了。由于当时刚下过雨，河水比较大，不一会儿他被冲到了河中央。这时，小伙伴们大声呼救，是路过的大人把他救上岸来。

妈妈知道后，把他打了一顿，还说会找人教他游泳。有了这次死里逃生，他遇水色变，再也不敢下水了，并且每当碰到河、湖都离得远远的。12岁的暑假里妈妈逼他去学游泳，初学喝了几口水，他便打了退堂鼓。

妈妈先是耐心开导，你要相信自己，别人能学会游泳，你也能行。后来妈妈亲自下水陪他练，慢慢地使他克服了恐惧心理，游泳也就很快学会了。这时，妈妈又对他说：记住，没有不会做的事，只有不想做的事。路是自己走出来的，机会是自己创造出来的，一个被恐惧控制的人是无法成功的。

时至今日，妈妈的话时常回响在孟国玉的耳边，也时时激励他面对困难，不放弃、不退缩。

家训夹议

无为何须怨事难

中国男子足球队冲击世界杯屡屡受挫，国际比赛莫名其妙溃败居多，是泱泱大国的子民们最没面子、特别纠结的事情。作为一个人口大国、经

---

①孟国玉，杨凤兰妈妈的儿子，先后任部队团师司令部参谋，1985年参加对越自卫还击战。后转业到山东省聊城市工商行政管理局，曾任局办公室主任，莘县工商行政管理局党组书记、局长。

济强国、体育盛国，男子足球为什么就是搞不上去呢？仁者见仁，智者见智，人们为它找了许多"病症"，摆了一系列"病因"，一些人在大骂这帮足球小子"无能""废物"的同时，也在怀疑国人的身体条件是否适宜男子足球运动，中国传统文化是否利于足球发展，国际及亚洲的足球环境是否掣肘中国足球队出成绩，等等。总之，中国男子足球要冲出亚洲、走向世界，难，难，难！

中国足球真的只有失望吗？这让人想起了中国国家足球队曾经的外籍教练、前南斯拉夫人米卢蒂诺维奇。2001 年，他带领中国男子足球队，提前两轮历史性地打进了韩日世界杯足球赛的决赛圈。中国男子足球时隔 44 年后冲进世界杯，说明什么？说明中国足球是能够搞好的。米卢的秘籍是什么？秘诀之一就是："态度决定一切。"

自从米卢执掌中国国家足球队主教练教鞭之日起，他头顶的帽子上就多了"态度决定一切"这几个字。当初在昆明集训时，很大的运动量让队员们吃不消。米卢说："不是你的身体累，而是你的心累了。"队员们一听就不再抱怨辛苦了。有个队员从绝对主力坐上冷板凳，然后又上了看台，但他在训练中仍是最卖力的一个。他说这么做是为了保持最好的状态，一旦出现转机，自己可以把握住，因为"态度决定一切"。

做任何事情都离不开一定的客观条件，都不能搞"人有多大胆，地有多大产"那一套脱离实际的东西，但也需要"人定胜天"那样的信心和气魄。要知道，只要肯努力，办法总比困难多。当年我们搞"两弹一星"，条件那么差，但态度是明确的：美苏能搞出来，我们也能搞出来！凭着这样的态度，我们硬是创造了世界科技史、军事史上的奇迹。过去能创造奇迹，今天当然也能创造奇迹；大事情上能创造历史，小事情上当然也能做出精彩来，前提是要把态度问题解决好。

事难不是无为的借口，态度才是圆梦的关键。你有积极的态度，就会迎难而上，不避艰险，用自己的顽强和执着拼出一条血路；你有认真负责的态度，就会精益求精，追求完美，用自己的匠心和智慧创造属于自己的神奇！

妈妈的话 NO.20

只有上不去的天，没有过不去的山。

—— 孙秀兰

孙秀兰（1925—1998），山东省济南市章丘区人。妈妈去世时她才6岁，童年的不幸铸就了她坚强的性格和不屈不挠的精神。她16岁时由家人包办嫁入王家，当年丈夫就离家参加了革命，敬老扶幼、下地干活的重任，全落在她那瘦弱的肩膀上，丈夫的祖父母和父母四位老人都是由她独自送的终。她身高只有一米五八，体重也不足百斤，在举国大饥荒的年代，不知是怎样蹒跚着一双三寸金莲，带着四位老人和四个儿女走过一个个春夏秋冬的。

语境介绍

孙秀兰妈妈虽然没有文化，但她的智慧和远见是许多高学历的人所不及的。女儿王茜①介绍说，三年困难时期，许多在外工作多年，且在各自工作岗位上小有成就的人，因几斤蔬菜、几斤粮食而返乡务农。爸爸的父母去世早，当时几个孩子和爸爸的祖父母就靠妈妈一个人挖野菜、变卖家当维持生活。本家的伯伯回乡了，爸爸的同学回乡了，许许多多家庭没有劳动力的人回乡了……看着一家老小菜色的脸，爸爸也动摇了，和妈妈商量回乡务农以养家糊口。然而，让爸爸没想到的是，妈妈断然拒绝了爸爸回乡的要求。她深情地对爸爸说："只有上不去的天，没有过不去的山。困难是暂时的，你在外打拼了十几年才有了今天的基础，咱们不能半途而废。只要我还有一口气，就决不会让老人和孩子饿死。"她的深明大义成为爸爸工作的动力。爸爸也不负众望，在多年的司法工作中，屡屡立功受奖，晋升为三级总监。

如今，已经离休多年的爸爸，虽然因脑中风导致小脑萎缩，对过去的人生记忆已是支离破碎了。但是，每每谈起妈妈当年的决断，总是感慨万分，由衷地佩服她的睿智和远见。

家训夹议

困难是人生的云梯

人大都喜欢走平路，而不愿意走山路。岂知，山路才是抵达风景最美处的蹊径。对一个人来讲，平坦的路像杯白开水，固然需要，但没有特别

---

①王茜，孙秀兰妈妈的女儿。曾任济南东风制药厂实验员，山东省化工供销协会秘书长，北京中安达山东公司副总经理，黄河出版社发行部主任。

的感觉；攀登的路则像杯白酒，固然辛辣，但回味无穷。成功的人生，大都是在攀越一座又一座的高山峻岭，征服一个又一个的艰难曲险中走过来的。

我（路秀儒）的同事郑学出生在河南信阳的一个小村庄，这里是一片贫瘠的土地，也是一方水患多发的灾地，三年困难时期饿死人之多曾震惊中南海。二十世纪七八十年代，这里的贫穷状况虽有所好转，但也没有好到哪里去。郑学家人多饭量大、挣工分的劳力又少，一年之中缺吃少穿的日子那是常有的。郑学打小学习就好，虽然因学费交不齐，学上得有些断断续续，但成绩一直名列前茅。初中毕业后，他考上了县重点高中，父亲却把入学通知书给藏了起来，因为家里连吃穿都顾不齐，哪有钱给他交学费、供他上学。郑学得知后与父亲翻了脸，可再翻脸也解决不了钱的问题。于是，他就挨个向亲戚们借，后来有的亲戚干脆就锁上门躲了起来。他是带着还没有凑足的学费和够吃半个月的地瓜，到学校报的到，一位好心的老师帮他垫付了还差的几块钱。郑学的学是上了，但要读下来，还得不断地借钱。他看够了亲戚邻居的白眼，但为了上学还要硬着头皮去借。

然而，让郑学心头更堵得慌的是，他家摊上了一件不可思议的倒霉窝囊事。母亲因琐事与邻居家的老婆吵架，没想到邻居老婆想不开上吊自杀了。这下可捅了马蜂窝，邻居凭着人多势众，把郑学一家赶出了自己的家，把家门和房子给封了起来，一家人可怜地住到了一座废弃的猪圈里。在县城读书的郑学每想起家中的惨景，饭吃不下、觉睡不着。后来虽经他四处找人反映，一家人得以搬回了自家的房子，但日子更艰难了。

令郑学一家宽慰的是，他高中毕业后考上了军校、当了军官。在部队他卖力地工作、拼命地学习，读硕博、作学术、搞革新……后来他调到北京的要害部门工作，干得风生水起，混出了一个模样。

郑学每每谈起自己和家庭遭遇的困难，都异常激动。他说这些年一路走下来，从困难中懂得了什么是真正的财富。他说困难就是个云梯，人是踩着一个又一个的困难，去触摸未来的。

　　每个人的一生都会经历困难，都要经受磨难。困难面前是望而却步还是迎难而上，是人生的不同态度，也是人生不同的归宿。把困难当成包袱，就会越背越重，最后会被压得喘不过气来，直至趴下；把困难当成一种"遇见"，当成一种机缘，当成一种上苍的恩赐，就会心无压力、轻装上阵，困难就会在与你的掰手腕中败下阵来，并且还会转过手来、使出力气拉你一把。

　　《古兰经》中有一句话：山不过来，我就过去。面对生活中的困难，不要战战兢兢、扭扭捏捏，既然不相让、绕不开，那么就勇敢地走过去，拍拍肩膀，看我的！

妈妈的话　NO.21

再难也要朝前走，绝不允许往后退。

—— 安香花

安香花（1956—），山西省原平市人。她吃苦耐劳，做小学职教、干农活、养兔子、做家务，协助丈夫搞杂交育种，样样干得出色。她性格偏内向，做事低调，包容心强，任劳任怨，始终有一股不服输的韧劲。她看重孩子读书，深信没什么也不能没文化。闲暇之余喜欢看书，乐于思考一些哲学问题。

语境介绍

安香花妈妈出生于旧军人家庭，父亲当过空军地勤部队连主官，银川战役中立二等功，一级伤残军人；母亲财会能力特别出色，经营了半辈子供销社。她生在四川，长在山西；长期受着文化家庭的教育熏陶，却嫁到一个重男轻女观念特别强的封建家庭。后来丈夫得了肝结核病，一度被误诊为癌症，家庭生活陷入困境。

在艰难的生活中，她不仅承受着经济上的压力、信心上的压力，以及家族中异样的眼神，而且还要承受着两个截然不同的家庭在思想理念上的种种摩擦和矛盾。作为家中的长媳，她既要艰难维持自家的生存，包括照顾生病的丈夫，孝敬老人，还要事事给弟妹们做出榜样。特殊的生活环境，让她经受了更多的磨难，也对人生多了几分感悟。她经常以自己的亲身经历告诉孩子，人一生总会遇到很多难事，然而"再难也要朝前走，绝不允许往后退"。在她的影响下，女儿安晓①、儿子安鑫②身上都张扬着一种坚忍不拔、永不服输的品格，在学业和创业路上无论有多难多险，都能勇敢地向前、向前，走出自信，走出精彩。

如今，安妈妈那句"再难也要朝前走，绝不允许往后退"的话，挂在了儿子安鑫办公室的门口，成了他开拓创业的座右铭，也成为中诚海诺有限公司全体员工的一种信念。

---

①安晓，安香花妈妈的女儿，毕业于西安科技大学。现为华为集团高级管理人员。

②安鑫，安香花妈妈的儿子，毕业于山东农业大学。现任中诚海诺有限公司总经理，法人代表，董事。

人有时就要逼自己

人带有很强的惰性，不逼就容易得过且过，容易知难而退。就像人在屋顶，给自己放个梯子，就会顺梯而下；也会像人遇到疯狗，巴不得找个梯子，爬到房上。

兵法上讲："投之亡地然后存，陷之死地然后生。夫众陷于害，然后能为胜败。"意思是说，军队深陷于绝境，就会奋起拼杀赢得胜利。战场如此，人生亦然。人总是需要给自己加点压，有时只有把自己逼到墙角、断了退路，把自己逼到"华山一条路"上，才会像当年红军长征那样，再难也要往前走。

2007 年大学毕业后，安鑫一行 26 人应聘踏上了青岛的土地，走进了正大集团的工作岗位。至今他还记着 3 月 17 日那个下着雨的早晨，那个鸡屎喷满脸、鸡血溅满身、鸡毛飞满天的屠宰车间。恶劣的环境，艰辛的工作，短短三天让大多数实习生选择了放弃，而安鑫这个从山西小山村走出来的毛头小子，硬是咬着牙留了下来，因为他还清晰记得妈妈那句话，他憋着一股气要证明自己，再难也不能让父母失望。在那个过程中，他将自己的处境一一讲述给妈妈听，妈妈没有心软，还是那句话：再难也要朝前走，绝不允许往后退。然而，这句话这次听起来与以往有了明显不同的感受，让他领悟了已经走向社会的责任。他在青岛工作几年，后续选择了工作性质变更、跳槽、创业，几经波折，每一次都是妈妈那句朴实的话语激励着他坚定地往前走。

开弓没有回头箭。既然选择了战场，就要冲锋陷阵，勇往直前，不计生死；既然选择了冬天，就要像一座冰雕，不惧严寒，巍然屹立；既然选择了大海，就要与波涛为伍，不怕明浪暗涌，风雨兼行；既然选择了奋斗的方向与目标，就要坚定向前，百折不挠！

妈妈的话　NO.22

人有耐力就能盼到光亮，有坚持就能熬来成功。

—— 吕传芳

吕传芳（1948—），山东省济南市历城区人，一生务农。她没上过学，只去过一次青岛，平时活动范围方圆6公里，但知情达理。她朴实善良，任劳任怨，为人敦厚，乐于助人，是一位慈祥可敬的妈妈。

语境介绍

二十世纪八十年代后期，胡刚①中考失利，未能考取高中，一度悲观失望，只好跟随父亲做木匠。那时候，每天有酒有肉，钱也挣得不少，日子过得也算滋润，但他总觉得心里空落落的。有一天，他进城偶尔经过山东大学校园，看到优美的园区，看到学生们青春洋溢的自信与微笑，他突然明白这才是自己想要的生活。然而，自己连高中都没考上，大学生活更是可望而不可即的。

他沮丧地回到家里，无奈地继续干他的木匠活。母亲看出胡刚情绪不对劲，问明情况后就劝他说，咱再继续复习、接着考，人有耐力就能盼到光亮，有坚持就能熬到成功。在母亲的鼓励下，他复读了一年考上高中，继续发愤苦读，终于实现了自己的梦想——走进了山大校园。

大学毕业后的工作生活中，胡刚无论遇到什么困难，无论艰难的路程多么漫长，都用母亲的这句话激励自己，坚韧前行不退缩，每次都有不俗的收获。

家训夹议

"熬"也是一种境界

许多人把"过日子"说成"熬日子"。一个"熬"字，便道出了生活的几多艰难，几多悲苦，几多乏趣，几多无奈。

其实，"熬"并不一定就意味着低落、消极乃至苟且；"熬"中往往有翘盼，有抗争，有周旋，有升华。

---

①胡刚，吕传芳妈妈的儿子，毕业于山东大学。主要从事医疗器械和药品销售及其相关贸易工作。

"熬"是一种"扛"。在挨饿的年代，在生活的重负之下，在别人的诬陷攻击面前，在人生的逆境挫折中，不少人没经得住"熬"，于是选择了逃避，选择了自暴自弃，甚至选择了无法挽回的绝路；然而，更多的人没有向命运低头，没有向困难屈服，硬是一路挺着、扛着走了下来，最终"熬出了头"。人们这种"熬"的动力，并不仅仅缘于求生存的本能，更重要的是来自对生活的希冀，来自对人生的追求，来自内心的足够强大。

"熬"是一种"炼"。"熬"的过程是一个去粗存精的提炼过程，汽油、柴油、特种油是从原油中"熬炼"出来的，花生油、菜籽油、香油是从植物颗粒中"熬炼"出来的，中药是从多味药材中"熬炼"出来的，人的成熟则是从丰富曲折的阅历中"熬炼"出来的。人在事上"熬"，"熬"过一事，就长一分见识，增一分心智；人在时上"熬"，"熬"够了"年份"，才知道了"马力"，才懂得了"人心"；人在苦日子中"熬"，从苦痛中"熬"出甜味来；人在好日子中"熬"，从物质中"熬"出精神来；人在常日中"熬"，从凡俗平淡之间"熬"出精彩的片段来。

"熬"是一种"煅"。"熬"的过程是一个从生到熟、从专到痴、从必然王国到自由王国的升华过程，精湛的艺术、高超的技艺、创世的成就都是"熬"的结晶，伟大贵乎"熬"。当年王安石搞变法，一山不容二虎，司马光被逼离开相位，去了洛阳，一去就是15年。洛阳的15年，却真正滋养了司马光。在那段郁郁不得志的日子里，司马光精读了一千多年历史，成就了300万字的《资治通鉴》，也让他的史学功底和政治气魄得到新的升华。

"熬"是一种"耐"。"熬"，意味着漫长，意味着慢迟，意味着难耐。经得住"熬"，就是要耐住长夜，耐住寂寞，耐住重压，耐住性子，用慢火、施慢功、求慢效。这是一种韧劲，更是一种精益求精的作态。瑞典诗人托马斯·特朗斯特罗姆，获得2011年度诺贝尔文学奖时已80岁，一共才发表了163首诗。"但就是这区区163首诗，足以使特朗斯特罗姆跻身当代欧洲超一流大诗人的行列。他的诗不仅短，写的速度也极慢。"浙江大学世界文学与比较文学研究所所长吴笛说，正是对文字精准的极端强调，特朗斯特罗姆四到五年写出一本诗集，每本诗集一般不超过 20 首诗，平均一年写两到三首诗。据说，长诗《画廊》几乎用了 10 年时间，而短诗《有太阳的风景》从手稿到发表经历了 7 年。一个从事诗歌创作长达 60 年的老诗人，一个享誉世界文坛的文豪，只发表了 163 首诗，且大多数为短诗，可谓"耐"到了份上，"熬"出了境界。

"熬"有时是一种等待，等待"繁花满眼时"，而"熬"更是一条前行的路，是一条走过严冬、奔向春天的希望之路。

妈妈的话　NO.23

生活中的这苦那难，都是会看人脸色的，你笑，它们就会对你笑，你哭，它们就会陪你哭。

——闫秀芳

闫秀芳（1949—），出生于山东省泰安市一个农村家庭。她受教育不多，但她身上具有上一辈中国母亲共性的特征，勤劳吃苦、善良纯朴、和睦乡邻、无私奉献；而她更突出的特点就是坚强，无论生活多么艰辛，都能坚强地面对，让儿女始终看到一个坚强的母亲。

刘善军①7 岁时，父亲去世了。不到 30 岁的妈妈闫秀芳，独自一人挑起了家庭的重担。在那个靠男劳力挣工分的年代，妈妈要抚养两个孩子，生活的拮据程度可想而知，可她硬是咬牙坚持了过来。其间经历的各种磨难，是常人无法想象的。正是那样的生活环境，使妈妈形成了坚强面对生活、不甘落后的优秀品质。

妈妈自己没读几年书，却深知文化的重要，在家庭生活十分困难的情况下，支持两个孩子读书。在妈妈的鼓励下，刘善军 12 岁时考到离家 10 公里的中学读书。每周六上午步行回家，带足一周的干粮，周日下午再步行回学校。后来他才明白，妈妈的用意是让他接受更好的教育，更是在磨炼他的意志。而当时的他，随着年龄的增长，面对那样的家庭状况，感到了生活的巨大压力。他记得那是一个周六，天空中飘着零星的雪花，他从 10 公里外步行回家，迈进家门时，妈妈正在为他摊煎饼。看到疲惫、消沉、迷茫的刘善军，她停下手中的活，郑重地对他说："无论有多难，我都会想办法供你上学。你是家中男孩，要学会坚强。"又说："生活中的这苦那难，都是会看人脸色的，你笑，它们就会对你笑，你哭，它们就会陪你哭。"

望着妈妈憔悴却写满坚强的脸，刘善军模糊了双眼，却也让他清醒起来。是啊，妈妈能扛的，我也能。我要向妈妈学习！

几十年来，妈妈的一言一行在潜移默化中影响着他，每当遇到困难或失意时，他都会想起妈妈的话，不断激励着自己去克服困难，砥砺前行，不忘初心。

---

①刘善军，闫秀芳妈妈的儿子，现在山东省济南市南山区柳埠一中从事教学教育工作，高级教师。多次被评为优秀教师、优秀教育工作者、教学能手、学科带头人。

把坚强写在脸上

不论人生多难，甚至命运多舛，都需要善待自己，坚强面对。然而，人又是情感动物，脆弱与生俱来。没有一个人生来内心就是足够强大的，没有一个人会对自己遭受的重大磨难心如止水、无动于衷。男儿有泪不轻弹，只是未到伤心处。人不遇苦悲之事，不知坚强之难。那种极度困境之中、棘难缠心之下彰显出的所谓"坚强"，对大多数人来讲都有"强装"的成分。不过这"装"，往往是善意的、积极的，也是悲壮的可敬、可钦的。

坚强是一种内在的韧性，也是一种外在的风度。把坚强写在脸上，有很大成分是做给别人看的，怕亲人伤心，怕友人担心，怕有失风度，但更应该做给自己看。内心的脆弱挂在脸上，会使内心变得更脆弱；而内心的脆弱如果变成脸上的坚强，也会使内心受到感染，而慢慢地坚强起来。现实中，人正是有了"故作坚强"，才会变得越来越坚强。

晚年的杨绛先生，接连遭受了痛失亲人的打击。1997年钱瑗去世，1998年钱锺书先生去世，钱锺鲁和妻子陈霞清特别难过。可是去见大嫂，杨绛竟一点眼泪都没有。但晚上却要吃安眠药度日。钱锺鲁说，后来看到杨绛的文章，说"家在哪里，我不知道，我还在寻觅归途"的时候，眼泪就流下来。杨绛是要让钱锺鲁他们不要担心她。她的办法，就是一头把自己扎进书里，把自己忘掉。

"一头把自己扎进书里，把自己忘掉"，并不是简单的、停留在浅层的分散精力，或说"麻醉"自己，寻求一种自我解脱，而是一种自我升华、自我超越。杨绛先生自己曾说：我已经走到了人生的边缘，寿命是不由自主的，但我清楚我快"回家"了。我得洗净这 100 年沾染的污秽回家。我没有"登泰山而小天下"之感，只在自己的小天地里过平静的生活。先生用 100 年的阅历，用一生的智慧告诉人们，要把坚强写在脸上、刻在脸上，归根结底还要刻在心上。这里面有知识，有信念，有境界，更有洞悟。等你悟透了，内心足够强大了，脸上的脆弱便知趣地走了。

妈妈的话　NO.24

人可负咱，咱不负人。

—— 姜张氏

姜张氏（1912—1981），山东省夏津县人。她很小就失去了亲生父亲，在继父家备受歧视。婚后因为连续生了三个女孩，经常遭到公婆的数落；尤其是眼睁睁地看着三个女儿相继夭折，她痛苦万分却无能为力。大儿子出生后，她的心情刚有好转，又逢日本鬼子经常进村，她带着孩子东藏西躲，没有过上一天安生日子。

后来家庭状况得到改善，儿子也有了出息，但她又早早离世。

　　儿时的许多记忆，让姜立昌①既觉得滑稽好笑，又颇感回味无穷。他至今还记得五六岁时的那次打架事件，就是因为在街上与邻家同伴玩耍时的小小争斗，惹来了同伴妈妈到他家里"告黑状"。在姜家，这是非同小可的事情，爸爸是不会轻易饶过他的。于是，担惊受怕的姜立昌就藏在墙外的玉米秸垛里，直到吃晚饭时也没敢回家。妈妈姜张氏非常着急，不停地喊着他的乳名，满大街地到处找他。妈妈的喊声时近时远，他听得真真切切，但就是不敢答应。最后，还是妈妈从玉米秸里把他找了出来。妈妈看着惊恐狼狈的立昌，既心疼又生气地问他为什么跟人家打架，他委屈地说，我们一起玩捉迷藏，同伴玩不过他就耍赖皮，光想占便宜不想吃亏，谁也不让谁，就打了起来。妈妈说，你们常在一起玩，让着他点怕吗？要学会遇事让人，记住："人可负咱，咱不负人！吃点亏，缺不了吗。"

　　姜妈妈与人为善。邻居齐大娘经常对姜妈妈的子女说：当年我们全家人从济宁嘉祥县讨饭到平原县新庄村你姥姥家门口，那时你娘还没出嫁，看到我们一家老小的可怜样，很是同情，就经常背着继父给我们送饭吃，送水喝。后来我们讨饭讨到夏津县大姜庄村，正好赶上共产党搞土改，分给我们房子和土地，我们就在大姜庄村定居了。真没想到，后来你娘也嫁到了大姜庄村，咱们两家就成了好邻居。

　　几十年来，妈妈的话始终萦绕在姜立昌的耳际，让他受益匪浅。他无论在学校、在军营，还是转业到公安战线工作，与人打交道从来不做对不起任何人的事，也不做得理不饶人的事。

---

　　①姜立昌，姜妈妈的儿子，先后在部队担任过班长、副连长，侦察科参谋、副科长、科长，后转业到山东省海阳市公安局任副局长。

以"雅"还"牙"亦潇洒

再铁的朋友之间，时间久了、处事多了，也可能在有意无意之中伤害到对方，甚至有某些"背叛"行为。对此，如果纠缠不放，乃至"以牙还牙"，只能使隔阂越来越大，最终反目成仇，结下"梁子"，最好的朋友可能成为最大的敌人；有些时候，如果"不捅破那层窗户纸"，而是淡然视之、一笑了之，维持相处如初，或许是一种上佳选择。

左宗棠与曾国藩并称清代中兴四大名臣之一，也是湘军的另一个灵魂人物。当年左宗棠在湖南当师爷时惹下官司，危急时刻曾国藩将其收于幕中，并向朝廷极力为他开脱，从而使其躲过一劫。此后曾国藩又令左宗棠自募新军，而且一有战绩，遂上折褒奖。曾国藩就任两江总督后，第一时间奏请朝廷令左宗棠"督办浙江全省军务"，认为"其才实可独当一面"。

然而，心高气傲的左宗棠打心眼里看不起曾国藩，对他的这位"恩人"也缺乏应有的尊重，一辈子冷嘲热讽、逆语相向，甚至为了自己的功名不惜拆曾国藩的台，告他的"黑状"。尤其令曾国藩恼火的是，在他不知情的情况下，左宗棠向朝廷状告曾国荃攻占太平天国天京时，让洪秀全的儿子幼天王逃走，并刻意夸大此事的影响，贬损曾氏兄弟的战功。而此前得到曾国藩奏报幼天王"自焚"的慈禧太后，看到左宗棠的奏折勃然大怒，以空前严厉的语气降旨，指责曾国藩以前的奏折"茫无实据""全不可靠"，要求严惩曾国藩的部下，等等。

对左宗棠的种种不恭言语乃至过激行为，曾国藩虽然内心不快，甚至恼火异常，但并没有过于计较或记仇在心。在他看来，这些大都属左宗棠性格使然，并无恶意；他也深知，左宗棠对自己军事指挥上的某些批评并非没有道理。他始终认为左宗棠是个不可多得的帅才，是湘军不可或缺的领军人物。因而左宗棠虽傲慢，曾左两人虽屡现"不和"，却丝毫没有影响左宗棠的仕途，也没有影响两人的互助与配合，左宗棠反而在曾国藩的提携下不断得到重用，并屡立战功，一步一步登上湘军核心领导的高位，成为曾国藩的"黄金搭档"。湘军大营被困祁山时，正是左宗棠带着五千楚军拼死相救，才最终得以化险为夷，转危为安。晚年的曾国藩回任两江总督后，还积极出军饷、派得意干将，全力支持陕甘总督左宗棠平定西北地区的战事。如果说，曾国藩从很大程度上成就了左宗棠的话，那么反过来也可以说，左宗棠从某种程度上成就了曾国藩。

人与人之间相处生隙，在谈不上大是大非的问题上，动不动搞"以牙还牙"，实非君子之为；而以"雅"还"牙"，则尽显了一个人心中的格局和智慧，更彰显了他非同一般的风度与风范。这也是曾国藩得人心、聚英杰，"天下人才，尽归曾幕"的关键所在。

妈妈的话　NO.25

功名利禄别强求，平平安安才是福。

—— 韩丽青

韩丽青（1921—），籍贯不详。她从小就失去了母亲，是坐着父亲逃荒要饭挑的筐子到的山西省浮山县。她想不起自己的母亲长得什么样，父亲长得什么样，自己的老家究竟在哪里。来到浮山，父亲把他送到一户人家当童养媳，就离开了浮山。父亲到哪里去了，她永远都不会知道。长大后她嫁到一户姓张的人家，悲惨的是，丈夫在玉米地里锄地时竟无辜被日本鬼子扫荡时用刺刀捅死了。新中国成立后，她嫁到了高家。不幸的是，1976年第二任丈夫又患病去世，从此守寡至今。她一生无生育，43岁时收养了高鸿雁，把他抚养长大。

高鸿雁[1]18岁那年考上军校，第一次离家出远门，母亲韩丽青真有些不放心。临行前，母亲握着他的手眼含泪花，一遍一遍对他讲：到部队要听领导的话，好好干，别牵挂家里，平安是福！这也许是母亲对他的全部爱的嘱托吧。

到部队后，高鸿雁思念着母亲，母亲也时刻在牵挂着他。母亲是从旧社会过来的人，不会写信，但每月没等他给母亲去信，她先托人给他来信报平安。母亲身体虚弱，时常有病。有一回患重感冒，高烧不退，一连几天吃不下饭，嘴里一直念叨着他。邻居们焦急地要给他拍电报、写信，让他回家，可母亲怎么也不同意。就这样，年复一年，母亲总是把平安的消息告诉他，他呢，也在平平安安中安心军营，在工作中也不断取得进步，也由一名士兵成长为一名领导干部，多次立功受奖。

母亲75岁生日时，高鸿雁回到老家，见到了母亲，母亲又苍老了许多。出于对母亲的一片孝心，言谈中，他流露出早脱军装回家尽孝心的念头，不料她听后，心情变得很沉重，向他讲起她所经历的往事：1940年的春节，全家人包好了饺子准备下锅，突然有人报信，日本鬼子进村了，一家人只好眼睁睁看着下锅的饺子来不及吃，躲进山沟里饿了一"年"。

也许正是因为母亲饱受饥寒交迫日子的折磨，亲历战火纷飞岁月的惊魂，深谙失去亲人的那般痛苦万状，所以她最懂得对好日子的珍惜。她经常讲：功名利禄别强求，平平安安才是福。高鸿雁从母亲的故事里，既深刻理解了平安是福的道理，也充分感受到了自己肩上的责任。是的，平安是福，没有

---

[1]高鸿雁，韩丽青妈妈的儿子，1980年9月考入军校，在部队曾任组织股股长、营教导员、政治处主任、集团军机关处长、旅副政委、武装部政委；后转业到山东省计划生育协会，曾任副调研员、办公室副主任，现任项目部部长。

国家的平安就没有个人的幸福。

韩妈妈现已97岁高龄，身体仍然健康。但愿老人永远平安幸福。

 家训夹议

多想让您看到现在的我

有一个女孩，她的妈妈是个企业家，在济南开办了一家著名品牌食品加工厂，企业效益颇丰。

女孩高中毕业后，妈妈花钱送她念中加留学班，经历了几年的留学生涯，女孩又回到了济南，回到了妈妈的身边。

有一段时间，女孩的同学们发现她不更新微信了。刚开始同学们不以为意，后来得知她的妈妈因病去世了。

那段日子里，女孩始终摆脱不开失去妈妈的打击。她每天在家哭，不与外界联系。她觉得妈妈不该走得这么早，她一点也不老，而且自己再也没有机会报答妈妈的养育之恩了。她多么希望妈妈是个平凡健康的妈妈，而不是个富有的妈妈。妈妈为了赚钱拼命工作，透支自己的身体，得了胃癌还全然不知。

转眼几年过去了，女孩已嫁给心爱的人，还有了一个可爱的宝宝，这是妈妈生前所希望的，她多么想让妈妈看到这一切。然而，妈妈能看到吗？

追慕功名利禄是人的天性，本无可厚非。然而，这其中和背后的艰辛与代价，只有自己才能体会。天上不会掉馅饼，功名利禄不管是通过什么手段、什么途径所得，都会有相应的付出与失去。这就需要权衡利弊得失，在二者之间找到一个平衡点。如果找不到一个理想的平衡点，与其要功名利禄，不如要凡常平安。

妈妈的话　NO.26

该糊涂时就糊涂，不该糊涂不糊涂。

—— 王中芝

王中芝（1951—），河南省新乡市新飞电器公司退休职工。她生性善良淳朴、包容谦和、吃苦耐劳，精心家事、关心时事。随军前独自一人在农村照顾一家老小，经受了生活的艰辛与磨难；随军后，丈夫因工作性质顾不上家，她边工作边照顾婆婆和孩子，常常忙得喘不过气来，但始终任劳任怨、无怨无悔，用一颗吃亏之心、包容之心、善良之心赢得了家人、同事和朋友的赞誉，用爱心、耐心和真心陪伴照料婆婆走完一个多世纪的人生历程，也筑就了一个温馨、幸福、美满的家，她多次被军地表彰为"优秀军嫂"。

语境介绍

王萍①的家庭情况比较特殊，奶奶早年丧夫、中年丧女，爷爷去世时爸爸只有五岁，是三代单传的独子，爸爸参军前一直与奶奶在农村相依为命，生活十分清苦，特殊的家境磨砺了奶奶自立、倔强、强势的性格。妈妈王中芝自嫁给爸爸那天起，就意味着要独自扛起照顾全家的重担，而且还要承受奶奶严格的家教。妈妈对爸爸的家庭状况很清楚，她非常支持、体贴爸爸，也非常尊敬、理解、同情和善待奶奶，凡事都让着奶奶，从不与奶奶计较。包括有时奶奶对妈妈颐指气使，妈妈也是视而不见、一忍再忍，从不与奶奶发生冲突。王萍从记事时起就很不理解，总认为妈妈太软弱，应该据理力争。但妈妈总是对她说，都是一家人，只要不是什么大不了的事，没有必要去争个你高我低，包括你以后长大了也要记住"小事不计较、大事不糊涂""该糊涂时就糊涂，不该糊涂不糊涂"。妈妈用这种爱心和大度，为女儿们树立了一个贤媳良妻的典范。

经历了工作和生活磨砺的王萍，对妈妈"该糊涂时就糊涂，不该糊涂不糊涂"这句话有了更深刻的理解。做人做事中，在一些细枝末节问题上她学会了豁然大度，拿得起、放得下，从不斤斤计较、处处顶真；而遇到大事、原则性问题，她则认真对待，执着坚持，毫不含糊。

家训夹议

明白妈妈的"糊涂观"

王中芝妈妈是个"糊涂"人，因为她比谁都明白；王中芝妈妈是个明

①王萍，王中芝妈妈的女儿，解放军第一军医大学医学影像专业毕业，南京陆军指挥学院军队政治工作学硕士研究生，中部战区陆军某医院放射科主管技师。

白人，因为她比谁都会"糊涂"。说起王妈妈，让人想起两个家庭。

一个家庭，在城里有一个很大的四合院，正房厢房加起来有七八间，家里几个子女都已成家，有的住在院里，有的住在外面单位分的房子里。二十世纪七十年代父母先后离世后，面临着家产的分割问题。有几个子女账算得很"精明"，以种种理由要求多分几间，有的则紧盯着位置好、结构好的那几间，一时间争执不下，单位来人调解都无济于事，后来竟闹到了法庭。最后没办法，只好卖掉分钱，每名子女得了区区两三千块钱。这点钱在当时数额不算小，但对各自的日子并没有产生多大影响，最大的影响倒是一娘同胞自此成了多年的路人。

另一个家庭，在城边同样有一个大院子，院子里前后有几栋房子。二十世纪九十年代父母先后过世后，几个子女尽管日子过得都挺紧巴，但没有一个提处理老宅子的事，院子稀里糊涂地由最小的儿子继续住着、管着，逢年过节时大家都来这里聚聚，其乐融融、情意浓浓，就像父母健在一样，就这样过了十多年。后来，城市规划建设，这里成了黄金地段，每家补偿了几套大房子，个个成了"暴富"者。

都说亲兄弟明算账，然而有时账算得越清，亲情就会越淡，久而久之就同外人没什么两样了；都说要睁眼看人生，参透了也就释然了，然而对世事看得越透，生活的动力与乐趣可能就越少；都说世界上就怕"认真"二字，然而遇事总是"一根筋"，时间久了人家就会躲着你。这恰似水至清则无鱼，林至透则无兽。

郑板桥有名言"难得糊涂"，所以称其"难得"，一方面是因为许多人总觉得自己聪明，比谁都明白，执拗于按照自己的判断来行事，不愿做一个"糊涂"人；一方面在于这种"糊涂"超越了一般意义的"聪明"与"明白"，是一种基于大智慧、大境界的大聪明、大明白。

妈妈的话 NO.27

人要正直、站直，不管什么时候都要挺起腰杆做人。

—— 孙秀英

孙秀英（1927—），河北省景县人。她2岁失去母亲，16岁被继母送出去做童养媳。她性格温顺，和气待人，吃苦耐劳，善于做家务活。丈夫背着家人参军加入刘邓大军5年间，她一人挑起了照顾公婆及姊妹们生活的担子。1958年间，村里吃大食堂，一家6口打4碗稀粥，她留给老人孩子吃，自己则靠吃糠咽菜充饥。多年来，她像对待亲爹亲娘一样侍奉公婆，白天下地挣工分，回家后操持家务，不让公婆做一点家务活，村里没有不夸她孝顺贤惠的。

孙秀英妈妈的丈夫崔书芹1946年参军，1951年转业到河南省郑州邮电局任财务股长。1951年回家探亲时，由于打了三年多的仗，加上给团长牵马过河受寒，得了下肢静脉曲张，还患了一身皮肤病，体重只有40公斤，回到家就倒下了，大病一场卧床不起。因不能返回工作岗位，便到地方机关八里卜管区担任秘书兼任本村会计。在这期间受到小人的诬告，被判刑五年。出狱后得以平反，恢复了党籍，享受革命退伍军人待遇。

丈夫含冤坐牢让孙妈妈遭受沉重打击，承受着他人的冷眼甚至欺凌，但她坚信丈夫是无辜的，身正不怕影子斜，从不向那些小人低头，更不向他们乞求什么，人前人后照样堂堂正正，为人处事依然有理有度。孩子们懂得事理后，她经常在他们面前说，人要正直、站直，不管什么年代，不管什么时候，都要挺起腰杆做人。

妈妈的言行激励着崔汉亭①在人生的路上，在村官的位上，始终挺着腰杆做人，勤劳务实做事，带领村民齐心协力奔小康，不仅实现了经济上的发展，而且带出了好的村风。

多年来，村里没有一个打麻将赌博的，没有发生一起刑事案件。

---

① 崔汉亭，孙秀英妈妈的儿子，1974—1975年参加县赤脚医生培训班学习，毕业后至今担（兼）任本村乡村医生；曾任本村会计，1990年起担任本村党支部书记至今。多次被县委表彰为优秀党员、模范基层党组织书记。

自尊者天尊

如果在尊严与财富之间做出选择，你是选择尊严还是选择财富？如果尊严与功名出现冲突，你是放弃尊严还是放弃功名？其实，这是一个世俗之人活着需要时常面对，不能不回答的现实问题。

浙江绍兴的周家，两个才华横溢、文采堪绝的儿子，一个叫鲁迅，一个叫周作人。一个"横眉冷对千夫指，俯首甘为孺子牛"，打死"不吃嗟来之食"，而成为"中国脊梁"中的"脊梁"；一个乞攀荣华富贵，甘愿拜倒在贼寇脚下，为日本人摇尾弄舌，成为遗臭万年的大汉奸，也玷污了"知堂老人"那个尊称。不同的选择，演绎出截然不同的社会人生。

今日芸芸众生中的凡夫俗子，或许无缘或说无资格惠顾周家兄弟涉猎的那种政治大餐，也就没有了选择吃哪道菜、不喝哪杯酒的大义凛然或苟且人生。然而，人们生活中的每一次选择都会留下抹不掉的脚印，这些脚印串在一起便标示出人生的方向与品位。过去人们崇尚"冻死不低头，饿死不弯腰""宁为玉碎，不为瓦全"，而时下一些人为了蝇头小利，为了一官半职，为了满足淫欲，为了步入豪门，顾不得尊严不尊严了。有的不惜成为金钱的奴隶，被别人使唤得如条家犬；有的不惜成为权势者的奴隶，为了升官晋职，趋炎附势、唯诺至极，架掉得到了地上也从不在意；有的不惜成为色欲的奴隶，为了博取"美人"的欢心，不差钱、不差时、不差力，就差"烽火戏诸侯"了。在这些人眼里，尊严是最不值钱的东西，只要自己需要，随时可以扔掉；尊严又是最值钱的东西，随时准备出卖，只要能换取自己所需的东西。然而，这些人再"高"再"富"再"贵"，也会被人嗤之以鼻、大戳脊梁骨的，他们即便一时逃过了"法眼"，也逃不过"天谴"。

尊严，是支撑一个人的外在骨架，也是掌控一个人的内在灵魂。人没了尊严，骨头软了酥了，就会变成一个站不起来的软骨病患者；人没了尊严，灵魂被抽掉了，便与行尸走肉无异。

尊严，从很大程度上讲是一个人的"面子"，但"面子"中有"里子"，那里藏着做人的底线、处世的原则，也藏着"钙片"和"锥子"，汇聚在一起，那就是铮铮骨气。不要借"谦逊"来曲解"尊严"，不要用"圆融"来对立"尊严"，更不要用"人在屋檐下，不得不低头"来亵渎"尊严"。因为，"尊严"就是尊严！

人总有差别，难用一个尺度来硬性要求，但人应该知道最珍贵的东西是什么，最值得珍惜与呵护的至品是什么。或许不必讳言，王法之内，人可以不高尚，但不能无廉耻；可以有私欲，但不能没尊严。

正如孙秀英妈妈所言，人要正直、站直，不管什么时候都要挺起腰杆做人。

妈妈的话　NO.28

男儿不报国，枉为大丈夫。

—— 侯秀英

侯秀英（1921—1998），山东省淄博市临淄区人。她为人忠厚和蔼，处事宽怀大度，正义感强，乐于助人，善于持家，在庄里乡亲颇有口碑。先后生育9个子女，家庭同锅吃饭人口最多时达13口。子女的衣服都是她一针一线亲手缝制，一家人的衣食住行、吃喝拉撒，她都料理得井井有条，妥妥当当。丈夫好客，广交朋友，迎来送往的餐饭都是她一手精心烹调。老年身患多种慢性病，但坚持参加劳动，自己料理家务，不给儿女添负担。

1985 年 2 月 22 日（农历正月初三），赵立淼①奉命仓促回家安顿下妻子和刚出生 6 个月的女儿，怕母亲侯秀英难以承受精神压力，瞒着她奔赴对越自卫反击战前线。直到收到儿子从前线寄回与首长在一起的合影，母亲才知道儿子参战了。看着照片上与首长在一起且全副武装的儿子，侯妈妈说："男儿不报国，枉为大丈夫！"并让大儿子把这句话写在回信中，同时还嘱咐说："子弹是不长眼的，让他注意安全，囫囵囵地回来。"1986 年 5 月部队凯旋，儿子回到家中，双膝跪地叩见母亲时，侯妈妈眼含泪花欣慰地说："回来就好，回来就好！"言语里充满了对儿子的宽慰和自豪。

小时候，赵立淼看过许多有关当兵打仗的电影，知道许多解放军的故事，对部队非常向往。初中毕业那年有一天，他跟母亲说："娘，我想当兵去。"母亲看看他说："行啊，可是，你现在还不够年龄，个子也不够高，等你长大了，咱就去当兵。"侯妈妈接着说："知道《岳母刺字》吗？"他说："听俺二哥说过，是《岳飞传》里的。"二哥叫赵立刚，晚饭后经常在生产队场院里说书，是庄里的"薛中锐"。母亲点了点头又说："男儿不报国，枉为大丈夫啊！"

赵立淼把母亲的话镌刻在心中，无论在部队还是在地方工作，无论是日常工作中还是急难险重任务面前，他都冲锋在前，不敢懈怠。

---

①赵立淼，侯秀英妈妈的儿子，在部队曾任连长、副营长等职，并参加对越自卫反击战。转业后到中国石化齐鲁公司工作，先后任宣传干事、车间党支部书记，荣立一等功、三等功各 1 次。

是有一些东西大过生命

生命是人生最宝贵的东西，因为人的生命只有一次。儿女的生命爹妈最珍爱，因为他们的生命是爹妈给的。然而，侯秀英妈妈们知道，比儿子生命更重要的东西是什么。

黄河出版社社长武景生当年参加对越自卫反击战，出发前与妈妈告别，妈妈不舍地对他说："儿啊！你要上前线了，娘有一万个舍不得。但你是军人，保家卫国是天职，咱决不能当逃兵，一定要当英雄。"

有一位名叫李秀君的老兵回忆说，他参加过对越自卫反击战。在任重机枪连指导员期间，曾代表参战部队慰问烈士家属。印象最深的是到云南楚雄州南华县的山村，去慰问一个彝族烈士家属的情形。那个地方非常偏僻，进山都是崎岖的羊肠小路。县武装部的同志找了两匹骡子让他们骑上，走了好几个钟头，傍晚才到烈士的家。他家太穷了，用"家徒四壁"来形容，毫不过分。但是烈士的阿爸，一位衣衫破旧、面容瘦削的老人什么要求都没提，只讲了这样一句话："今天晚上村里放电影，只求领导同志能向乡亲说，我儿子打仗勇敢，不是怕死鬼就够了。"几十年过去了，那位彝族老阿爸的话始终铭刻在这位老兵的心上。

现实就是这样无情，人生境界最高，对生命理解最深刻的，恰恰是那些生活在社会最底层的人。因为他们心中没有更多的杂念，近乎保持着一种"原生态"，只知道自古卫国是天职！

妈妈的话　NO.29

家里的事都是小事，干公家的事才是大事，为家事耽搁工作可不中啊！

—— 张世莲

张世莲（1924—2002），河南省温县人，嫁入陈家后就随丈夫逃荒到山西，去找在那边逃荒的公婆。新中国成立后，她与家人一同返回家乡。养家糊口、抚养成人、培育成才，是她埋在心底的夙愿、一生一世的祈祷，也是奉献自我的写照。她虽一字不识，但明事理、知轻重，家里遇到大事小情她总会一一调和、解决妥当，家人之间没有红过脸、拌过嘴；她是出了名的热心肠，左邻右舍谁家里有个事，她总是第一个送去温暖和爱心。

陈永振①的大哥、二哥相继考上军校和地方大学，一家出了两个大学生，引起了村邻的轰动和敬慕。1981年永振参加高考意外落榜，妈妈张世莲一边安慰他，一边替他谋出路。年底征兵开始了，村里大街小巷挂满了"一人参军、全家光荣"的横幅，大喇叭里也不停地进行着鼓励入伍参军的宣传，妈妈做了他最爱吃的"甜面叶"，配上自家腌制的萝卜咸菜，把他叫到身边，语重心长地说："你有文化，又有头脑，也能吃苦，老在家窝着也没啥出息，'穷人的孩子早当家'，出去闯一闯，说不定能混出个样子来！"入伍临走时，妈妈依依不舍地拉住他的手，说："振啊！家里啥都好，不要忧家，到部队可要多吃苦、好好干、争口气，干出个样子来……可要记住妈的话呀！"

入伍来到张家口赤城地区某部，面对群山连绵、人烟稀少，气候寒冷、常年积雪，山高坡陡、交通闭塞的恶劣环境，不少人受惊如鼠，产生退意和动摇。永振时刻牢记母亲的叮咛、亲人的期望，始终没有忘记自己的"初心"——为家人争气、为祖国效力，军政表现突出，并以优异的成绩考入军校。

2002年3月的一天，妈妈突患脑梗住进了县人民医院，在外出差的永振忙完工作后，才请假到医院见到妈妈。坐在病床边，妈妈握住他的手，语言哽咽，半字半句地说："振呀！妈这病不要紧，来看看就中了。家里的事都是小事，干公家事才是大事，为家事耽搁工作可不中啊！""吃过饭你就回部队吧，不要忧念了！"他听着听着，不由得感到心酸，等离开病房时，再也控制不住地哭了。他没能在病床边尽孝，妈妈不但没埋怨，还忍受极大的痛苦支持他的工作和事业。她得病后一直没能站起来，半年多后就病故了。妈妈去世时永振也没在身边，至今回想起来仍感内疚。

---

①陈永振，张世莲妈妈的儿子，长期在省军区系统、国防动员战线工作，7次荣立三等功，被表彰为"全国征兵工作先进个人""全国国防动员建设2011年度十佳人物"，曾受到党和国家领导人亲切接见。现在河南省军区机关工作。

炊烟飘逸家国情

每当看到袅袅升起的炊烟，就会想起灶台旁忙碌的妈妈。这炊烟在屋顶上描摹出一串串升起的云朵，云朵里有妈妈对美好生活的向往，有妈妈对儿女美好未来的期盼。

炊烟是家的声息与呼吸，也是妈妈对游子的呼唤，炊烟告诉远方的儿女常回家看看。炊烟里既升腾着儿女情长，更飘逸着家国情怀：家事再大也小，国事再小也大。

张妈妈就是这样一位信奉"公大于私"的妈妈，这让人想起民族英雄岳飞的妈妈，她用"岳母刺字"，把儿子同时也把自己刻在了历史的丰碑上。两位妈妈，不同的是生活在不同的历史时代，相同的是都曾生活在豫北这块神奇的土地上。

家国情怀起源于士大夫的人文信仰和人文精神，是古代知识分子阶层优越性的自我标榜，在当代似乎是只有显要者才配得上的政治光环，而在张妈妈身上折射的是一种"位卑未敢忘忧国"的责任与担当。家国情怀与学历、职位并没有必然的关联，不管你在世间有多"高大"，没有心灵的感应，没有生命的自觉，大谈什么"家国情怀"，只能说是一种矫情与做作。

妈妈的话　NO.30

孩子，你现在刮风下雨都发钱，混出来了，一定好好干，别对不起领导。

——梁素兰

梁素兰（1939—），山东省青岛市即墨区人，一位地道的胶东农民。她虽是农民出身，向往"铁饭碗"，但对丈夫不堪收入微薄，断然辞掉银行的工作，带着一家老小闯关东非常理解，毫无怨气，与丈夫携手渡过了多个难关。她虽然年纪小，但大事小情皆以大局为重，处处忍让周旋，极力谋求和谐和睦，很早便成为家族倚重的好儿媳。她注重以传统美德教化后代，在有劳力就有好生活的年代，毅然鼓励子女读书成才、参军报国。

王培佐①当兵在外多年，提起老家，心都会为之一暖，因为家中有一位让他时常牵挂、能够与他说上话的母亲。父亲去世后，他对母亲的情感变得更浓，虽然不能经常回家看看，但通过电话与母亲的沟通从未间断，几乎成了"热线"。母亲八十岁的人了，耳不聋，眼不花，常与培佐在电话中拉家长里短，话老家变化。当然，有时也听他说些工作上的事，也时常给儿子讲些她的人生之道。母亲的话虽朴实，总能让他茅塞顿开。

有一次，王培佐和母亲说起工作上的琐事，发了几句牢骚，叹了几口气。那头母亲正在看电视，她有看新闻的习惯，对当下经济社会发展、老百姓的生活十分满意，总说共产党好，中央领导好。她听王培佐这么一说，就不太高兴，觉得儿子拿这么高的工资，又常年坐办公室，风刮不着、雨淋不着的，不该不知足。她沉默了好一会儿，便语重心长地说："孩子，你现在混出来了，刮风下雨都发钱，一定好好干，别对不起领导。"闻听母亲的话，王培佐猛然意识到，与母亲的心胸比起来，自己显得多么渺小啊！

农民看天吃饭，最怕刮风下雨。培佐深知，一生懂得知足感恩的妈妈，意在劝导拿国家工资吃饭、旱涝保收的自己，要满足，更要珍惜，要感恩，更要勤奋，决不能辜负组织培养、领导信任。这些话，虽然是妈妈出于对儿子的安抚，折射的却是她老人家对当下生活的满足，对党的恩情的铭记，对子女初衷不改的期盼。

---

①王培佐，梁素兰妈妈的儿子，曾任济南军区专业技术干部考试办公室主任、科技干部处处长，现任山东省军区转业办主任。参加对越自卫反击战，荣立二等战功。获哲学学士学位、律师资格，系山东省书法家协会会员、陈氏太极拳传人，先后出版著作10余部。

感恩是一条幸福的小路

知恩感恩是中华民族的传统美德，也是人类共有的价值标准和行为准则。懂得感恩，学会感恩，是做人之本，立身之基，处世之道。梁妈妈这句地地道道的家常话，之所以让王培佐挥之不去、深埋心底，成为鞭策他为人处事的座右铭，是因为母子之间心灵相通，他比谁都深知妈妈这句话的用意。这里面，既有学会满足的深意，也有懂得感恩的禅机。

梁妈妈经历了不同的时代，经历了太多的风风雨雨，不管是为温饱奔波劳累，还是为儿女操心费力，她都能心存感恩，始终用乐观的心态厚待生活。如今的晚年生活，在党的好政策的惠及下，衣食无忧，轻松惬意，更让老人感到少些抱怨、多些感恩的正确。

感恩是一种思想境界，是一种生活态度，是一种社会责任，也是一条幸福的小路。常怀感恩之心，就是要有受人一抔培土还人一座山、借人一碗谷还人一升米的品行；就是要懂得知恩图报，不做过河拆桥之事，不当忘恩负义之人；就是要感激生活、善待生活，不虚度每一天。

常感念父母。王培佐曾这样动情地说过，成长路上不顺心的事十之八九，凡是母亲知道我的心事，都会想方设法为我开解，或释压，或激励，或导引，常使自己豁然开朗，能以坦然面对。现在母亲虽已八十高龄，但每每听到我的倾诉，还是会因我之心情或喜或悲，常让我生出"人活一百岁，还是有娘好"的感慨。父母的恩情高于天、深似海，为儿何以能报答？

常感怀组织。个人与组织，如同鱼儿之于水，一个人没有组织就没有成功的机会与舞台。王培佐从农村参军入伍，由一名普通士兵成长为一名师职干部，他深知这里面有自己的奋斗，更有组织的关心与栽培。工作不好好干，有何脸面去领那份数额不菲的工资？

常感铭家庭。家是避风的泊地，是补给的码头，也是亲情的港湾、幸福的港湾。尤其作为军人，家这个港湾的堤坝往往由柔弱的妻子和幼小的孩子筑起，家的柔情和温暖给了军人无比的慰藉与力量。这样的家，怎能让人不感动、不感铭？

常感激他人。刘备因得孔明、关羽、张飞、赵云等，得以三足鼎立天下；一遇大事就手足无措，不知"如何是好"的宋江，能占据八百里水泊，幸好有梁山一百多位兄弟的辅佐；唐三藏西天取经，没有孙悟空一路降妖伏魔，猪八戒、沙和尚的鞍前马后，岂能取得真经。有人说，一个人的成功离不开高人指点、贵人相助、小人找茬、个人奋斗，这是颇有道理的。既感激帮助过你的人，也感激打击过你的人，这样的人才是"高人"。

妈妈的话　NO.31

一步走错百步歪。

—— 姜桂芳

姜桂芳（1922—2011），山东省烟台市芝罘区人。她一生都在乡下，不停地为家里人的吃穿操劳。她有宽容、隐忍、温和、慈祥的一面，也有刚性、倔强、原则问题决不退让的一面。她是子女们人生的第一位老师，注重以身示范，用一言一行构建一个成长的模型，让他们懂得什么事该做能做，什么事不该做也不能做，让他们既感受到家的温馨，又在耳濡目染、潜移默化中受到严格管束和教育。

儿行千里母担忧。韩明武①参军离家前，妈妈对他叮咛再三，嘱咐他到部队听领导的话，遵守部队的纪律，好好地学习工作，求上进、走正道，为家里人争光。她还十分惋惜地说起邻村的几个人，有的不走正道，偷盗伤人进了班房；有的交往错了人，染上了吃喝嫖赌的恶习，不仅毁了个人的前程，也让一家人日子不好过。说到这，妈妈语气异常严肃地说："孩子，咱们这里有句老话，叫'一步走错百步歪'，你一人出远门在外，每做一件事自己可要当心仔细点，好好掂量掂量，千万别迈错了脚、走错了道啊！"

明武听懂了妈妈的话。几十年来，无论在哪个岗位，他都坚持做到"慎初"——把住方向，迈好第一步，防止一步跟一步，误入歧途；"慎行"——每一步都如履薄冰，谨迈慎落，防止一失足成千古恨；"慎终"——在每个岗位、每做一件事都慎终如初，善始善终。

紧要之处尤当心

人生的目标再高远，也需要一步步去走；人生的路再漫长，而紧要处就那么几步。一步走错百步歪，如果说每一步都需要慎重起脚的话，那么紧要之处的那几步则尤其需要慎之又慎。

20多年前，曾发生了一个轰动一时的案子。

武生当时也就30多岁，长得一表人才，且业务精干。在人们眼里，他有家、有爱、有事业，人生旅途上一切都朝着好的方向发展。然而，天

①韩明武，姜桂芳妈妈的儿子，曾在部队任电影放映员、技术员、参谋，转业后在烟台市地方税务局工作。

有不测风云，一次股市的涉足，让他在最美好的年华里，亲手葬送了自己的前程，走上一条不归路。

改革开放如和煦的春风，吹遍祖国的大江南北，也吹进了千家万户，越来越多的人不甘于经济上的落后，纷纷把目光投向股票市场，甚至梦想着能一夜暴富。当然，武生也不例外。他把所有的积蓄投入股市，结果赔了个精光。这时，他不是立刻做出正确的选择，就此住手，而是不甘心，利用手中的权力挪用公款继续炒股，继而又为弥补赔进去的公款，另辟新的觅钱"蹊径"。

不久后，他主动与境外特务组织取得联系，以出卖国家机密获得赃款。几年间，境外特务组织一直要挟、迫使他不断提供情报，他不是采取投案自首，而总是抱以侥幸的心理。这一步一步走下来，以至于越陷越深。

天堂与地狱，说起来远如天壤，有时也是一步之遥。一步可以让你入天堂，一步也能使你下地狱，人在世间走，时刻要当心啊！

妈妈的话　NO.32

人穷不能志短，宁可吃糠咽菜，也决不占公家便宜。

——吴月丽

吴月丽（1948—2002），生前是河南省息县燃料公司一名普通财务人员。她出身贫寒，是家中的长女，为了给父母分忧，16岁独自离家到几十里外的乡下工作，始终以长女身份协助父母悉心照料4个姊妹成人、成家。她为人忠厚淳朴，待人谦和友善，对待工作认真细致，利诱面前声色不动，教育子女严爱有加，以优异的工作业绩和良好的群众口碑塑造了一名从业40余年财务人员的精神风骨；她用自己的点滴言行感悟、教化姊妹和子女做人、做事，展现了长女、贤母的人格魅力。

语境介绍

吴月丽妈妈是一名老财务，也是单位公认的好财务，从事财务工作近40年，从未发生过错账欠款，也没有利用职务之便为自己和家人谋过私利，更没有因为经济问题被单位领导、同事质疑过，可以说一辈子清白、清廉、清正。1999年6月，儿子杨韬①军校毕业后，部队安排他做财务管理工作，妈妈知晓后，没有过多地给他讲述财务工作的具体业务，而是反复地叮嘱他：干财务工作一定要小心谨慎，时刻做到如履薄冰、如临深渊；一定要淡泊名利、心如止水，正心、静心，不能有贪心，人穷不能志短，宁可吃糠咽菜，也决不占公家便宜。只有这样，才能真正做到常在河边走，就是不湿鞋。

杨韬在财务工作岗位上的7年间，妈妈的叮咛和嘱托始终在耳边萦绕。他没有辜负妈妈的期望，一直以来用心尽责、严格把关、公私分明、账目清晰，单位连续7年被集团军、两次被军区表彰为财务工作先进单位，个人也多次立功受奖。

家训夹议

有油水的地方最滑

曾国藩在《从政九经》中言道："有油水的地方最滑，爬起来站稳很难。""油水"其原意是指带有油的水，如油汤之类的东西。现实生活中人们常用其引申义，即指有好处、有利益的事。油是一种腻滑的物质，人在有油的地面上走会因为摩擦系数降低而容易滑倒，这是毋庸置疑的常识。

伴随着强力正风反腐的风暴，一个又一个利用手中特权大捞"油水"

---

①杨韬，吴月丽妈妈的儿子，硕士研究生。曾在作战部队、军分区、大军区机关多个工作岗位任职。先后荣立二等功1次、三等功2次。

的"大老虎"和"小苍蝇"，应声倒下，既令人感慨振奋，也让人痛心深思。稍作梳理分析，不难发现，有"油水"的地方人最容易"滑"倒，权力越大，"油水"越多，"滑"倒的概率就越高，"摔"得往往也越重。现实中，往往哪里有权力，哪里就有"虎"跃"蝇"噬。大小当了一个官，掌管一定的人财物后，千方百计跟他套近乎的人就多起来，同时，算计他的人也会增多。在风气不好的时候，这些"油水"多的地方确实风光无限。然而随着正风反腐的深入推进，滑倒落水的却也多是那些在"油水"多的地方、脚跟又没站稳的人。

任何事物都有两面性，都是对立统一、互相转化的，正所谓"祸兮福之所倚，福兮祸之所伏"。不少人犯错误以至犯罪，重要原因就是拎不清利害关系，不懂得权力是把双刃剑，利益背后有危害，好事与坏事紧密相连；不知道要敬畏权力，敬畏法纪，有权有势时便得意忘形，恣意妄为，交往没有"防线"，办事没有"底线"。人心不足蛇吞象，想入非非，贪得无厌，那只能是自食其果，自掘坟墓。无数事实说明：在天堂和地狱之间，没有不可逾越的鸿沟；而从官场到刑场，也并非隔着万水千山。

廉洁为官者，无论身处何种岗位，皆不自润。事实上，群众的眼睛都是雪亮的，他们只尊敬那些廉洁为官者，而早把那些脂膏自润者钉到了心底的耻辱柱上。作为一名领导干部，不管身处何地，身居何职，权有多大，都是用来为民服务、造福一方的，如果自认为是"肥差"就可以发财了，那就大错特错了！一旦身处脂膏之地自润起来，不收敛、不收手，迟早会被"摔"得头破血流。

当然，"油水"厚的地方只要小心谨慎、遵规守矩，照样行得稳、"滑"不倒；而"油水"小的地方照样有"滑"倒、"摔"伤的危险，同样需要谨言慎行、不容越规，只是"油水"厚的地方要特别小心罢了。

妈妈的话　NO.33

人犯王法身无主啊！

—— 葛景莲

　　葛景莲（1932—），河北省鸡泽县人。她原本姓李，很小的时候父亲去世，母亲带着三个女儿靠讨饭为生，后来母亲为养活三个孩子而改嫁，她随继父改姓葛。她是一个善良、慈祥、文静的母亲。她看上去很柔弱，但内心很坚强，再大的困难也压不垮她。吃大食堂时，女儿生生被饿死；二儿子得脑膜炎，由于没钱看病，留下终身后遗症，对此她都能平静面对。

　　大儿子参军后，她咬紧牙关持家，为让儿子在部队安心工作，从没说过一个"累"字。

语境介绍

　　1972年冬天，葛景莲妈妈先后找了大队、公社的人，表示不拖累集体，家庭困难自己一人承担，执意让儿子陈金社[①]参军。当时，二儿子6岁，小儿子3岁，丈夫因心脏病不能参加生产队的重体力劳动。大儿子一旦参军，全家的重担都落在了她的肩上。但她的坚定态度感动了大家，让她最终如愿以偿。离开家的前一天晚上，葛妈妈把儿子叫到身旁，语重心长地说：金社，你这次当兵是费了好大的劲才当上的，你走后，虽然你爹有病，弟弟还小，但有娘在，你尽管放心。你到部队后，一定好好干，要有出息。你知道，你爷爷曾给县武工队当过伙夫，你爹给八路军抬过担架，在村里咱家的名声一直很好，你可不能给咱陈家丢脸！到部队，最要紧的是听军令，不能违犯军队的王法，你没听老戏上唱的，"人犯王法身无主啊！"

家训夹议

母亲是尊"保护神"

　　陈金社政委参军近40年，长期在后勤系统工作，长期做学员、干部工作，长期当领导干部，但他从来不动贪心，干净做事，清白做人。在军校当干部科长，握有学员招收、毕业、分配的权力；在军区后勤部当干部处长，经管干部一万多人，提拔干部无数，但他从不利用手中权力收受他人一分钱。在干部科长、处长的位置上安排青年当个兵、提个干不是难事，可他老陈家没有一人靠他的权力参军，没有一人靠他的职权提干。他

---

　　①陈金社，葛景莲妈妈的儿子，曾在军校任指导员、教导员、干部科科长，军区后勤部干部处处长、政治部副主任、联勤分部政治委员。2008年汶川大地震发生后，他率领一个野战医疗队、一个防疫队深入一线抗震救灾，出色地完成任务。

唯一的女儿初中毕业，组织要照顾她上军校，他坚决不同意。后来女儿高中毕业，以优异的成绩考上军医大学，读硕士、读博士都是自己靠本事考上的，调职晋级他从来没给她找过人、提过关系。他认为，自己不能跟孩子一辈子，关键要靠她自己有出息、长本事。老母亲也是这样教育他的。

2005 年 11 月，陈金社升任济南军区联勤第九分部政治委员。该分部是山东省唯一的一个分部，由原来的三个分部和一个办事处合并而成，"大联勤试点"后，又把海、空军十几个单位交给分部管辖，下属团级单位 60 多个，号称"全军第一大分部"。分部直接或间接供应整个山东海、陆、空部队，河南、江苏还有一部分单位归分部供应，每年流动经费在 40 多个亿。他刚上任，来看他的人络绎不绝，有的半夜敲门到家来，要送钱送物。这时，母亲在他参军时讲的话在耳边响起："儿啊，在部队，千万不能犯王法，人犯王法身无主啊！"他当时就想，如果听之任之，不出半年，他这个官不但当不成，还得被他们送进牢房。他半夜醒来奋笔疾书，给分部团以单位主官、常委写了一封公开信，严肃阐明他的"为官之道"。他严格按信上表态和倡议去做，不仅退还送的钱物，还在分部通报这些送钱送物的人，在提拔使用上不让这些跑官要官的人占一点便宜，从而彻底刹住了这股歪风。他在分部任职五年，年年被评为"优秀"，单位是上级表彰的"一级师单位"。退休离任时，组织上进行领导干部离任经济责任审计，审计结束时军区审计局局长对上报告说："陈金社政委是一个少有的清正廉洁的好干部！"

面对种种巨大诱惑，陈金社政委能够做到清正廉洁、干干净净，他最深的体会就是，母亲的教导和嘱咐时时敲打着他的心灵，母亲是他的"保护神"！他敬仰和感激伟大而平凡的母亲。

人间最大的罪过莫甚于触犯王法，人生最大的悲哀莫过于失去自由。"人犯王法身无主啊！"葛妈妈从老戏中学到的这句振聋发聩的话，逻辑简、分量重，出处远、意义近，可做"紧箍咒"，可做"护身符"！

妈妈的话　NO.34

不占小便宜，就不会吃大亏。

—— 谭维民

谭维民（1938—），山东省莱西市人，性格温顺，心灵手巧，为人善良，勤俭持家。在物质十分匮乏的年代，她精打细算，科学安排，让一家8口人安度日月，让子女顺利长大成人。尤其在家风家教方面要求严格，街坊邻居有口皆碑，三里五村家喻户晓。

刘文华①小时候，特别是每年的冬天，晚饭后也没有地方去玩，一家人往往坐在热炕头上剥花生。为了调节气氛，也是为了启发孩子，这时候大人们往往都会讲些故事。刘文华上小学三年级时，妈妈给她讲了一个公羊与豺狼的故事，至今记忆犹新。

妈妈说，从前，羊群中有两只公羊，一天，不知为什么打了起来，它们都用犄角拼命地顶撞对方，鲜血不停地滴在了地上。一只豺狼走过来，高兴地想，这下可以吃羊肉了。它跑到两只羊中间，见地上有血，就想先舔点血再吃肉。这时，两只斗红了眼的公羊再次撞到一起，这只豺狼只顾舔血，没来得及躲闪，被羊顶死了。讲完故事，妈妈接着说，不占小便宜，就不会吃大亏，人无论什么时候都不能贪图眼前的一点点利益，而不考虑后果。

趋之有理，谋之有道

趋利是人的天性，谋利是人的本能。太史公司马迁在《史记》中说："天下熙熙，皆为利来；天下攘攘，皆为利往。"说的就是普天下芸芸众生为了各自的利益而奔波不息。

人的这种趋利性，往往成为奋斗进取的动力，具有正面的意义；但常常又被人作为诱饵，牵着你一步步走向陷阱、坠入深渊，"大亏"多是由

①刘文华，谭维民妈妈的女儿，华东师范大学教育系毕业，现为齐鲁师范学院教授。出版著作4部，参编著作10余部，承担科研课题10余项，获得科研教学奖励20余项。荣获2017年山东省成人高等教育数字化精品课程奖、山东省师范类高校学生从业技能大赛优秀辅导教师奖，连续荣获"齐鲁师范学院优秀教师暨师德标兵"称号。

"小便宜"引发的。古代"利而诱之""以利动之""欲擒故纵""围师必阙"等兵法，在现实生活中时常得到"创造性"运用。看看社会上那些非法集资者，他们都是以高于银行利息若干倍的"好处"来吸资骗钱的，等你明白过来了，他们早就卷钱跑了，这些人即使被抓、受到法律严惩，对受害者来说也多是颗粒无回。再看看那些专门向老年人们兜售保健药品的人，除了如簧之舌，就是先给那些爱贪财的老人们发点鸡蛋、面条之类的东西，一旦"感情"建立起来了，就不愁老人家不大方地掏钱，哪怕你平日里有多抠，此时即便花掉所有积蓄也心甘。

"诱"这个字，从形体上解读就是巧言作秀。"秀"什么？就是"秀利"。人不是趋利、贪利吗，那就把"利"说重、放大，自有"愿者上钩"。然而，再醉耳的花言巧语、再令人垂涎的"实惠"也经不起推敲，也总会露出马脚，"天上不会掉馅饼"说的就是这个道理。

趋利而不被小利所诱，谋利而不被小利所害，并没有什么高深玄奥的。要说秘诀，就是两个字：最基本的就在于那个"理"字，算一算是不是真"便宜"，想一想是不是合常理，得之是否理亏；最核心的就在于一个"道"字，看一看来路正不正，掂一掂后果有几何。果真把握住了这两点，趋利、谋利便可无忧。

妈妈的话　NO.35

低着头走路，夹着尾巴做人。

—— 张海燕

张海燕（1927—2006），河北省阜平县人。这位生活在革命老区的农村妈妈，具有善良、朴实、勤俭、正直的品格。她日夜操劳，困难面前不退缩，挫折面前不低头，勇敢承担着家庭生活的重担。她为人真诚，和蔼可亲，容人容事，融洽邻里，从不与人争执，都说她是一个好邻居。她虽没有上过学，但对子女成人成才要求督导很严。她热爱生活，做事低调，坦然面对一切。

　　赵进项①高中毕业后，很想干一番事业，有一番作为，为家里增光添彩。他给人打过工，自己也做过生意，但经济收入和发展前景都不理想，第一次意识到"立业"并没有想象中那么简单。哥哥在部队提干当了军官令他激动不已，他决定放弃其他打算参军入伍，也像哥哥那样做个有出息的人。妈妈知道孩子在部队受锻炼大，机会也多，所以对进项参军入伍虽有不舍，但也挺支持的。

　　知儿莫如母，妈妈了解这个儿子的秉性，知道他一向心气高，心里总有出人头地的念头。于是，一再嘱咐他说："孩子，到了部队，听领导的话，好好工作，多磨炼自己的性子，别好高骛远。要低着头走路，夹着尾巴做人，这样才会有出息。"

　　妈妈的话说到了进项的"痛处"，让他对自己走过的短暂创业历程有了深刻反思，意识到了低调做人、耐着性子做事的分量。到了部队，他特别注重心性修养，虚心好学，勤奋肯干，顺境不自满，逆境不气馁，成绩面前不张扬，有了问题不避讳，一步一个脚印地走上了团职领导岗位。

　　2016 年赵进项转业到地方政府机关工作，担任了市司法局的领导。面对新的环境、新的岗位，妈妈的话仍然是他的"定盘星"。他调整心态，放下架子，从零开始，从头干起，严于律己，真诚待人，扎实干事，很快适应了地方工作，当年即两次荣立三等功。每当别人说起这些，他总是一笑了之。

---

　　①赵进项，张海燕妈妈的儿子，曾在部队当过指导员、教导员、科长、政治处主任，获国家三级心理师资格，被军区司令部表彰为"优秀基层干部标兵""优秀基层主官"。转业后，在山东省滕州市司法局任副局长。

浮云散尽，满地虚空

　　诗人余光中去世后，地平线上一下子冒出了若干余先生的"故交""挚友"，其他一些知名人士走后也出现过类似情况。在这些名人身后，"人走茶凉"竟然变成了"人走茶沸"，着实让人哭笑不得。一些人热衷于跟故去的名人攀亲带故，削尖脑袋往那些有头有脸的人堆里扎，无非是想借他人的肩膀扬高自己的声名。

　　人都有强弱不同的荣誉感，"立名"自古就列入人生的"三不朽"，这也是一个人进取向上的动力源之所在。然而，凡事过则成灾，一旦追求过分就会走向反面，变为追慕令人不齿的虚荣。岂知，现实中陶醉在虚荣之中而难以自拔的，大有人在。这些人看重的是名气，注重的是派头，讲究的是排场，时时处处追求"闪亮登场"、轰动效应，唯有不太在意的就是具体干了什么、实际价值如何，即使明知是绣花枕头——外秀内糠，还全然不顾，且津津乐道。到头来，在自制的耀眼光环的映照之下，在浮躁乏淀的氛围气场的风动之下，实者飘飘、虚者缈缈，人住进了"海市蜃楼"还逍遥自得的不行。

　　孔子讲："不义而富且贵，于我如浮云。"那么，无用而虚且荣，何不是一块"浮云"？它除了给人内心带来某种暂时的、虚空的慰藉，没有任何实际意义，只能让虚者更虚，飘者更飘，一干人更加找不到北。待到"浮云"散尽时，眼前将是满地虚空，连"一地鸡毛"都没有。至此，那颗浮躁不堪的心到哪里去安家呢？

　　人活得不是不可以高调一些，但不能断了地气；人追求得不是不可以"梦化"一些，但不能踩着树梢登天。"低着头走路，夹着尾巴做人"，不是蜷缩和苟且，而是一种沉稳前行的姿态；核心的不是调低与调高，而是要看着脚下的路，走实每一步。如果你很在意外界的观感与评价，那么与其演秀邀人，不如实干服人！

妈妈的话　NO.36

人前人后别木胀、别胀饱、别烧包。

—— 崔秀贤

崔秀贤（1928—1985），山东省沂南县人，14岁入党，担任村妇救会队长，参加了孟良崮战役等重大战事支前工作，是根据地出了名的"女支前模范""铁姑娘"队长。1944年日军在沂蒙山进行秋季"大扫荡"时，她拖着身孕组织村里老弱病残上山转移，饥饿和疲劳导致流产。然而，即使在最困难的岁月里，她从没有动摇对党的忠诚，从没有丧失对真、善、美的追求，她用自身的模范言行影响和带动5个子女健康成长。

用沂蒙山区的话说，"木涨（胀）"，即"嘚瑟""不知天高地厚"；"胀饱（爆）"，意即张扬、狂妄、炫耀；"烧包"，源于祭祀祖先的一种形式，祭祖上坟时，把纸钱冥财装入写有享用人姓名的纸封中焚烧，称"烧包"，借此比喻一个人很得意，有意炫耀自己。

上小学时，村支部书记的儿子经常欺侮田兆广[①]，有一回他实在忍不下去了，拿起地上的一块石头打破了他的鼻子。这一下，"娄子"捅大了，村支书的老婆气冲冲地闯进他家，把院子里的水缸和屋里的锅碗瓢盆砸了个稀巴烂，临走时，还指着妈妈崔秀贤的鼻子说："走着瞧！"看着满地缸盆狼藉，妈妈一番号啕大哭后，气愤地揪着他的耳朵伤心地说："我怎么养了你这么个不懂事、净惹事的孩子，是谁让你这么胀饱，和当官儿家的儿子打架！"

田兆广14岁那年，大哥七拼八凑借钱买了辆"大金鹿牌"自行车，他也想学着骑。爱车如命的大哥当然舍不得，但在他的几次软磨硬缠下，妈妈好歹说服了大哥，又安排二哥、二姐"护驾"。一次趁大哥不在家，经不住诱惑，他一个人把没上锁的自行车偷偷骑出了家门。练了大约半个时辰，就慌慌张张往家赶。不料刚骑到村口，就看到一个三四岁的小男孩忽然从旁边跑到了路中间，他顿时吓得忘记了刹车，双手松开了车把，结果人车倒地。

小男孩的妈妈抱着哇哇大哭的孩子，往他家床上一撂，说孩子要是有个三长两短，就一辈子赖上他家了。孩子的奶奶则边哭边骂着一些难听的话。田兆广的妈妈拖着呴呴直喘的肺气肿身子，抱着那小男孩一溜小跑去了乡医院。回来后，当着围观的人群，妈妈上气不接下气地大声数落着他："你能的要上天了，刚刚学会骑车子，就木涨了，不知自己姓什么、吃几碗干饭

---

①田兆广，崔秀贤妈妈的儿子，在部队长期做新闻宣传和理论工作，曾任新闻干事、宣传股股长、宣传科科长、宣传处处长，济南军区政治部前卫报社编辑、记者，中共沂水县委常委、沂水县人武部政委。

了!"惹了"大祸"、不知所措的他脑子一片空白,却也明白:不能木涨,木涨是不好的。

幸好那个被他撞倒的小孩并无大碍,但他闯下的这场"大祸",让家里损失了7块多钱的医疗费。逢集时,妈妈又买了三斤鸡蛋、二斤红糖前去看望。30多年前,这10元多钱,差不多是他全家半年的收入。

"烧包"这个词,妈妈多次用来说过田兆广。他最后从妈妈嘴里听到这个词,是用来说他大姐夫的。大姐夫脾气暴躁,发生家庭矛盾时,对大姐有"家暴"倾向。每每大姐回到娘家哭诉大姐夫的不是,妈妈总是气不打一处来,愤愤地说:"顺顺当当的日子,这么好的小外甥,他不好好过,这是烧包了。"

田兆广悟出了妈妈话的深意,那就是:做人要低调,不能太狂妄。

重要的是知道你是谁

1981年10月,17岁的田兆广走出沂蒙山区,从一名山里娃到军校大学生,逐步成长为一名军队新闻、宣传、理论工作者;从一名普通战士走上团级领导岗位,在军旅人生的许多个关口、遇到的许多事情中,童年、少时经历的几个片段让他没齿不忘,妈妈让他"不木涨""别胀饱""勿烧包"的忠告,犹如三盏高悬在心头的"红灯",让他始终遵循"红灯停、绿灯行"的人生规则,一路走到了今天。如果说有违妈妈"三不"忠告的话,就是当放映员的时候发生的一件事。

那是1983年的初秋,刚从南京军区电影放映员培训班结业回到电影组的田兆广,有天晚上在大院露天草坪为机关干部、家属放电影。自以为已有了一年多放映工作经验,又刚刚参加了放映员业务培训,觉得自己的技术比较过硬了,就想在新放映员小宋面前"露"一手。从影片片盒中往外拿一卷影片挂机时，按操作规程应是右手大拇指伸进片盒孔，中指伸直捏紧影片外层，其余手指辅助，呈竖立状态取片、挂片，他却自以为倒片时影片卷得比较紧，就违反操作规程从片盒中平着把影片拿了出来，结果，影片从中间掉出了一小卷，越掉越大，不一会儿就堆满了一地。他一时蒙了，王组长从二楼放映间下来，见此情景，气得嘴唇哆嗦着说不出话来。为了不影响放映，业务娴熟的王组长剪断影片，把掉出来的部分快速边转边缠，尔后麻利地塞进漏出来的那个空卷处，重新倒片，倒到断片处时，按要求将断处粘接了起来。尽管如此，那次放映还是造成了停机一分多钟的"事故"。

电影放映完毕，王组长把他留在机房，劈头盖脸地训斥了一通，有几句话记忆深刻："小田，你自以为去培训班学了两个月，就能了？翘尾巴了是吧？就可以不按操作规程了？""你这样怎么能进步？怎么会有出息？"

那晚，他整夜没有睡着。蓦然，妈妈说的"木涨""胀饱"的话又回响耳边。自己的行为、王组长的训斥，不就是说明"别木涨""别胀饱"吗！

此后，军旅几十年，他再也没有出现过类似事情。

妈妈劝他"别木涨"，让田兆广时刻想着自己能吃几碗干饭，无论取得了什么成绩、获得了何种荣誉，都要不骄不躁，永远保持清醒头脑，永葆力争上游的精神状态。

妈妈嘱他"别胀饱"，让他时刻别张扬，低调做人、踏实做事，始终保持"宠辱不惊、去留无意"的人生境界。

妈妈叮嘱他"别烧包"，让他珍惜生活、珍惜岗位、珍惜家庭，珍惜来之不易的一切，时时提示他别走弯道、别犯错误，清清白白做人，堂堂正正当官。

崔妈妈的这"三不"，其实不就是当前上上下下都叫得很响的那句醒世格言和时代强音——"不忘初心"吗！

妈妈的话　NO.37

花香不一定好看，会说不一定能干。

—— 郎秀芝

郎秀芝（1944—），河南省郑州市人，1960年上初三时被部队选中，分配到部队护校学习，毕业后在部队医院工作。后经学习深造，取得大学本科文凭。经人介绍与从北京航空航天大学应征入伍的丈夫相识，相伴一生。她的最大特点是严谨认真，兢兢业业，30出头便担任护士长；一大特长是能歌善舞，作为部队宣传队的文艺骨干，多次到基层为官兵演出。中年后从事行政工作。

语境介绍

郎秀芝妈妈当年在酒泉卫星发射中心医院工作。医院边上是成片的沙枣林，每年 5~6 月份都能闻到一股沁人心扉的芳香，在荒凉的戈壁滩，那真是一种奢侈的享受。但是，一束束黄色的小花总藏在发白的叶子后面，几乎看不见，就更别说美丽了。姚心晖①小时候迎妈妈回家的路上，有一次妈妈兴奋地指着沙枣花让她看，她却冷冷地对妈妈说："一点也不好看。""花香不一定好看，会说不一定能干。"妈妈轻轻地对她说。

儿时的姚心晖似懂非懂，但这句话却深深地印在了她的心里。随后的几十年，这句话不时地在她耳边响起，经过岁月的沉淀和淘洗，越来越觉得它的厚重与淳朴。

家训夹议

只留清气满乾坤

姚心晖的父母二十世纪六十年代初便来到酒泉卫星发射中心，那是我国组建最早、规模最大的综合性导弹、卫星发射中心，也是我国目前唯一一个载人航天发射中心。他们来到这里时，中心刚刚组建不久，还是"天上无飞鸟，地上不长草，风吹石头跑"的戈壁滩，家里的人不知道他们在哪里，更别说是干什么了。通信地址是某省会城市的一个支局。有一次她姥姥让她舅舅去看她妈妈，舅舅不远千里按通信地址找到某省会城市，工作人员告诉他郎秀芝出差了，东西可留下由他们转交。舅舅哪里知道，妈妈工作的地方离这个通信地址还要坐几天几夜的火车。

---

①姚心晖，郎秀芝妈妈的女儿，政府机关干部，在工商行政管理岗位工作多年，从事过企业登记、案件审核、办公室等工作。

我国第一颗人造卫星发射成功后，举国上下敲锣打鼓、高举标语走街串巷地庆祝，妈妈这时回内地生孩子。她只要告诉周围人她是干什么的，便会得到英雄一般的待遇。然而，她没有这样做，她和其他产妇一样，独自默默忍受着生产的痛苦。

姚心晖小的时候，发射中心条件有限，情况又特殊，非直系亲属不能进入，妈妈在老家生下她和弟弟都是一个月就归队了，姐弟俩只能寄养在老家。姚心晖是由伯父和伯母带大的。13岁那年，在路上颠簸了三天三夜，从轮渡转火车，第一次从老家湖北宜昌来到父母工作的酒泉卫星发射中心，和父母一起生活。13年间，她和父母见过四五次面，每次也就20多天，她对父母的印象是亲切的穿着绿军装的叔叔和阿姨。

到部队后，父母的同事听说心晖来了，纷纷过来看她，嘘寒问暖，很快打消了她的陌生感。后来她才知道，这里的大部分孩子都不在父母身边长大，部队有条不成文的规矩，谁家的孩子回到父母身边，大家都要去看望一下，既是出于关心，也是庆祝孩子和父母团聚。

姚心晖的一位同学父母老家在农村，母亲在奶奶家生下他，产假满后就回单位了。奶奶只好养只羊，用羊奶把他喂大。还有位同学生下来后实在没有人照看他，母亲就把摇篮搬进办公室，即使这样也不耽误工作。上学后同学们在一起聊天，都爱问你是谁带大的啊。答案是五花八门，有爷爷奶奶、姥姥姥爷，还有七大姑八大姨，还有的是在外地保姆家长大的。

姚心晖到父母身边后，记忆里父母除了工作还是工作。她记得爸爸经常出差，妈妈三班倒，她和弟弟最经常吃的饭就是面条。妈妈做好面汤放到煤炉上就去上班了，放学回来她下好面条和弟弟一起吃。晚上睡觉前从窗子翻出去把大门用挂锁锁上，妈妈半夜下班回来就不用起来给她开门了。爸爸只要在家里，来找他谈工作的人就不断，妈妈吃完饭就抱着她的业务书看。她和弟弟生病发烧也没有父母陪伴，自己躺在床上，吃饭时妈妈回来给打一针，给碗面条吃后继续躺着，父母照常上班。所以，她和弟弟格外小心不能感冒发烧。不单单她家这样，其他同学家也是这样。一个同学的父亲一边用蒲扇扇煤炉烧水，一边看业务书，炉子上的水烧干了都不知道。她说发射中心的孩子自理能力都很强，都是得益于父母照顾、陪伴的时间很少。

姚心晖父母那一辈航天人，有身经百战的将校，有从美欧归来的科学家，有国内高校的优秀老师、毕业生，有各大工厂的能工巧匠。他们放弃大城市优越的生活，跑到艰苦的戈壁滩默默无闻地忘我工作，以冲锋的速度跑着马拉松的赛程，并且他们跑的不是平整的跑道，而是险远的登山路。他们无法更多地照顾家庭、向老人尽孝、给孩子关爱，直到青春已逝才逐渐被人所知。但正是他们默默无私的奉献，才使我国跻身世界航天大国之列，有了强大的国防，在世界上有了话语权。

谁言岁月静好，那都是前辈们默默负重前行创造出来的。就像那芳香扑鼻的沙枣花，只闻奇香，不显其踪。虽然母亲陪伴、照顾孩子的时间少，但孩子们还是感觉到了那种浓浓的母爱，这爱更博大、更无私、更深沉。妈妈的话一直激励、指引着姚心晖的人生，让她生活得充实、坦然。

"不要人夸颜色好，只留清气满乾坤。"姚心晖打心眼里敬仰长辈们这种脚踏实地、不计得失、不图名利的奉献精神。誓言无声，英雄无语，她为有这样的妈妈而骄傲，她要像妈妈那样"无彩"而精彩地生活和工作。这是她的心声，也是众多儿女的心声。

妈妈的话 NO.38

力气用了会再来，名声坏了难挽回。

—— 陈生花

陈生花（1930—），浙江省嵊州市人，出生在自产自销糖果的农民家庭。她性格开朗，为人直爽，待人真诚，重情义、讲信用，做人坦荡、磊落，意志坚定，倔强笃行，生活乐观。她热爱集体，参加生产劳动热情高、干劲足，舍得出力气；心地善良，慷慨待人，对困难乡亲乐于帮助和接济，不求回报，终身追求一个好名声，现已近90高龄，仍热情不减；治家严格，教育子女走正路、当好人，鼓励子女读书求上进，做一个有知识、懂道理、对社会有用的人。

语境介绍

汪明苗①当兵离家前夜，妈妈给他说了许多语重心长的话，其中印象最深的就是：在部队不管干什么活、做什么事都要舍得出力，不能怕苦怕累，拈轻怕重，力气用了会再来，名声坏了难挽回。偷懒、惜力会给人留下不好的印象，一旦留下坏印象要想改变可就难了。

事实证明，妈妈的话是颇有道理的。有一个与汪明苗一起入伍的高中同学，新兵训练结束后，两人分在一个排，那个同学出生在城镇，家庭条件好，脑袋瓜聪明，能说会道，刚开始很讨领导和战友们的喜欢，但爱耍小聪明、工作不踏实、表里不一的问题也很快暴露出来，大家渐渐地看清了他的为人。汪明苗为人老实，作风朴实，工作踏实，好学上进，训练成绩、组织能力、管理水平进步很快，深得领导和战友们的信任，不到一年就当了班长。对此，那个同学不但不反思、不改进，反而妒忌人、埋怨领导，进而消极、颓废，后来竟犯偷盗罪被判刑。

家训夹议

赢得生前身后名

名声是一个人的脸面，是一个人在社交群体中的概括，也是一个人在社会乃至历史中留下的印记。中国传统文化非常看重人的名声，"立德、立功、立言"三不朽，最核心的元素就是"立名"：留名于世，名垂青史。"人过留名，雁过留声"，也是在劝导人们看重名声。

①汪明苗，陈生花妈妈的儿子，在部队曾任营长、团政治处主任、副政治委员等职。1979年参加对越自卫反击战，荣立三等战功。1997年转业回原籍浙江省嵊州市政协工作，任副秘书长兼办公室主任、副秘书长兼专委会主任等职。

也许有人说，名声那是大人物的事，我不过芸芸众生中的普通一员，活如蝉、死如蚁，能留下什么值得世人在意的声响与印痕？

也许有人认为，人生是自己的事，是选择高尚还是选择庸俗，是轰轰烈烈还是悄无声息，与别人没有多大关系，何必非要得到别人的理解与掌声？

也许有人觉得，名声那是虚空不可见的东西，人活得还是现实一些好，在意的应是自己的内心感受，看重的应是自己能得到什么，何必在乎别人怎么想、怎么看？

其实，名声之于人是没有选择性、不分高低贵贱的，因为人不可能关起门来过日子。名声就像一个人的简历，无须深知深交，便约摸出这个人的底子，对名声好者可以放心相处，而对名声不好者背地里总是防着点，甚至干脆避而远之；名声决定一个人的气场，人的气质、魅力，人的影响力、号召力，都受制于他的名声；名声左右一个人的前途，是个明白的领导就不会重用那些名声欠佳的人；名声连着信誉，没有信誉的人到银行贷款都会遭到拒绝，而那些声名狼藉的"老赖"就像过街老鼠，处处受到"围猎"；名声还是一份"保值"的遗产，好名声让后人脸上有光，每每落得个"虎门无犬子"的美誉，坏名声则常常让子女背上"有其父必有其子""有其母必有其女"的父辈债。谁说名声远俗人？

人不能光是活在物质的世界里，在精神的世界要活出自信、活出品位、活出光鲜，就不能不在意别人怎么看。人到世上走一遭不容易，想在世上留点什么也不容易。对大多数人来讲，也许留不下什么光鲜、响亮的东西，但至少不要给人留下茶余饭后的笑料，给子女留下一些尴尬和难堪。

妈妈的话　NO.39

莫恨人有、笑人无。

——宋佳英

宋佳英（1932—2005），山东省日照市岚山区人，小时候家境贫寒，父亲早逝，家无男丁，母亲带着她和妹妹在动荡的战乱年代艰难度日，幸有亲戚乡邻帮衬，才勉强过活。19岁那年出嫁成家，从此人生道路峰回路转，少小时期的艰难经历铸就自强坚毅和勤劳善持的品性，感恩使她养成终生乐善好施的习惯，在那物质匮乏、温饱不济的年代，她把紧巴的生活打理得井井有条，用她的真诚和热心使亲戚关系、乡邻关系变得融洽而体面。在乡邻的眼里，她是名副其实的能人、善人、热心人。

在宋佳英妈妈心里，装不下对弱者的歧视。村里有一个过得比较差的人家，许多人都瞧不起他们，总是躲得远远的。这家人在村里也感觉抬不起头来。宋佳英却不这样，经常到他们家串门，两家走动频繁，还动员大伙儿为这家人的儿子张罗媳妇，使这家人感到温暖和慰藉。她提醒子女，"莫笑人无"。

社会上有些人对身边的成功者往往怀有羡慕嫉妒恨的心理，宋佳英却常常用"莫恨人有"告诫子女：遇到比自己强的不用去巴结，也不要嫉妒，要多看看人家的长处，从中学点什么。二十世纪七十年代，当兵入伍是青年人梦寐以求的理想。宋佳英的大儿子、二儿子都是当时的适龄青年，均未能实现当兵的梦想，两个儿子看到儿时的玩伴因家里有关系穿上绿军装感到很失落，宋佳英却说：人家如愿了，不要去嫉妒，自己的事未能如愿，也不要抱怨，心态放正了，看开了，怎么都好。儿子陈修荣①考上军校，她同样没有流露出什么得意之状。

改革开放后，农村出现了"万元户"，社会上也曾一度刮起拜金之风，许多人见人发财就眼红。宋佳英时常告诫儿女：本分做人，诚实做事，见到别人有钱不要嫉妒，也不要赚昧良心之财。走正道，干正事，付出总会有回报。在她的言传身教下，儿女们在生活工作中凡事都能拿得起、放得下。

---

①陈修荣，宋佳英妈妈的儿子，初中毕业考入全县重点高中，高中毕业考入军校，成为十里八乡的骄傲。戎装在身30余载，从团政委位上转业到青岛市，先在市国土资源和房屋管理局工作，后调市纪委监委工作。

善心常在，宽心常有

宋佳英自小家境贫寒，早年父亲闯关东客死他乡，母亲带着她和妹妹在动荡的战乱年代艰难度日，常常吃了上顿没了下顿，在亲戚乡邻帮衬下勉强过活。12岁那年患上因饥饿浮肿引起的"大肚子病"，无钱医治，母亲从乡邻家里借了一头毛驴驮着她边讨饭边访求土方，幸遇一民医看她们母女实在可怜，免费为她治好了病。母亲宋佳英时时感慨：没有乡邻的帮衬，没有好心人的施舍，她们母女很难在那个艰辛岁月存活下来。童年时期的那段苦难生活经历，使她一生中总是怀着悲悯之心去对待身边的每一个人，以感恩的心去对人和处事。

在宋佳英的眼里，看不得比她穷苦的人，乡邻里谁家过得穷苦，她总是默默记在心里，想方设法帮一把。二十世纪六十年代的农村"家家无粮米，人人饿肚皮"，村里有一户人家，孩子多，妻子又常年有病，家里吃了上顿没下顿，宋佳英常常从自家紧巴的日子里抠出点粮米接济他们，逢年过节总要从自家备节的粮米蔬菜中抠出部分给他们。对本村的乡邻是这样，对素不相识的人也是如此。在那个年代，沿街乞讨的穷苦人比较多，每遇乞讨者，她总是怀着一颗悲悯之心，宁愿自己饿着也要接济讨饭人一口饭。

宋佳英的一些无私助人的善举，现在常人看来难以理解，就是在当时，往往也有人怀疑她的动机。当时有一对年过七旬的孤寡老人，膝下无儿无女，无依无靠，独居山里，距宋佳英家3里多地，宋佳英便与邻居一起合计照顾这对孤寡老人。无论春夏秋冬，无论刮风下雨，每天至少要到老人那里去一趟，嘘暖问寒，把担水劈柴等老人力所不及的活儿都包了下来。为此，孤寡老人所在生产队的一些人认为她动机不纯，甚至怀疑她这样做是图老人的财产。种种非议也未能中断宋佳英照顾老人的善行，十几年如一日，直到她和邻居为老人养老送终后，人们才消除了之前的误解。

为什么宋佳英妈妈在知和行里总是倡导"莫恨人有、笑人无"，教育引导孩子遇着比自己强的不嫉妒，遇着不如自己的不笑话，遇到善良的不欺负，遇到可怜的多帮助？读读她为人处事的故事便可找来答案：她有一颗善良的心！心底善，心地就宽。她永世感恩着自己苦难时好心人的帮助，执着而朴素地回馈社会和乡邻，她的心地里压根就长不出"恨人有、笑人无"的苗子。

真诚善良是做人之本。人活着，谁都不用瞧不起谁，山外有山，天外有天，人外有人，不要为自己所取得的点点成功而沾沾自喜，而目中无人。你笑话别人的同时别人也在笑话你，不是笑话你的渺小，而是笑话你的无知。也不要看到别人比自己强就眼红，人有人的天赋，人有人的机遇，人有人的付出，再说别人的成功是别人的事，与自己的人生没半毛钱关系，还是送上你的祝福，尔后赶快去忙自己的事情吧！

妈妈的话　NO.40

心中无贵贱，善待所有人。

——王士平

王士平（1956—），山东省济南市长清区人，一位很朴实的农民妈妈，从小没读过什么书，但知书达理。她勤劳能干，实在厚道，坚强乐观，热爱生活。

 语境介绍

刘绪芳①的老家在泰山脚下，因为地理环境的限制，家里只能在山上种些核桃、粟子、花生这些农作物。每年秋收的季节，也是刘绪芳父母最辛苦的时候，因为山上的果实需要用担子挑下山，父母的双肩都磨破了皮，一层一层往下掉。有一年的秋收，刘绪芳的妈妈王士平爬到很高的树上打核桃，不慎从树上掉下来，摔坏了耳朵，从此妈妈生活在近乎无声的世界里。

当年，山区的生活非常艰苦，刘绪芳家里的主食是煎饼，馒头对她来说是奢侈品。因为姐姐住校要带足一周的饭，妈妈天不亮就起来摊煎饼，给姐姐准备好饭后，妈妈再去地里干活。在刘绪芳的记忆里，妈妈每天都是披星戴月，从早忙到晚。她上小学后，妈妈没再管过她，她每天独自一人上学、放学，8 岁时就能帮妈妈做饭了，她说，那时候不需要什么美味，只要是熟的，能填饱肚子就行。

2005 年的时候，在外打工的父亲被确诊患了肺癌，这让刘绪芳原本就不富裕的家里更是雪上加霜。妈妈一直坚强地陪着爸爸去医院化疗，因病痛的折磨，爸爸总是对妈妈发脾气。刘绪芳也因此辍学外出打工。一年后父亲病逝了，是妈妈带着孩子们走过了那段无比黑暗的日子。

刘绪芳至今还记得，第一次离家外出打工的前一晚，妈妈跟她聊了很多话，这一点也不像平时的妈妈，也许是担心她一个人在外会受委屈。妈妈对她说，给人家干活可别偷懒，要多干活，别让老板说出什么来，吃点亏也不算啥，别太较真了。后来妈妈知道她当营业员了又嘱咐她，要对顾客好点，人家花钱买东西可不是来看你脸子的，心中无贵贱，要善待所有人。

多少年过去了，刘绪芳今天终于有机会说出了她一直想对妈妈说的话："您所做的一切我都深记在心，感激在心，我爱您，您辛苦了！"

---

①刘绪芳，王士平妈妈的女儿，一位普通的营业员，她把绿色、无公害、零添加的食品介绍给顾客，给大家提供放心产品。

服务他人，成就自己

1989 年出生的刘绪芳，有着同龄人尚未有的成熟，这种成熟使她随和近人，乐观面对生活。我（孙娘）经常去她工作的店里买有机农副产品，一回生两回熟，彼此都有了好感。由于店里和商场的合同到期，刘绪芳又要另觅工作，当时她给了我一个手机号码，如果需要产品，可通知她送货。

大概半年后，我从医院回家的路上，顺便走进小区附近的一家副食品店，没想到与在店里工作的刘绪芳不期而遇。当时我不禁感慨，这真是有缘的人在哪里也会遇见。两个月后，我又去她工作的店里买有机产品，她见到我迫不及待地问，你怎么好长时间不来了，我说没有多长时间啊，她说好长时间了！她说话时的语气着实让我心里一震。我告诉她最近有点忙，在写一本歌颂母亲的书，她听后不假思索地说，你一定要写俺妈，俺妈很朴实，很善良。联想到有的人一提写自己的妈妈就躲躲闪闪，刘绪芳这个人心里真敞亮。

刘绪芳工作的副食品店，每天顾客来来往往，她总是跑前跑后地为顾客忙碌着，谁家没空来买东西，一个电话打来，她就会送货上门。她的工作虽然很普通，但体现了一个普通人的人生价值……

心中无贵贱，善待所有人。刘绪芳就这样凭借母亲说过的这句话，在平凡的工作岗位，践行着自己的人生信条。

妈妈的话　NO.41

做事先摸心口窝。

—— 程香香

程香香（1930—），山西省临猗县人。她勤快温和、任劳任怨，没有看见她与丈夫、小姑子、亲戚、邻居吵过架红过脸，总是默默操持着生活，让一家人吃饱穿暖；善良慷慨，在那个生活还不富裕的年代，家里包了饺子或做了稀罕的饭食，总忘不了给邻居送上一碗，即便是乞丐要饭讨上门，宁可自己不吃也不让人家饿肚子；性情坚韧，她既容不得孩子们有一点坏毛病，也不愿孩子们受半点委屈，总是默默忍受着一切一切的不顺心和不如意。

杨建义[1]每次回家探亲都会听到朋友邻居关于某些乡镇干部和村官的议论，说他们如何昧着良心贪占，如何靠破坏环境捞钱，如何造假欺骗上级，等等。说起这些人和事，母亲程香香也总是气不打一处来，提醒他做事先摸心口窝。

杨建义当旅参谋长后，母亲听说儿子做了"大官"，既高兴自豪又心神不安，担心儿子像当地某些做官的一样昧着良心干事，让家人跟着一块挨骂。于是就让人给儿子捎话，说做"大官"了可不能忘本，要凭着良心办事，做事先摸心口窝。有一年回家探亲，杨建义刚刚进门坐下，母亲就说谁谁做了亏心事得到报应，进了班房，叮嘱他做人做事要对得起天地，千万别做没良心的事。

在杨建义看来，妈妈"做事先摸心口窝"这句话，就是人们通常所讲的"凭良心说话""凭良心做事""凭良心做人"。说的是亲人之间，朋友之间，同事之间，邻里之间，以至陌生人之间，要以善相待，以诚相待，凭良知和善意相交、相处，不做伤天害理之事，不干亏心泯良勾当。良心与良心接触，良心与良心交换，人与人就会和谐相处，家庭就会幸福美满，社会就会充满信任和安全感。

志于道，据于德

一位朋友的妻子解放军军医大学毕业后，一直在军队医院当医生，科班出身，经验丰富。军队改革期间她退役转业，选择了"自主择业"。有

---

[1]杨建义，程香香妈妈的儿子，参加高考被军事院校录取并入伍，曾任排长、连长、多级机关参谋、集团军副处长、步兵旅参谋长、副旅长等职。转业后在青岛市水利局工作。

这种专长的人，在地方的一些私人医院非常抢手。有一天见到这位朋友，说起他妻子找工作的事，他说有几家私人医院联系了她，待遇都相当不错，但都被她婉言拒绝了。因为有些私人医院太看重经济效益，她不忍心让患者多花钱。

这就是一个弱女子的良心，她无力改变某些私人医院言过其实、"过度医疗"等不良状况，但可以管住自己，不让自己加入到盘剥患者的队伍中，成为他们的"帮凶"。还有程香香妈妈，别人怎么昧着良心干事她管不得，但她可以管自己的儿子，让他别没良心。像朋友妻子和程妈妈这样的人多了，社会正能量就会累积上升，沦丧心良的人和事也就逐渐少了。从这种意义上讲，与其总是抱怨"人心不古，世风日下"，不如从我做起，做好自己，让人从你身上看到"世风日上"。

《论语·述而》有曰："志于道，据于德。"说白了就是以道为志向，以德为根据，思想是志于道，行为是据于德。这里，孔子是在向世人强调，立志虽高远，但必须从人道起步。子产的"天道远，人道迩"，本意并非是说天道与人道分离，而应是通过近距离看人道，来远距离观天道；或者通过远距离观天道，来近距离看人道。它与"志于道，据于德"的思想理念是一脉相承的。

对"德"，古人解说为"得"，有成果即是德。反过来也可以说，人有德才会有真得、大得，有德行支撑才能行稳致远、多出成果。德乃立身之本、处世之基，一个人没有相当的德行做根据，他的人生注定是漂浮无根，立不稳、挺不久的。

"做事先摸心口窝"，这句出自一位农村老妈妈之口的话，朴实中透着高尚，自律中透着自得。这里面，有做人做事的思维底线，也有修身进德的"集腋成裘"。

妈妈的话　NO.42

欠别人的迟早要还的。

—— 鲁子英

鲁子英（1929—），山东省新泰市人，一生务农。善良、淳朴、勤劳、大方的特性，深深地刻在她那沧桑的脸上。她乐善好施，在那个物资极度匮乏的年代，即使委屈自己也尽心尽力帮助他人，因此在当地有着良好的人际关系和较高的威信。

> 语境介绍

三年困难时期，类维富①家里经常揭不开锅。每到这时，母亲只好从较富裕的邻居那里借点吃的应急。一旦家里有点吃的，除了留给孩子们一点，母亲自己饿肚子也要攒下食物还给邻居。类维富心疼母亲，觉得既然邻居家条件好一些，并且也没要我们还，就不要把食物给邻居了。母亲却十分严肃地说："记住，欠别人的迟早要还的！"

高中毕业后，类维富被村里群众推荐上了山东医科大学，离家时母亲再三叮咛："是乡亲们让你上的大学，以后一定要报答乡亲们。"他牢记母亲的教诲，努力学习，勤奋工作，受到包括乡亲们在内的病患的高度认可，不到30 岁便担任齐鲁医院麻醉科主任。

随着对世事的感悟，类维富对妈妈"欠别人的迟早要还的"这句话也有了深层的理解，他意识到人在世上走过一段路之后，要回过头来看看对社会、对父母、对事业、对家庭、对人生，乃至对良心欠下了什么。你所欠的，正是需要你去努力弥补的；如果你不主动去还，"债"也将越积越多，将来会有前来"催债"、逼着你还的。

有一次，一位身患绝症的乡亲来找类维富，求他一定要想想办法。他虽然用尽了一切医疗手段，但最终也没能延长患者的生命，还留下了巨额医药费和满是创伤的身体。面对这一切他深深自责，觉得还欠患者最后一个交代。于是，他边干工作边研究如何让绝症患者减少痛苦，延长生命，避免过度治疗。经过多年积累，年近花甲时，他主动辞去科室主任职务，创办临终关怀病房，并积极奔走做工作，呼吁社会重视临终关怀事业，让患者在生命到达终点时保持安详和宁静，让生命有尊严地谢幕。虽然他做的工作与现在某些

---

①类维富，鲁子英妈妈的儿子，麻醉专家，疼痛专家，山东省麻醉质控中心主任，山东省疼痛医学会副主任委员，山东大学医学院博士生导师，齐鲁医院麻醉科原主任。积极促成和参与了亚洲第一例冷冻人试验。

医院以盈利为目的的理念背道而驰，临终关怀病房的运营也因为不能挣钱而举步维艰，但他依旧砥砺前行，因为他心中有一个信念：是父老乡亲和广大患者给了他今天的成就与地位，欠他们的情一定要还！

 家训夹议

"还"是格局，还是担当

人从呱呱落地到牙牙学语，从成人成才到成家成事，亏欠父母的何其之多；人生活在尘世，学有师、业有位、病有治、难有帮、乐有场，亏欠社会的何其之多；人与人交往，或情或义或利，亏欠亲戚朋友的事又有多少。所以，常有这样的说法：人来到这个世上，就是来"还债"的。

然而，许多人并没有"亏欠于世""亏欠于人"的意识，反过来倒是觉得全世界都欠他的：总觉得这个社会欠他的，动不动就抱怨社会这不公那不善，就是不说自己为社会做了多大贡献；总觉得领导欠他的，动不动就骂上司如何如何苛刻、工资待遇多低，就是不说自己是怎么尽职尽责的；总觉得父母欠他的，动不动就算计父母应该给他什么，就是不说自己该为父母做点什么。有的父母辛苦一辈子攒下的几个钱，为他（她）买了车买了房，还欠下了一屁股债，他（她）不感激涕零也就罢了，反而还嫌这嫌那的。真是可怜天下父母心！

亏欠有时也许是一种无意、无奈甚至必然，而"还债"是一种"天理"，更是一种格局、一种境界、一种担当。人有了"还"的意识，说明他有一颗感恩的心，心淌暖流、从善如流便会成为他人生的底色；人有了"还"的思维，便会"每日三省吾身"，知道别人为自己做了什么，自己为别人做了什么；人有了"还"的担当，便知道自己该做些什么。类维富主任常怀一颗"还债"的心，便有了创办临终关怀病房的冲动与行动。在这

个"欠债的成了爷爷，要债的成了孙子"的年代，仗义"还债"的人尤其令人敬仰。

生活中，经济上欠债有硬硬的法律做后盾，良心上欠债只能靠软软的道德来"旁敲侧击"，似乎让别人"还"是奢得，不还也无可奈何。其实，最是鲁妈妈说的在理，欠别人的迟早要还的，不是不"要"而是时候未到。有的人在赡养父母上寡情薄心甚至虐待相加，他们欠下的债最终还是由他们自己来还，因为他们的所作所为冥冥之中会直接传导给自己的儿女，得到"真传"的儿女到时难说不会"克隆"父母的不孝之举。要说世间有报应，这或许就是报应。

妈妈的话 NO.43

诚丢丢人，信丢丢碗。

—— 花春梅

　　花春梅（1944—），山东省东营市河口区人，出身贫寒。她没上过学，从小就挑起家庭重担。婚后，丈夫忙于村里和社办工厂的工作，家中内外都由她一人承担，孝敬老人，夫妻忍让，处处为孩子做表率。她要强上进，担任村生产队妇女队长，领着大家干农活，吃苦在前、享受在后；土地包产到户后，不甘落后，再苦再累也要把庄稼种好。她心地善良，处处为别人着想，村里谁家有事，她都是跑前跑后，在周围很有人缘。

语境介绍

花春梅妈妈在村里是一个注重脸面、特别要强、"一诺千金"的人，孩子们打小从她的言传身教中学到的是做人要厚道、诚实、说话算数，再穷也绝对不能干坑蒙拐骗的事。2003 年底儿子杨忠国①下海经商，后把父母从老家东营接到烟台一起生活。看到儿子的事业越搞越大，对外交往的人也越来越多，联想到丈夫"做了一辈子买卖，没有一次是挣钱的"，经常上当受骗的情况，花妈妈在为儿子高兴、自豪的同时，聊天中也提醒儿子："诚丢丢人，信丢丢碗，与人家打交道、做买卖要讲良心、讲信用，不坑、不骗才能长远！"

杨忠国明白妈妈的意思，生活和事业让他坚信妈妈说得没错，诚信成就人、成就事，不诚实的人丢人失面，也没有真朋友；不讲信誉的人难以让人信赖，时间久了也会丢掉饭碗、失去前程。

家训夹议

好日子是奋斗出来的

杨忠国是个大孝子。参军前，妈妈每次做好饭都让他先端给爷爷奶奶，从小他就明白妈妈的用意。2003 年，杨忠国从建行买断工龄，一次性补偿了 11 万元。当时妻子坚决反对他的做法，难以理解放着好好的工作不干，干吗要丢掉"铁饭碗"呢。但他依然不顾妻子的反对，用补偿的钱在烟台开发区给父母买了套房子，把两位老人从老家接了过来。他说，离父母近了可以减少牵挂，也能够安心创业。

①杨忠国，花春梅妈妈的儿子，曾从军 10 年，转业后在烟台市建设银行任保卫科科长，现为烟台越众实业有限公司董事长、烟台张广庆内画院常务副院长。

买完房后，杨忠国手里仅剩下 5000 元钱。在朋友的帮助下，他用这区区 5000 元钱开始创业，在短短三个月内公司就起步了。经过多年打拼，公司有了长足的发展，杨忠国跃身为成功的房地产商。他有今天的成绩，与他为人厚道、重诚守信、能力突出密不可分，当然与父母的耳濡目染也密不可分。

杨忠国特别顾家，这些年他相继把家人接到开发区，他们都有了自己的工作岗位，生活质量都有了很大的改善。如今四十多口人的大家庭其乐融融。有一次，父亲与杨忠国商量，能否找个合适的墓地把爷爷奶奶迁过来。于是，他想办法满足了父亲的愿望。杨忠国事业有成后，不仅仅关心自己家人这个小圈子，同时还热心于社会公益事业。

杨忠国十分感恩和珍惜今天所拥有的一切，他说从未敢想有现在这一天。参军前，家乡贫穷落后，甚至连电都没有，出来当兵就是为了能吃饱饭。然而，部队这个大熔炉不仅让他吃饱喝足、个子长高，更是锤炼了他的意志品质和开拓精神，使他在人生的每一个阶段都茁壮成长。

妈妈的话 NO.44

富人舍一口，穷人得一斗。

—— 周 青

周青（1931—2011），江苏省阜宁县人，从小受到家庭传统教育，为人心地善良，乐于助人，裁缝针线活在十里八乡数得着。即使自己不得空闲或境况很差时，只要别人有求于她，她都会力尽所能。一生历经磨难，吃尽了苦头。早年嫁给一个不顾家、脾气暴的小学教员，日子实在过不下去便离婚、带着孩子改嫁，再次成家也不幸福，中年丧夫，晚年失去独子，儿媳离她而去。面对种种不幸，她顽强抗争，苦苦支撑着一个家。她十分注重对后代的培养，先后让一个女儿读完大学，两个孙女考上重点大学并取得硕士学位。

语境介绍

二十世纪六七十年代，苏北农村比较贫困，每逢农闲季节特别是灾害年份，有不少农民举家外出讨饭，凭讨来的"百家饭"填饱肚子。皋群①清楚记得，每每有讨饭的到家门口，妈妈都会把讨饭的让到家里，嘘寒问暖，家里吃什么就给讨饭的吃什么，不管讨饭人拿的碗大碗小，都给盛满。讨饭人很体面地离开后，妈妈就会念叨起"富人舍一口，穷人得一斗"，并开导我们：讨饭的人也是很难的，穷极头了就顾不上脸面了，此时这家要一口，那家要一口，填饱肚子才能熬过眼下的难处。遇上这样的人，尽管我们也不富裕，但凡有口吃的，哪怕是省一点少吃一口，也不要让讨上门来的人空手，一碗粥半碗饭对于讨饭的人就是很大的施舍。

"富人舍一口，穷人得一斗"，说的是有能力的"富人"施舍一点，对于困难的"穷人"来说，如同得到很多的帮助。要义是人要有善心、肯施舍，在别人有困难的时候，及时地伸出援手，能帮多少就帮多少。妈妈言传身教，在皋群姐妹幼小心灵中播下了慈善的种子，也使她们从日常生活中懂得助人为乐的道理。

家训夹议

举手之间功德显

一句发自内心的赞美之言，成就了一桩美满的婚姻；一次客观中肯的介绍，搭就了一个人的成功之梯；一番推心置腹的交谈，挽救了一个家庭；一个小小的点子，让一个企业走出了困境……从善未必就意味着多大

---

①皋群，周青妈妈的女儿。1980年1月毕业于江苏省南通医学院，1986年7月调入山东省济南市传染病医院工作。任主任医师，技术三级，先后在两个科室任科主任12年。

的付出，善小未必就意味着价微。一个人的善举作用到一个需要的人身上，往往不是能量的对等转换，而是基于加法甚至乘法的放大。不要小看了你那一点善心、一次善举，播下的是一粒小小的种子，于人、于己收获的却是累累的硕果，释放的也是满满的正能量。

　　许多人对工作、生活中的"小善"往往不放在眼里，就像油瓶子倒了不愿扶、衣服脏了不想洗——懒得去做。有些人瞧不起"举手之劳"的善举，也与夹杂其间的功利思想有关。"小善"不仅引不起关注、换不来名利，有时还会带来难以预料的麻烦。多一事不如少一事，一些人干脆采取敬而远之的冷漠态度。殊不知，时间久了，那颗本质上向善的心就会麻木，一旦遇到非善的事就缺乏抵制力了。

　　作为"性本善"的人，一生下来就生活在善恶交织的社会里，行走在善与恶的"楚河汉界"之间，每当向善端进一点，就离恶境远一点，善心积累到一定程度，恶意就没了适宜的土壤和环境条件。常怀善心的人，永远做不出恶事来。常做善事的人，总是收获着快乐。

妈妈的话　NO.45

刮下春风才能下秋雨，帮别人就是帮自己。

——常桂兰

常桂兰（1933—1989），山东省淄博市临淄区人，母亲去世早，姊妹四人由三家抚养，她跟姥姥长大。婚后为养家糊口，她就像一台不停运转的机器，白天在生产队干活，晚上在煤油灯下纺棉、织布、做鞋、缝衣。她47岁时丈夫去世，5个子女没有一个成家，她用柔弱的肩膀挑起了家庭的重担。她虽然没有文化，但深知文化的重要，生活再难、日子再苦都坚持供应儿女上学，最终3个女儿全部考上中专院校，有了好的前程。

语境介绍

在刘昌联①的老家有一句谚语："只有刮下春风，才能下秋雨"。从小妈妈就用这句话的寓意教育引导他和弟弟妹妹树立"帮人帮己，害人害己"的理念，说别人拉车上坡时帮着推一把，你拉车时别人也会帮一把。妈妈的话在潜移默化中影响着刘昌联，久而久之形成了同情弱者、乐善好施的性格。小时候邻居家有一个二哥，40多岁了，智力水平有些低，很多小童伴都去欺负他。每次遇到这种情况刘昌联都会主动前去阻止，为此还经常受到二嫂的夸奖，自己也很有成就感。

后来，刘昌联对妈妈"刮下春风才能下秋雨，帮别人就是帮自己"这句话，有了新的认识与领悟。他深谙妈妈这句话的核心，不在"一分耕耘，一分收获"，为了自己而帮别人，而在于把别人的难处当作自己的难处，把别人的急需当作自己的急需，诚心诚意、不带私心地去帮助需要帮助的人。

家训夹议

帮人"见风"也"见雨"

人一生中都会遇到一些难事，而有些事是离不开他人帮助的，即便是腰缠万贯、有权有势者在特定的情势下，或许也难能例外。当然，更需要出手相助的，是那些弱势者。一个人看到别人有困难、有急需，便主动伸出手来帮一下，"送人玫瑰，手留余香"，实乃美善之举。

帮人不难，但里面也有学问，同样是帮，心态不同，效果会有明显差别。一个人学会了换位思考，站在对方的角度看需求，将心比心，帮人才

① 刘昌联，常桂兰妈妈的儿子，在部队曾任指导员、教导员、参谋、科长、师副参谋长、团长，武装部部长、政委。转业后，任烟台市机关事务管理局副局长。

会热心上心；思维换到了位，把对方视为自己的至亲至爱，帮人便能帮到位。

刘昌联局长在师教导队任教导员期间，有一名山东费县籍的新兵叫郑连会，身材弱小，智商偏低，很多战士看不起他，他本人非常苦恼和自卑。新兵分配时，中队干部都不愿意要他。刘昌联找他谈心，方知他是一名孤儿，四岁时父亲去世，六岁时母亲改嫁，剩下他和两岁的弟弟与年迈的奶奶相依为命，一天三顿全是煮地瓜，造成营养不良，身体发育欠佳。刘昌联听了眼眶发热，反问自己：如果他是自己的侄子、外甥，该如何对待？于是，便把小郑留在队部，安排他当了一名饲养员，还在官兵间开展向他献爱心的活动。小郑深受感动，干起工作来劲头十足，中午也上山打猪草，一天给猪喂四顿食，一年出栏十几头肥猪。当兵三年，立了三等功，入了党。退伍时，刘昌联亲自把他送到汽车站，并派专人送他回家帮他联系工作。根据他在部队的表现，地方政府把他安排到税务局工作。后来小郑结婚生子，过上了幸福生活。小郑感念老教导员的再生父母之恩，每年要拜年的第一个人准是刘教导员。

生活中的昌联局长是个热心肠，不管是老战友还是新朋友，谁家有事找到门上或者打个电话，他都想尽办法去帮忙，出钱出力出点子都不在话下。逢年过节时，他都要代表在外地工作的战友去看望家中的老人。在老战友之间，他是一位热心的联络员、接接送送的驾驶员，大家都挺感激他的。

现实中，诚心行善、无私帮人的热心者大有人在，但也有一些机构、一些人，行善帮人功利性过强。有的为了追求单位或产品的广告效应而为之，有的为了积累个人政治资本而为之，常常是风声大、雨点小，甚至"只闻楼梯响，不见人下楼"，口惠而实不至。如此之"善"、如此之"帮"，倒不如没有，因为它变了味、坏了质、毒化了空气，是会让社会"生病"的。

妈妈的话 NO.46

敬老要用心，尽孝要趁早。

—— 夏芬英

夏芬英（1952—），山东省昌乐县人。她善良、憨厚、朴素、勤劳，是一个孝顺老人、乐于助人的平凡妈妈，同世间千千万万劳动妇女一样，生在农村，干在田园，伺候公婆，扶养子女，普通中彰显着母爱的伟大，朴实间展露出人性的崇高。

　　夏芬英妈妈当年家庭生活困难，但对公婆的孝敬在十里八乡是出了名的。特别是婆婆晚年瘫痪在炕上，吃喝拉撒、穿衣洗漱都需要人照顾。无论三九寒冬、还是炎热酷暑，夏妈妈总是把婆婆伺候得细致入微，精心周到，有一点好吃的都是让婆婆先吃。那会儿是大集体，丈夫在大队里开 50 拖拉机，一天到晚见不到人影，而她天刚蒙蒙亮就下地干活，回来再给一家老小做早饭，还要给婆婆穿衣、梳头、洗脸，扶婆婆上完厕所后，再继续下地干活。婆婆有时会拉尿裤子里，而她从未嫌弃，每次都给擦洗得干干净净。夏妈妈的女儿赵惠娟①记得，小时候妈妈蒸干粮时一个大锅围着两圈玉米窝头，中间有几个白面馒馒，蒸出来凉好后锁在箱子里留着给奶奶吃。有一次，妈妈花一元钱给奶奶买了四个热腾腾的羊肉蒸包，放在奶奶炕墙上的小龛里。那时候惠娟年幼无知，跑到奶奶炕前，奶奶拿出一个羊肉包给她，羊肉的香味扑鼻而来，正要张口吃的时候，不知妈妈何时走到她身后，一把夺了过去，厉声说："这是给奶奶吃的，小孩子不能嘴馋。"她委屈的泪水夺眶而出。后来说起这事儿，妈妈有些歉疚地对惠娟说，你们今后享受的日子长着咧，奶奶年纪大了，身体又不好，不能和奶奶争。还说，敬老要用心，尽孝要趁早，世上没有后悔药。

　　妈妈这些话，惠娟初听时感触并不深，但却像一个缓慢挥发的沉香，历久弥香，愈发浓郁。随着自己的成长，越发感受到，妈妈虽没有多高的文化，但是字里行间尽是人生感悟，令人振聋发聩，如晨钟暮鼓，时时敲打在心间。她也像妈妈那样敬重老人，特别是对生活在农村的公公（婆婆已逝），关怀备至，添衣加被，备吃给钱，样样想得精细，逢年过节有时丈夫忙回不了家，她自己也要抽出时间回去看老人、陪老人。

---

　　①赵惠娟，夏芬英妈妈的女儿，早年离家在外辛苦打拼，从一无所有做起，本着诚信第一、做人为本的原则，逐步发展起一个集煤炭、造纸、餐饮、新能源等于一体的小型公司。

莫让"亲不待"成遗憾

有两位女士刚步入中年，妈妈就患病去世了。她俩经常在夜里梦见妈妈，每次醒来后都万般不舍，这种状况持续了多年。我（孙娘）问她俩，是不是和妈妈感情太深了，是不是再也没有机会报答妈妈的养育之恩了。她俩一齐点头。

还有一位同事，他的妈妈在农村老家，因年事已高无法耕种了。他靠自己的努力在城市买了房子买了车。他有一个儿子，他非常疼爱他，供他学钢琴、学绘画、上文化补习班。他一年当中只回去一两次看妈妈，几乎每次都空着两只手，临走时给妈妈留下几百块钱。他说他条件不好，我说条件不好不是为自己开脱的理由啊。如果你给儿子少吃一顿肯德基就能给妈妈买只鸡。后来他逐渐改变了自己的做法，对妈妈上心了许多，令人遗憾的是妈妈不久就过世了，但他再也无法补偿过去对妈妈的亏欠了。

其实，孝敬老人不光是物质上的、金钱上的照顾，还需要精神上的关怀与呵护。如今，伴随着社会的老龄化加剧，空巢老人越来越多，他们很需要子女抽出时间陪一陪。然而，许多子女因为"忙"很少回家看看。当然，说忙确实也真忙，特别是人到中年，上有老下有小，又要上班养家糊口，样样兼顾的确不易，但是再忙、再辛苦也是能挤出点时间陪陪老人的。儿女们也有老去的那一天，也会像父母那样盼望子女常回家看看。

妈妈的话 NO.47

人对你的好要永远记着，你对人的好别总想着。

—— 曹汉兰

曹汉兰（1938—1987），江苏省南通市人，是个地地道道的农家妇女。小时候，由于家里条件不好，兄弟姐妹多，她未能进学堂。新中国成立后，上夜校、上农校认了不少字，学会了读书看报。她性格开朗，心地善良，遇事总是往好处想，平时总是笑声不断。她尊老爱幼、吃苦耐劳，对年幼的叔叔们总是爱护有加，在生活最艰苦的年代，总能让大家吃饱穿暖。她心灵手巧，每逢春节，像变戏法似的让大家穿上新衣新鞋。

曹汉兰妈妈是个和蔼可亲、乐于倾听的人。儿子吴劲宏[1]记得，他和弟弟妹妹有事总是喜欢先和妈妈说说，听听她的意见。在妈妈最后病重的那段日子里，也是家里最困难的时候，父亲身体也不好，弟弟妹妹尚未成年，作为长子的吴劲宏又在部队服役。此时，有好多亲戚朋友，特别是叔叔婶婶都伸出了援助之手。当吴劲宏回家探亲的时候，妈妈躺在病榻上，紧紧地拉着他的手，一五一十地给他诉说："受了别人的帮助，心里总觉得过意不去。"

他安慰妈妈说："大家对你好，是因为你以前对他们不错，不想了，保重身体要紧！"母亲摇摇头说："可不能这么说，孩子，人对你的好要永远记着，你对人的好别总想着。"

妈妈这句朴实无华的话，吴劲宏当时听了并无什么感触，但几十年过去了，每每回想起来总觉得道理深刻，让人念念不忘。"人对你的好要永远记着，你对人的好别总想着"，就是说不能忘却过去，特别是不能忘记那些在困难时刻帮助过自己的人，要懂得感恩。然而，当你有恩于别人时，也不能当作资本念念不忘，更不能有所图报。这是做人的一种素质，一种境界，也是一种性情。如今，这句话已经成为他做人做事的一条基本原则，将受益终身。

今生难忘"木耳情"

好友王培佐一年当中会请身边的文人墨客吃几顿饭。每次点菜，他都要上一大盘凉拌木耳，并带领大伙一块吃。一开始，大伙以为他偏爱木

---

[1]吴劲宏，曹汉兰妈妈的儿子，曾在部队师机关任参谋、副科长、科长，1999年转业到江苏省盐城市亭湖区司法局任副局长，2006年6月任该区人大内务司法委员会主任。

耳，时间久了才知，这小小的木耳里竟深藏着一段令他难以忘怀的往事。

王培佐的家乡在山东即墨，当年是个穷得出了名的地方。1981 年他高考失利，家人就说你去东北找堂姐吧，或许能谋条生路。

不久后，他怀揣着东拼西凑来的路费，满怀希望又忐忑不安地登上了北去的列车。经历了几天几夜的长途颠簸，火车到站了，可下了火车还要赶 18 里的山路。此时正值夜晚，四周漆黑一片，远处时不时传来的狼嚎声，驱使他深一脚浅一脚地拼命向前赶。不知走了多长时间，前方隐隐约约有了一丝丝灯光，这微弱的灯光引领着他走进一户人家。天哪！谁能想到这户人家就是堂姐家。

四个月后的一天，堂姐家来了个号称会算卦的人，他拉起王培佐的手看了看说，东北没有你吃的饭，回关里吧。经这半仙一说，孤独、想家，加上年关临近，各种情感交织在一起，让王培佐下定决心回家。

他张嘴向堂姐借路费，堂姐也没有钱，他就让堂姐去邻居家借。于是，堂姐在村里跑了许多家，好不容易借来 40 块钱。他许诺，到家后就寄钱过来。

火车跑了两天两夜了，对座的一个中年男子发现他一直没有吃饭，就问，你怎么不吃饭？他说，我不饿。其实，他哪里是不饿，买了车票也就剩下几块钱了，他舍不得花。

中年男子看他怪可怜的，就带着他去餐厅，点了一盘木耳炒肉和馒头。他吃得那个香啊，并连声道谢。中年男子说，以后有机会到高密来玩吧，然后从包里掏出一张黄纸，写上他的住址。王培佐接过这张黄纸，小心翼翼叠好放进外套兜里。

到家已是腊月二十九了，生怕邮局关门，王培佐忙赶着去给堂姐寄钱，而妈妈在家里也忙赶着给他洗外套，结果连同兜里的黄纸一起洗了。

王培佐很懊恼，他只记得中年男子是个贩卖黄纸的，家在高密。从那时起，王培佐经常吃木耳，家里面存木耳，木耳俨然成了他生命中的一分子。

　　感恩是中华民族的传统美德，自古就传诵着"羔羊跪乳，乌鸦反哺"的美谈，更有"滴水之恩，当涌泉相报"的处世箴言。但随着社会的发展、时代的变迁，人与人之间的关系也出现了一些不正常的现象，特别是在越来越严重的物质利益冲击面前，一些人变得越来越势利，越来越冷漠了：讲感情、重恩德的人减少了，讲实惠、重利用的人增多了；愿意"回头瞧"的人减少了，工于"往前看"的人增多了。但愿这是社会发展过程中的一个"小插曲"，文明进步大趋势下的一项"不良记录"。

　　当然，尽管自古就有"滴水之恩，当涌泉相报"的说法，但现实中对他人的这恩那情，因种种条件限制，或许人们都做不到"涌泉相报"，但至少我们应怀恩在心，知恩、重恩、念恩，不忘他人点滴之恩，像王培佐那样做一个有情重义的人。

　　同时，曹汉兰妈妈告诉我们，知恩、报恩是一回事，施恩不图报又是另一回事。是的，施恩是一种善举，施恩者心里总惦记着别人回报，甚至期望这种回报最好是超出自己的付出，这跟做生意、买股票又有什么区别？

妈妈的话　NO.48

把人从好处想、往善处劝。

—— 温中萍

温中萍（1953—2006），山东省济南市长清区人，出身于农民家庭，婚后在家务农、照顾家庭，后随丈夫农转非至新汶煤矿，自己做些小生意。温妈妈一生勤勤苦苦，任劳任怨，起早贪黑，凭自己的辛勤劳动贴补家庭；孝敬父母公婆，友爱兄弟姐妹，照顾丈夫儿子，深受家人的称赞与尊敬；平时性格温和，不善言谈，与人为善，从没有与人红过脸、拌过嘴，特别是在与人相处中，从不刁难、责难别人，更不会搬弄是非，是亲戚朋友的"知心人"。

▶ 语境介绍

　　李树坡①印象中的妈妈，是一个不善言辞的人，平时话不多，交往也少。也正是这个原因，小时候他有件事一直搞不明白：既然妈妈不善交际，为什么亲戚朋友都爱找她拉一拉家长里短，说一说大事小情，特别是有了烦心事儿都喜欢找她倾诉一下呢？在树坡的记忆里，每当这个时候，妈妈总是听得多，说得少，寥寥几句，但都能让亲戚朋友的情绪明显变好。有一次，他忍不住说出了心中的疑问，妈妈淡然一笑，对他说："其实他们来，大多是心里装了事儿的，说到底就是与别人产生了矛盾，这个时候一定要把人从好处想、往善处劝。就是让他们多想想别人的好处、多替别人想想，劝他们回去后主动化解矛盾、多做些好事。"

　　妈妈的话令树坡茅塞顿开，也让他感悟到人生的道理：与人相处，应当多站在对方的立场考虑问题，多想想对方的好处与难处，自己主动多做些好事，多做些有利于团结的事，同时也劝人多做善事、多行善举。这也成为他做人的一个基本准则，让他在学习和工作之中收获到许多真挚的友谊。

▶ 家训夹议

视角一变天地宽

　　温中萍妈妈不善言谈，却是做思想工作的"巧手"、典范，主要是她领悟到了与人相处的黄金法则：经常站在对方的立场上思考问题，多想别人的好处，多做善事、多行善举。试想如果每个人都这么想、这么做，与人相处就成了一件简单而又幸福的事情。当然，温妈妈能够这样劝别人，

　　①李树坡，温中萍妈妈的儿子，高中考入军校，历任训练团教员、军区机关参谋，现在山东省委党校工作。

前提一定是她一直是这样做的，是以自己的善良为基础的，正因为有了一颗向善的心，才能宽以待人、善以待人、和以待人。

正看成岭侧成峰，思考问题的角度不一样，得出的结论往往也有差异。人与人相处也是这样，站立点不同，对同一件事情的看法和理解就大不一样。现实中，人与人之间产生的矛盾与隔阂，大多并不是因为什么绝对的对与错，一般也没有什么不可调和的矛盾，而往往是因为处于不同的站位、从不同的角度看问题。所以，一个人在与他人相处的过程中，要善于站在他人的立场和角度思考问题，这样理解对方的所作所为就更容易一些，即使一时难以理解，也能求同存异、和谐相处；同样，自己做事情之前先设身处地地为别人想一想，所做的决定才会有最大的公约数，才更容易被别人理解和接纳。

不论是一个家庭、一个工作学习的集体，还是一个商业团队，要想发挥出大家的整体力量，就必须有向心力和凝聚力，需要团体中的每个成员都积极传播正能量，消除不和谐的音符，共同维护集体的团结与和睦。因此，人与人相处，应当有一个阳光的心态：多做一些利人利己的好事，多做一些有益于团结的善事，多营造一些互谅包容的氛围，为家庭的和睦温馨，为团队的奋发有力，进而为国家和民族的蓬勃向上，大家都来贡献自己的心智和力量。

善于站在别人的角度上看问题，就得及时、客观、全面地了解别人的情形。睿智的温妈妈给人做思想工作、化解矛盾隔阂，一个十分有效的方法就是先耐心倾听，深入了解事情的真实情况和别人的真实想法，帮着分析矛盾、问题的原因症结，然后用积极阳光的办法去稀释、去化解，而不是搬弄是非、加深误解。这样，就没有解不开的疙瘩，就没有解决不了的问题，就没有相处不好的伙伴。

劝人向善、与人为善，是先哲前贤们的谆谆教诲，是中华民族的传统美德，它有效地嵌入融进平凡母亲的"教子经"里，无疑是值得一代又一代传承延续的家风家训。

妈妈的话　NO.49

有情有义易，有始有终难。

—— 唐守荣

唐守荣（1941—2018），山东省滕州市人。这位生活在微山湖畔的农村妈妈，从小听着铁道游击队的故事长大，具有纯朴、善良、耿直、大度的性格。她当过民办教师和邮政局话务员，勤奋敬业，任劳任怨。她信奉真情，写就大爱，像对亲生父母一样悉心照料公婆；教育子女多做善事，不争名利；爱生活、爱家庭，更懂得爱国的道理，在经历大儿子参战时的揪心与牵挂后，毅然送二儿子参军入伍。

　　唐守荣妈妈的儿子刘文远①，1985年随部队赴老山前线作战，参加了举国瞩目的对越"5·31"防御作战、"12·2"出击作战等多次重大作战行动。作为机枪班班长，他带领全班战友勇往直前，完成任务出色，个人荣立二等战功。部队从前线撤回后，许多领导、战友专程前往家中看望唐妈妈，唐妈妈非常感动。她对儿子刘文远说："你们一起去打仗的战友，有的牺牲了，有的身负重伤，你比他们幸运多了，也多亏了他们的帮助，什么时候都不要忘了那些共患难的战友。不管离得有多远，要经常到人家里看一看，只要他们有难处，咱就要伸出手来帮一帮。有情有义易，有始有终难。做人贵在有始有终。"

　　妈妈的点拨，让刘文远更加珍惜来之不易的战友情义。几十年来，他对并肩作战的战友及牺牲战友的父母念念不忘，经常嘘寒问暖，谁家遇到难处就主动给予帮助。战友马家鹏，参加"12·2"出击作战时牺牲了，刘文远经常去他家看望，每年清明节都为他扫墓。战友孙彦杰战后患上严重精神疾病，连父母都认不清，却保留着刘文远老山作战时的一张照片。孙彦杰的女儿12岁时遭遇车祸左腿高位截肢，因家庭贫困，父亲残疾，一度失去生活的信心。刘文远常去看望她、开导她，给她买张海迪的书，讲张海迪的故事，鼓励她身残志坚、自强不息。在刘文远的帮助下，她重新认识自我，鼓起勇气，发奋学习，开设残疾人网站，帮助更多残疾人。之后，她被照顾安排到镇残联工作，并被评为滕州市"十大杰出青少年"，现在生活得很幸福。

　　刘文远是一个热心肠的人，也是一个低调的人，他为战友不知做了多少事，但他从不愿声张，总是以默默的实际行动，谱写着战友情深的美丽诗篇。

---

　　①刘文远，唐守荣妈妈的儿子，从部队退役后，先后任科员、办公室副主任、科长等职，现任山东省滕州市人力资源和社会保障局军转办主任。

不仅仅为了那个承诺

当年，不少一起参战的战友，出征前相互许下诺言，战后活着的人要照顾牺牲战友的家人，替他们养老尽孝。几十年来，这方面的感人故事不断在民间传诵，也时常见诸媒体。

有个成语叫"一诺千金"，是指许下一个诺言如同千金般珍贵。通俗地讲，就是说话算数，言而有信，言出必行，说到做到。刘文远和一些参战老兵用他们的行动告诉了世人，什么叫"一诺千金"。然而，他们几十年来不间断的善举，仅仅是为了当初那个承诺吗？应该说不完全是。

现实中，所谓的"诺言"满天飞。许多人酒桌上借着酒劲应三诺四，可第二天酒劲消了，说的话也不算数了。时间一长，人们也不再过多地在意酒桌上的那些话。当然，生活中兑现诺言的也大有人在，但这其中有许多人看重的是利益，在意的是价值回馈，一旦时过境迁，"诺言"便变成了"懦言"。自古说诺言珍贵，说到底还是践行诺言、坚守诺言实属不易。

其实，世间的诺言能够得到信守，最值得敬重的不是守诺者的"一根筋"，而是诺言内在及折射出来的东西。刘文远和一些参战老兵的诺言，不是用嘴说出来的，也不是用笔写出来的，而是用鲜血和生命凝结的，归根结底是心的呼唤，所以践行起来才深切，才久远。

人因一事一得一缘而顿生情义，此乃人之常情，即便速成速消也无可厚非，这也算得上和善之应。人因一事一得一缘而终生惜情重义，折射出的则是一种品位、一种境界、一种价值追求，这样的人才是大写的"人"。

妈妈的话　NO.50

我不烧香拜佛，但我相信多做好事、不做坏事，就一定会有好报。

——匡玉兰

匡玉兰（1936—），山东省胶州市人。她出生于一个普通的农村家庭，新中国成立后在当地一家卫生院从事医疗工作。她喜欢热闹，凡事都不往心里去，爱生活、爱美食。

匡玉兰妈妈是一个心地非常善良而又颇有主见的人，她说的"我不烧香拜佛，但我相信多做好事、不做坏事，就一定会有好报"这句话，与其平时为人处世的原则是相一致的。她从不占别人的便宜，乐于助人，也要求子女们不能做损人利己的事。儿子罗敬东①现在回想，妈妈当时之所以说这句话，是因为她身边的很多人都在信奉佛教或是基督教，也有人经常鼓动她参加，她尊重别人的选择，但她有自己的信仰。为了应对那些前来动员甚至"纠缠"她的人，她没含糊其辞、躲躲闪闪，而是旗帜鲜明地亮出了这样的态度。

家训夹议

头顶三尺有神明

常言说，不做亏心事，不怕鬼敲门。人做了好事，感动别人也感动自己，内心就会有一种成就感、轻松感，心情好身体就好，心气顺凡事也顺。人一旦做了坏事，内心深处就会觉得理亏，就有一种不踏实感、罪恶感，一有风吹草动就睡不着觉、吃不好饭，生怕遭到报复和报应。所谓的"人在做，天在看"，说到底是人性的良知在看。说"神明"在头顶，其实在心里。心理上的压力大了，重负之下"报应"也就来了。

研究表明，做好事有益于延年，做坏事真能减寿。英国研究人员随机抽取7000人进行长达9年的跟踪调查，发现乐于助人且与他人相处融洽的人，其健康状况和预期寿命明显优于常怀恶意、心胸狭隘、损人利己的人，而且后者死亡率比正常的人高出1.5倍到2倍。研究人员发现，人心

---

①罗敬东，匡玉兰妈妈的儿子，1980年高中毕业后参加工作，在当地建委办公室做一名职员，后离职自己创业至今。现任山东三森消防科技有限公司董事长。

存善念、积极思考时，人体会分泌出令细胞健康的神经传导物质，免疫细胞活跃，不易生病；而心存恶意、负面思考时会破坏身体机能，还会在血液中产生一种毒素。

"恶有恶报，善有善报"，这不过是民间的一种说法，尽管也经常有这方面稀奇且生动的"佐证"，而其中的逻辑性和科学性倒也未必非要去深究，只要心中常怀这样的意念就够了。古人的高明、民间的智慧，不在于求证这里面的深奥转换关系，而在于通过这种定性化的因果逻辑来警醒世人：多做善事，别做坏事；从善当奖，为恶必惩。这是一种"天理"，也是头顶三尺上方的那个"神明"。那个"神明"，头长两只眼，一只看人善、一只盯人恶；手握两支笔，一支画红圈、一支点黑点；手持两把剑，一把刻着"道"、一把刻着"法"。这般架势面前，或善或恶岂能无"报"？

烧不烧香、拜不拜佛那是自己的信仰，做不做亏心事那是自己的修养，最关键的是心中要有一杆秤，一杆是非秤。

妈妈的话　NO.51

要知道尊重人，人敬咱一尺，咱敬人一丈。

—— 路俊兰

　　路俊兰（1926—2013），河北省景县人。她生于一个忠厚纯朴的农民家庭，从小得到良好家庭氛围的熏陶。二十世纪四十年代来到天津，嫁给一个篆字的艺人，受到文化熏陶。新中国成立后，妇女在人权上发生翻天覆地的变化，她响应政府"妇女走出锅台"的号召，有了工作，还上夜校识字、补习文化。她朗读拼音字母的方法，子女们至今还记忆犹新，并影响了两代人。

语境介绍

路俊兰妈妈的娘家是一个大家族，父亲兄弟三个各有五六个子女，下一两代更是人丁兴旺。娘家的弟弟、侄子们在东北、内蒙古安家工作的也不少，路妈妈家和同在天津的姐姐家，便成为老家人南来北往的中转站，她家里经常是客人不断。这些来人中，有的来自城镇，有的来自乡村，有的讲究一些，有的则比较随意。在大城市长大的孩子们，对他们有的熟悉一些，有的根本就弄不清是什么亲戚关系，见了自然也有不够热情的时候。

为此，路妈妈总是教育引导孩子，待人接物要热情、有礼貌，要知道尊重人，人敬咱一尺，咱敬人一丈，尤其对农村来的亲戚更要尊重体贴。儿子张国强①记得，一次家里来了一位远门的亲戚，兄弟俩例行公事似的与人寒暄两句后，就跑到里屋去看电视了。过了一会儿，妈妈进屋狠狠地批评了他们一顿，使他们深受触动。

家训夹议

尊"卑"品自高

明末清初著名思想家王夫之，隐居湘西石船山下时有一则逸闻。有一天，一位朋友来拜访，王夫之十分高兴，倾其所有置办酒菜。两人把酒对酌，酣畅淋漓。天色将晚，朋友告辞。王夫之依依不舍，本想多送一段路，然而自己年事已高，又体弱多病，只能起身恭送朋友三步，郑重地说："君自保重，我心送你三十里。"朋友拱手而别，走了十五里，忽然

---

①张国强，路俊兰妈妈的儿子，1976年上山下乡，1978年考入天津医科大学。曾在天津一家三甲医院任主任医师。

想起雨伞忘在了王夫之家，又急忙往回赶，等他赶回到王夫之家门口，看见王夫之还毕恭毕敬地站在原地，"心送"朋友走完三十里。

王夫之的做法令人为之动容。后人说起此举，多从王夫之信守诺言、注重细节等角度来解读和赞誉。其实，从内心深处尊重朋友，才是核心所在。这位朋友不辞劳苦，远道而来拜访，王夫之备受感动，不能"身送"而用"心送"，既满含歉意更彰显他对朋友的敬重。这么一件"人敬一尺，则敬人一丈"的逸闻，便折射出王夫之这位思想大家的独特风范。

尊重人者令人尊重，尊重"卑者"更令人尊重。我（路秀儒）记得十多岁时，一个大冬天的早晨，家里正准备吃早饭，院子里突然来了一位素不相识的不速之客。来人约莫三十七八岁，是一位身强力壮的汉子，他说他还没吃早饭，想在这里要点吃的。那时，村里还没包产到户，家家粮食都不太够吃。我们村在四周算是搞得比较好的一个，但粮食也是很紧缺的，加上父母"过日子细"，每到秋冬一天三顿都是吃地瓜，吃得胃里直泛酸水。

这天早晨，母亲破例在煮地瓜粥的大铁锅四周贴了几个玉米面、小米面混合的饼子。听说这个陌生人来找饭吃，我心里一紧，担心饼子被别人吃了。同时心里也在想，给几个煮地瓜打发他走也算对得起他了。没想到，一向节俭的父亲把这人请到里屋的炕边，让他坐在饭桌旁与我们一家人一起吃了顿早饭。那热腾腾的饼子配上那热腾腾的地瓜粥，让那人吃出了一头汗，临走时直鞠躬道谢。母亲还直嘱咐那人戴好帽子，别感冒了。

父亲是个特别勤劳能干的人，也是个对钱财看得比较重的人，也不大心疼孩子。在我们姐弟心目中，他只会过日子。经过这件事，我改变了对他老人家的一些看法。

妈妈的话　NO.52

人有脸树有皮，多给别人留脸面。

—— 王复云

王复云（1937—），山东省淄博市临淄区人，生在农村，务农为生，里里外外堪称一把好手。她是个要强的女人，并且有智慧、有心胸，遇事善讲道理，总是考虑别人的脸面，从不与人计较，处理问题十分妥当，与左邻右舍相处融洽。丈夫中年时因车祸去世，自家又是从外地迁来的独门户，她一个人拉扯着四个年幼的孩子虽然艰难，但从没受到过不公正待遇。

语境介绍

王复云妈妈遇事多、受苦多，打年轻就自己出面在村里、队里处理大事小情。在与人打交道的过程中，她遇到过不少红脸黑脸的人，也遇到一些难缠的事，在自己心中留下很深的印痕。"人有脸树有皮，多给别人留脸面"，这是她做人做事的心得体会。她的经验是，做事永远不要以自我为中心，自己想怎么做就怎么做。要给别人留出余地，给别人好言好语，多给别人鼓励，多与别人协商；要将心多移到对方，多替他人想一想，即使别人有错，也要多问几个为什么，更要讲究方式方法，不能得理不饶人。她总是说，给别人留足了面子，反过来也给自己多留了条路子。

张学民[1]当初做企业，在与客户打交道，与相关企业搞合作，与进料公司争取原料时，经常遇到各种各样的问题和不顺利的事。这让涉世不深的他对接触到的人，对社会上出现的诸多现象产生怀疑与抵触，一度彷徨，失去信心。当他向母亲倾诉心中的郁闷时，母亲便开导他说，咱们搞企业，就要跟人打交道，合作中就免不了有矛盾有冲突，不管什么情况，都不能只顾自己，就是欠咱的钱，甚至不讲信誉，也要给人家留出脸面。这样，人家才能充分地认识到咱们是怎么对待他们的，问题才有解决的余地。

母亲的话对张学民做企业影响很大，"给别人留脸面就是给自己找出路"，业已成为他经营企业的重要理念。目前，公司上游原料供给充足，下游销售也在不停扩大平台，合作伙伴越来越多，相互都尊重契约精神，信誉满满。张学民说起母亲的话，客户群纷纷点赞。

---

[1]张学民，王复云妈妈的儿子，曾先后从事运输业、餐饮业，2006年成立淄博钧诚润滑油有限公司，任董事长。经过多年的创业、创新，目前企业已成功转型升级，成为集科研、加工、营销于一体的新型企业。

面子从来无闲却

中国人最讲面子。过去家里即便再穷，来了客人都要变着法地凑些酒菜，哪怕宰了正在下蛋的母鸡，哪怕先到邻居家借上几个鸡蛋，甚至到当铺换点酒钱，也不能慢待了客人。河南等地有给客人端酒的习俗，说那是对客人最高的礼遇，其实那不过是一种借口。酒是稀罕物，主人舍不得多喝，端酒既给足了客人面子，同时也给自己留了面子。

面子是人的一张无形的脸，一个人的自尊与尊严常常体现在里面。许多人爱面子，把人格、把道义、把别人怎么看看得比功利还要重很多，利益可以不要，面子绝对不能丢。

面子是人的一张名片，它折射一个人的地位、权威与分量，也彰显出他的人脉与气场。在很大程度上，面子大的人话语权才足、影响力才大，才有存在感。许多人摆架子、耍派头，争风吃醋、当让不让，要的就是一个"面"。

面子里更多时候流淌着的是一种交情，讲面子或是一种生活状态。许多人给别人帮个忙，不图别的，就是挣个面子、积攒些面子，或不好驳别人的面子，顺势给人家一个面子；一些人要办事，总是找有分量或关系近的中间人出面，借的就是他的面子；有些人做了没面子的事，想方设法去解释、去弥补，为的就是挽回自己的面子；等等。有了面子就神气，失了面子就泄气，这是芸芸众生的共态。

面子有时也是一块绝妙的遮羞布，或是一瓶自慰剂。当年，赵匡胤窃了人家的天下还要找个"正当"理由，竟然搞出个"黄袍加身"；也为了让交出兵权的功臣有个台阶下，又闹出个"杯酒释兵权"。前几年，许多年轻人羞于骑自行车出行，因为与有车族相比，那是非常"穷酸"的事，小伙子找个对象恐都受影响。然而，当自行车变身"共享单车"后，大街小巷骑单车的年轻人成群结队，因为那是种非常时尚的事，无车族再也不用担心别人笑话了。

自古至今，从大吏到小民，大凡稍有自尊心的人，几乎没有不看重面子的。对中国人来讲，面子倒像个挥之不去的幽灵，许多祸因面子而起，许多事因面子而成，许多情因面子而变，许多人为面子而累，甚至许多人就活在面子里。然而，无论成也面子毁也面子，无论亲也面子恨也面子，讲面子没有理由，没得商量，因为中国人就是爱面子。懂得了这一点，为人处事就要学着给别人留面子！

面子是把"双刃剑"，活在"面子社会"里的人们，当然不能不要面子，但也不能"死要面子"。硬撑的面子如泡沫、似薄冰；既要重面子，还要重"里子"，有血肉、有内涵地活着才踏实。

妈妈的话　NO.53

时间过得很快，人转眼之间就老了，但只要还能动弹，就要干些活，这证明你还有用。

————牛春华

牛春华（1941—），山东省博兴县人，出身于一个富裕的农民家庭。她在战乱和颠沛流离中长大，新中国建立后才得以进学校上学，学习成绩在班里始终名列前茅。凭着小学几年学到的知识，她结婚前在本村当了四年教师，到现在仍有读书看报的习惯。她性格随和，勤劳善良，宁愿自己受些难，也要帮助有困难的邻里或亲朋，而又最怕给别人增添麻烦。她的勤劳远近闻名，到现在近80岁了，仍然开荒种地，几个儿女常年几乎不用买菜。子女觉得受母亲影响最大的，就是学会了勤奋、节俭和诚实做人。

语境介绍

人民公社时代，牛春华妈妈就是四乡闻名的劳动能手。在农村实行联产承包责任制后，由于丈夫任村支书，平时大多忙于村里的工作，大儿子赵东洲①在外当兵，小儿子在校读书，后来又参加了工作，除特别忙的季节，家里基本就是她一个人种着地里的庄稼。有时为了抢时间，她甚至一个人通宵达旦在地里忙活。随着年龄的增大，东洲就商量着把地交给了本家的兄弟种。但她仍然闲不下来，除了在房前屋后种菜外，还在外面开荒种了些杂粮。当孩子们劝她要顾惜自己身体时，她说，时间过得很快，人转眼之间就老了，但只要还能动弹，就要干些活，这证明你还有用。还说，想想自己的年龄也不想再干了，但一想到能为孩子们做点力所能及的事情，心里就觉得很充实、很愉快，也就忘记自己的年龄了。

牛妈妈一生勤劳节俭，自强自立，遇事从不服输，尽管年近 80，仍坚持自给自足，轻易不向子女伸手。面对无法抗拒的自然规律，她有对时间流逝的无奈和对人生短暂的感叹，更多的是对子女的留恋与不舍。作为一个母亲，在感觉自己年老体衰的时候，首先想到的是在她有生之年，尽量为孩子们多做一些事情，起码不给孩子们增加负担，力争做一个有用的人。很多时候，望着母亲因劳累过度而变得佝偻的身躯和弯曲变形的手指，儿子赵东洲就不由得想到"春蚕"和"蜡烛"，想起那首古诗："春蚕到死丝方尽，蜡炬成灰泪始干。"

---

①赵东洲，牛春华妈妈的儿子，曾在部队任机关管理员、连队指导员，在人武部任科长、副部长。现任博兴县物价局党组副书记、副局长，被滨州市委市政府记二等功一次。

劳动人永远年轻

　　劳动创造财富，劳动也让人自立。翻多大的浪，就有多大的鱼；出多大的力，就会结出多大的果实。没有一个明白的妈妈会让孩子偷懒的。相反，她们不仅自己舍得出力，也会教育孩子们干活用力，就如有的妈妈所言："力气是攒不下的，劲越使越大"，"人没有累死的，只有病死的"。有耕耘才会有收获，守株待兔靠不住，不劳而获难长久。

　　劳动尤能体现自身价值，劳动者最光荣。劳动不仅让人有自食其力的自信，更有帮助他人、为家人分担的喜悦与满足。一个"有用的人"，对社会、对家庭是一种贡献，对自己来说则意味着没虚度时光、没空耗人生，仍在发着光和热，仍在不断加长着生命的厚度和长度。从某种意义上讲，放弃劳动就是放纵自我，放弃劳动也意味着放弃自我。许多退休的老人，离开工作岗位后选择的不是"颐养天年"，而是力所能及的劳作。他们知道，谋生不再需要劳动，而余生不能没有劳动！

　　长寿的老人爱劳动，劳动的老人多长寿。世上没有长生不老药，但有延年益寿剂。补品未必能延年，劳动注定能益寿。因为，劲越使越大，体格越动越硬，脑袋越用越活，精气神越活动越旺盛；劳动让老人自信"我还行"，收获让老人自慰"我还有用"，忙碌让老人忘记年龄。对晚辈来讲，孝老不要一味把老人"养"起来，敬老不能"剥夺"老人劳动的权利。

　　自强者自尊。少不要啃老，老也要尽量少些"依少"。还是牛妈妈做得好，只要动弹得了，就不要轻易"娇惯"自己的脑袋和手脚。

妈妈的话　NO.54

做人要实诚，待人接物要实在。

——路俊卿

路俊卿（1924—2017），河北省景县人。她在农村长大，没上过学，连自己的名字都不认识。17岁结婚，起初的十年丈夫在外地做工，她一直留在老家照顾公婆、年幼的姊妹，还有瘫痪的奶奶。她从没有参加过工作，中年曾靠着编篮子和给别人家带小孩来帮着维持家用。她是个安静的女人，脾气非常好，从小到大孩子们也没见她生过气。她能做一手好饭，最拿手的就是汆丸子。后来儿媳们跟着她学做饭手艺，却总是感觉缺少她的丸子里独有的味道，也许那就是母亲的味道。

1969 年，路俊卿妈妈的儿子张庆祥[1]，响应国家号召上山下乡。他记得走之前的那个晚上，躺在床上兴奋得睡不着觉，幻想着走出家门到广阔的天地去施展自己的本领。转身他看到母亲在一盏微弱的灯光下缝补一条裤子，他起身看过去，那是一条母亲前几天刚给他做的新裤子，便疑惑地问母亲为什么要补这条新裤子。母亲没有抬头看他，而是用轻弱的声音自言自语地说着："我给你补补膝盖，虽是条新的，但你走这么远，磨破了膝盖我也没法去给你补。到了那里要努力干活，听领导的话，做人要实诚，待人接物要实在一些，那你也不会吃亏。不求你出人头地，只要你做一个本分的人娘就安心了。"张庆祥认为，母亲说的做一个本分的人，延伸的意思则为"做人要实诚，待人接物要实在"。

家训夹议

"实诚"是个"护身符"

路俊卿是我（路秀儒）的姑姑，她出生、生长在农村，也不识字，但有大家闺秀的气质，到了晚年更显高雅富贵。她和姑夫张宝桐都是非常普通的本分人，都是一个对人掏心亮肺的实诚人。他们在天津生活，家族中南来北往的人经常在他们家歇脚、中转，不管是谁来了，不管家里多困难，他们都热情得不得了，自己舍不得吃的也要拿给客人吃，自己打地铺也要把床铺留给客人。这也让那些初来乍到大城市、没见过多少世面的农

---

①张庆祥，路俊卿妈妈的儿子，出生于石家庄，后随父母迁移到天津定居。1969 年响应国家号召到内蒙古插队，1979 年回到天津接替父亲，在天津市河东区土产公司工作。

村人，拘束感顿消。

姑夫早年来到天津就一直做学徒，生活得十分艰难。后来做了会计，工资收入高了，家里经济条件才有所改善。他在单位当会计当到70多岁（退休后又被聘用），一干就是50多年，能够坚守这么久，靠的就是一个实诚。

姑姑是个节俭的女人，一辈子勤俭持家，从不为自己添置什么物件，自己的衣服补了又补，逢年过节却要给孩子做新衣服，有点稀罕东西就想法捎给老家的长辈。姑姑也是个忙碌的女人，她很少去邻居家串门聊天，她好像有忙不完的事。后来姑姑为减轻姑夫的压力，编过篮子，也帮着别人家看过小孩。姑姑是个重情重义的女人，二十多年前我父亲重病卧床，七十多岁的她赶到老家，在病床前陪伴自己的弟弟一个多月，直到把他送走。返回天津时，还念念不忘地给我们交代要照顾好我们的母亲。

姑姑和姑夫都是高寿的老人，特别是姑姑，她93岁辞世。她虽然体格消瘦，常有小病小灾，却从没有给子女增添麻烦，晚年眼睛不好也总是做些力所能及的事。她一生很辛苦，没有享过荣华，也习惯了粗茶淡饭的日子。她总是告诉孩子们生活不易，要节俭度日才能为以后留福。姑姑一生也很有福气，晚年时光子女都在身边悉心照顾，孝顺有加，子孙满堂，也没有受什么病痛的折磨，在睡梦中与世长辞。她走时，我和弟弟前去送她，我们心中那种万般不舍只有自己才真正知道。

听表哥张庆祥说起，他也偶尔梦到姑姑，还总是她盘坐在床上，带着老花镜缝补衣服的画面。一丝阳光洒在她的身上，如此恬静、美好，自己也像是回到了小时候，在她身边环绕嬉戏。

人能有如此修行，也足矣！

妈妈的话　NO.55

力气没有攒下的，劲越使越多。

——侯美英

侯美英（1933—2013），
山东省高密市人。婚后育有两
女。她一生务农持家，相夫教
子，贤淑端庄，心地善良，友
善亲朋，颇受邻人尊重。

语境介绍

纪循菊①小时候在农村长大。每到小学放假时，学生们都要到生产队参加助农劳动。劳动中，孩子们大多都挺下力，纪循菊和姐姐虽身体单薄也从不示弱。可也有一些"心眼多"的孩子，干起活来十分力气用六七分，能偷懒就偷懒。收工回家后，纪循菊给妈妈说起干活的事情，妈妈表扬她和姐姐做得对，嘱咐她们不要与别人攀比，不要"小聪明"，用力干好自己的活，吃亏是福。最后，妈妈还说了一句让她今生难忘的话："力气没有攒下的，劲越使越多。"

"攒"是胶州土话，是保留、积累的意思。"力气没攒下的，劲越使越多"，说的就是干活要舍得出力气，不要斤斤计较，更不要耍鬼摸滑，力气是用不完的。寓意是，人要有积极向上的精神状态，无论回报如何，都要舍得付出，认真做好每一件事情。正是妈妈从小的朴素教育，让纪循菊树立了积极向上、乐于付出的人生观。

家训夹议

付出未必问结果

诸葛亮六出祁山，每次都无功而返。魏延是个有见识的人，他在北伐战略上与诸葛亮有明显分歧。他主张出子午直取长安，诸葛亮就是不予理睬。大智大慧的诸葛亮为何如此"撞了南墙"也不回头，"一根筋"地出祁山呢？凭着诸葛亮的才略，他能不知魏延的作战方针是一条出奇制胜之

①纪循菊，侯美英妈妈的女儿，现任山东省五金研究所所长，兼任山东省五金与衡器行业协会会长。二级教授，山东省有突出贡献的中青年专家，享受国务院特殊津贴。全国轻工行业劳动模范，山东省富民兴鲁劳动奖章获得者。

策？但他有他的考虑，又不便明说。

刘备三顾茅庐时，诸葛亮就拿出了三分天下的大策，这是深思熟虑的结果，也得到了天下大势的佐证。然而，先帝刘备托孤于他，他要高举"匡扶汉室"的大旗来凝聚朝野，明知伐魏不可为而为之，并不是要一个结果，他要的是一个既不冒险又显"执着"的姿态而已。那么，就为了这样一个"姿态"，诸葛亮和蜀国竟有如此之大的付出，值吗？应该说，算小账不值，唯算大账才值。这或许就是诸葛亮的一大"亮"点。

许多人做事功利性太强，凡事都要一个看得见、摸得着的结果。于是，眼前有利的事就急着干，有荣誉的事就抢着干，见效快、成绩显的事就拼命干，等等；反之，就悠着、"龟着"，甚至偷奸耍滑，该付出的不付出。过去"吃大锅饭"时，许多人在生产队劳动，出工不出力；包产到户后，出工又出力，加班又加点。在工厂车间干活也是这样，集体干时有些人"磨洋工"，还怨声载道；实行计件制、与薪酬拉钩后，"五加二""黑加白"地干倒也没什么怨言。这就是人的功利性，也是人性的缺陷。一个人功利性太强，就不可能有宏远的眼界和豁达的胸襟，看问题就容易肤浅，想事情就上不了档次，遇事难免要出现头疼医头、脚疼医脚的现象，该站出来的时候、该出手的时候也会瞻前顾后、疑虑重重，空有一身力气和功夫。

朱光潜认为，无论讲学问还是做事业，都要抱有一种"无所为而为"的精神。把自己所做的学问或事业当作一种艺术品看待，只求满足理想和情趣，不斤斤计较利害得失，才能有一番成就。人在世间过活，都有自己应该做的事，即所谓"有所为"；而他做这些事的价值在于做事的本身之内，而不在于外在的结果之内，这就是"无所为"。人有了"无所为而为"这种精神、这种心态，就会远离功利，也会"劲越使越多"。到那时，不想收获都难。

妈妈的话 NO.56

少说话、多干活，踏实做事、靠干立身。

—— 陈翠英

陈翠英（1943—），河北省故城县人，曾在本村生产队任队长。1974年至1979年连续被评为"村劳动模范"、县级"三八红旗手"，1979年被选为县级人大代表。她性格开朗，爱说爱笑，自幼爱好河北梆子、京剧，曾被县剧团看中拟做培养对象，但因家中其他兄弟姊妹外出读书，为照顾家而放弃机会。她针线活纯熟，小时家里姊妹兄弟4人的衣服、鞋、帽都是她采样缝制。为让孩子走出去开阔视野、多长见识，以她的观点再苦再累也要熬过去。丈夫是一名抗美援朝老兵，她军人情结深厚，把三个儿子中的两个送入部队。

 语境介绍

实干是陈翠英妈妈的本色。在村里，作为生产队长、"劳动模范"，她要带着大伙拼命干；在家里，为了全家人过上好日子，她要起早贪黑地忙碌。所以，她最懂得实干的意义和价值。她经常对儿女们说："少说话、多干活，脚踏实地，到哪都不能偷奸耍滑，投机取巧。踏踏实实做人，认认真真做事，才是正门大道。"

王洪涛[1]至今还清晰地记得从军离家的那天早晨，父母早早起床为他打点行装，父亲用自行车送他去乡武装部报到。临行前母亲站在大门口眼含热泪对他说："孩子，到部队好好干，少说话、多干活，踏实做事、靠干立身，争取留在部队。爹娘都在农村，什么都帮不上你，只有靠实干才能改变自个的命运。"

母亲的话始终激励着王洪涛，他无论走到哪里，无论哪种身份，无论在哪个岗位，都一步一个脚印地去干，靠实干增长了本领，靠实干赢得了领导信任，靠实干实现了母亲的愿望，至今还留在部队。

家训夹议

锯响就有末

小时候，村里把收完粮食的玉米秸、高粱秸等分给村民做柴火，由各家各户自己去地里收。在那个年代，这也是关系一家人生活的大事。那时大人们要为生产队出工，分柴火往往在上午收工后的中午进行，孩子们放学后也直接加入进来。每当看到需要用镢头一棵一棵去刨的满地庄稼秸，

---

①王洪涛，陈翠英妈妈的儿子，曾任武警烟台边防支队副科长，山东公安边防总队烟台接待处副处长、疗养所所长等职。

饥肠辘辘的我（路秀儒）总是愁绪难耐，不时地抱怨着："这么一大片地，什么时候能刨完呀！"这时，爸爸一边麻利地刨着秸秆，一边不假思索地说："眼是孬种，手是好汉！"

岂知，现实中远不及手的何止那双没有出息的眼，那张一张一合的嘴就总爱惹祸。所以，自古就有"言多必失，做多必得"的说法。所以，陈翠英妈妈就教育儿子"少说话、多干活"，不能只说不练，净讲大话空话。所以，王洪涛到部队后坚定了一个信念，就是按照母亲的叮嘱去扎扎实实做好每件事。新兵连是从军迈出的第一步，整理卫生、叠好方被、抓好训练是最基本的工作，他下定决心做到最好，班长怎么要求就怎么落实，再苦再累再麻烦也不抱怨。几个月下来，连队每次晚点名的表扬名册里都有他的名字。新兵下连前支队参谋长来挑兵，100名新兵中就把他选入机关当打字员。从军27个春秋，他就是这样按照母亲的教诲，一步一个脚印，脚踏实地走过每一天。

锯响就有末，有耕耘就会有收获。该说的话当然要说，而什么时候都不应忘记的还是陈翠英妈妈那句话：少说话，多干活！

妈妈的话　NO.57

没有理想就像汽车没有发动机，有了理想
而不奋斗就像发动机里没有油，都是摆设。

—— 扈学英

　　扈学英（1973—），山东省平邑
县人，出身教师家庭，中铁十四局集
团公司四公司职工，参加了许多重大
工程建设。她性格耿直，活泼开朗，
乐善好施，经常用自学的医疗知识和
备用的药物为他人解除病痛。她爱好
体育运动，多次代表单位参加上级运
动会并取得好名次；工作兢兢业业，
恪尽职守，多次受到表彰；支持丈夫
事业，孝敬双方父母，重视孩子教
育，使儿子德智体全面发展。

语境介绍

　　夏令①上小学和初中阶段，爸爸工作繁忙，经常加班加点，学习上的事主要由妈妈扈学英过问。上初二时，一天放学后，同学带他去网吧玩了一次游戏，从此便玩上了瘾，经常泡网吧，学习成绩直线下滑。妈妈帮他分析原因时，问他："人一定要从小树立远大理想，你的理想是什么？"他说还没想好。过了几天，夏令经不住诱惑，晚上趁大人睡着又去了网吧。妈妈醒后发现他不在家，便和爸爸出去找他。凌晨4点多，他刚回家躺下，爸妈急乎乎回到了家里。爸爸质问他去哪里了，说着掀开被子就要动手，妈妈则是心平气和地让他起来说清楚。妈妈问他上次说的想好了吗？他说想考个好大学，最好能上军校。妈妈说："没有理想就像汽车没有发动机，有了理想而不奋斗就像发动机里没有油，都是摆设。你有这个想法很好，但这样贪玩不好好学习，是不可能考上军校的。"

　　妈妈的话语很柔和，却深深刺痛了夏令的心。从此以后，他痛改前非，再也没有去网吧，而是把全部精力用到学习和锻炼上，成绩很快又上来了，身体也锻炼得棒棒的。上了高中，他更加努力，成绩稳步提升，以优异的成绩考上了军校，实现了人生的第一个理想。他深知，考上军校只是漫漫人生的第一步，今后将一如既往地以妈妈的教诲为动力，树立新的远大理想，并为之努力奋斗，用学到的知识为实现强军目标和"中国梦"多做贡献。

---

①夏令，扈学英妈妈的儿子，1997年2月出生，先后在济南市经十一路小学、育英中学、莘县一中就读，2015年8月考入解放军军事交通学院。

请走在我的身旁

孩子成长的过程常常是父母与孩子周旋的过程，也是个斗智斗勇的过程，完全不用大人操心的孩子少之又少。管教孩子是个大学问，眼下比当领导带团队还难，甚至比指挥官带部队冲锋陷阵都难，难就难在孩子的矛盾角色上：既是"皇帝"，又是"奴隶"。说是"皇帝"，是因为家庭一切围着孩子转，想方设法遂他们所愿，对孩子来说呼来唤去是"权利"，颐指气使"理所当然"；说是"奴隶"，是因为在学业上甚至个人"爱好"上，孩子根本没有发言权，大人的安排要求是"圣旨"，"无条件服从"是他们"唯一正确而又明智"的选择。如此矛盾、对立的人格与地位，逼得有些孩子学会了"阳奉阴违"，学会了神不知鬼不觉的"游击战"，变着法地与父母斗，最后斗得个一败涂地，斗得个两败俱伤。

一些长大成人的年轻朋友上网聊天，谈起自己"成长的烦恼"，有人发出了这样的感慨："不要走在我的身后，那样我会感到被人驱赶；不要走在我的前面，因为我可能不会跟随。请走在我的身旁，做我的朋友！"是啊，若真正把孩子当成朋友待，而不是让他们一边做"皇帝"一边当"奴隶"，就能把那种困扰孩子的"角色死结"打开，还他们以健康的人格与心态，成长中的孩子就会少几分无奈、多几分精彩。

扈学英妈妈对孩子，可贵就可贵在以朋友相待上，平等的身份、平等的态度、平等的语言，让孩子没了逆反而有了反思，没了被动应付而有了自觉奋进。都说响鼓不用重锤敲，岂知"闷鼓"何须配"重锤"？

妈妈的话 NO.58

谁也不会跟你一辈子，路还得靠自己走。

—— 吴秀鸾

吴秀鸾（1923—1992），山东省临朐县人。她出生在一个富足人家，5岁那年，长年在外经商、年仅25岁的父亲病亡，家庭境况从峰巅跌入谷底。从此，她养成了坚强豁达的性格、吃苦耐劳的精神和勤俭持家的习惯。她虽然没上过学，但聪颖灵巧，好多"技术含量"较高的活儿，常常是无师自通、一看就会。她不仅练就了一手"好针线"活儿，还精通裁剪，每次都力求尺寸得体、款式新颖。她积攒了大量"鞋样子"和"衣服样子"，直到晚年还分门别类、完好无损地保存着。

　　韩利嘉①从小生活在一个传统的家庭，父母期盼着他中学毕业能考上大学，门里出个"大学生"以光宗耀祖。但无奈时值"文革"，中小学停课，大学也停止了招生。山重水复疑无路，柳暗花明又一村。就在父母为他的前途焦虑之时，二十世纪七十年代初，他通过县统一组织的招工考试，分配到县城商业系统参加了工作，户口的性质也随之由农业户口变为非农业户口，迁到了县城，领上了工资，实现了"鲤鱼跳龙门"的梦想。

　　高兴之余，也是为方便他工作和生活，父亲专门筹措了 168 元钱，买了辆大金鹿自行车，作为他的专用交通工具。他们村在县城西北角，距他上班的单位不过三四里地，骑自行车也就一刻钟的路程。他平时吃住在单位，每隔三四天回家一次。回家的主要任务是把换下来的衣服送给妈妈帮着洗。记得参加工作的前两个月，每次回去，妈妈吴秀鸾都高高兴兴地帮他洗干净、叠整齐、包装好。到了第三个月回家，妈妈看到他换下来的衣服若有所思。等他喝过水、洗过脸后，妈妈说："今天我教你洗衣服。"他听了很高兴，不是想学习这门"技术"，而是借洗衣服的机会，可以与妈妈说说话儿。他忙找好洗衣盆，提来水；母亲找来搓衣板、肥皂、洗衣粉等。然后，妈妈极其认真地给他讲解洗衣服的动作要领和步骤：第一步，把要洗的衣服兜掏干净，特别是遇到有字的纸条要收存好，不能乱扔。第二步，把衣服放在水里浸泡半小时左右。第三步，对衣服领口、袖口以及特别脏的部位，打上肥皂进行重点清洗。第四步，全衣打上肥皂，浸泡 15 分钟后再到边到沿地反复揉搓。第五步，用干净水反复清洗，直到用过的水完全清洁为止。第六步，拧干水分，平整衣面，挂衣晾晒。第七步，待衣服九成干时取下平整叠好，以备穿用。

　　妈妈一边讲给他听，一边做给他看。第二天早上，妈妈把洗净叠放整齐

---

　　①韩利嘉，吴秀鸾妈妈的儿子，曾在大军区机关担任组织处长、干部处长、研究室主任、办公室副主任。

的衣服包装好，正式交给他，深情地说了让韩利嘉永远铭记于心、成为人生灯塔的那句话："谁也不会跟你一辈子，路还得靠自己走！"

家训夹议

真爱犹须把权还

刘备白帝城托孤时，刘禅在成都以太子身份监国，年17岁。按惯例，国君18岁可以亲政，但诸葛亮把持朝政12年，刘禅不敢有怨言。诸葛亮举全国之力屡屡北伐，刘禅虽不以为然，但他不敢有二言。因为刘备与诸葛亮有言：若嗣子可辅则辅之；如其不才，君可自为成都之主。诸葛亮定不会取而代之，但他可以换人。刘禅看透了，有诸葛亮在，他自己再有想法也白搭。久而久之，他干脆就不再有什么想法了，而是专心享受起皇帝的生活。都说刘禅是个扶不起来的阿斗，此乃谁之过？一味怨他愚笨懦弱、不争气，恐怕他也有点怨。"蜀中无大将，廖化作先锋"，蜀国人才之缺，当与诸葛亮事事不放手有一定关联。

人拄着拐棍注定跑不远，然而当今一些父母乃至祖辈偏偏愿意给孩子当拐棍。他们大活小差一一包揽，大事小情替孩子做主，上什么辅导班、考什么学、选什么职业，甚至找什么对象、生几个娃，都是大人定夺，孩子鲜有发言权。大人简直成了孩子的代言人、代理人，孩子们则成了大人的傀儡。其结果是，高智商、低能力的孩子越来越多，被社会淘汰下来的大多是这类人。

韩利嘉的父母非常疼爱孩子，小时候家里尽管不富裕，甚至经常捉襟见肘，但妈妈凭着她的勤劳和智慧，总是把日子打理得井井有条，让孩子们吃得热汤热饭，穿得整洁得体，使全家人穿着既舒服，又体面。他在县城上班后，父亲手头再紧也要凑"巨资"给他买辆自行车。然而，对孩子们疼爱归疼爱，该放手时则放手，让他们自己的事情自己学着办，自己的事自己思考、自己做主。韩利嘉在县城工作将近两年后，自己决心参军当兵。在那个年代，放着"商品粮"不吃，放着稳定、体面的工作不干，放着固定的工资不拿，别说父母想不通，就连周围的人都觉得可惜和不解。但是，父母思前虑后还是尊重了他的意见，父母的不同看法总要说出来，但他执意选择的路还是让他自己去走。要说爱这是真正的爱，要说负责这才是真正的负责。

妈妈的话 NO.59

孩子，妈妈不能用所谓的权力帮你，真正有所作为、令人敬重的人，靠的都是自己。

—— 刘延凤

刘延凤（1938—），出生在山东省长岛县一个贫苦渔民家庭。1959年春季，她在济南军区军事大比武中一举夺魁。1964年初夏，她在济南军区组织的大比武中成绩优异，受到罗瑞卿总参谋长的高度赞扬和亲切接见；参加济南军区和北京军区向毛主席等党和国家领导人现场军事表演，被毛主席赞誉为"神枪姑娘"。她曾任烟台地（市）委常委兼妇联主席、市政协副主席兼妇联主席，曾获得"全国三八红旗手标兵"等重大荣誉称号。

1986 年葛武①高中毕业。考虑到家庭的经济状况，刘延凤夫妇想让儿子早些就业，以减轻家庭的经济负担。按照刘延凤当时的身份地位，给孩子找一个条件好、有前途的工作不是不可能，但刘延凤并没有干预这件事。当儿子被直接分配到当时经济效益并不好的市铜材厂时，她觉得尽管知识青年不再上山下乡，但让孩子在基层一线摔打摔打也不错。

在葛武去铜材厂报到的当天，回家吃午饭时他哭了，因为在他到厂里报到时，有好几个老工人问他是不是从农村来的，又问他是不是城市郊区的，他说不是。接着，又当面议论说，这个孩子肯定出生在一般的家庭。工人们之所以这样议论，是因为这样一个连发最低工资都困难的企业，有一定家庭背景的孩子是不会来的。听到这些议论，葛武什么话也没说，有谁能想到他是一名市委常委的儿子。可就因为自己是一位领导干部的孩子，他就应当分配到这样的工厂吗？

听完葛武的哭诉和抱怨，刘延凤语重心长地跟儿子说："孩子，你不要抱怨我这位妈妈，妈妈不能用所谓的权力帮你，真正有所作为、令人敬重的人，靠的都是自己，不是靠家庭背景和父母。"

葛武听懂了妈妈的话，也明白了妈妈的用心，擦干了眼泪，默默地点了点头。他安心在厂里当了一名钳工，开始每天跟师傅学艺。下半年，他被厂里派到市西港区工地挖土方，一干就是半年，天天累得身子骨像散了架一样，连晚上睡梦中都直哼哼。看到儿子在这样艰苦的环境下工作，刘延凤不是不心疼。有几个知情的领导多次提出为葛武调整工作单位或岗位，都被她拒绝了。葛武就这样在铜材厂一干就是三年：为清理炉膛，高温 50 多摄氏度的烟囱他钻过；烧电焊把眼睛刺激得长时间见光见风就流泪。但他在厂里表现一

①葛武，刘延凤妈妈的大儿子，在工厂当过钳工、电焊工，现为烟台三站市场管委会工会主席。

直非常突出。后来工作单位几经变化，如今他成为一个市场管理单位的工会主席，是副处级的干部。

弟弟葛文①具有美术天赋，初中毕业后想考市第一职业中专学美术专业，但就因英语一门相差5分而未被录取。如果刘延凤说句话，就有机会完成孩子的梦想，并且对他这样有艺术专长的高才生，招生办有权灵活处理。刘延凤虽然觉得对不起儿子，但还是没搞这个特殊。无奈，葛文按照第二志愿考取了外贸中专。

毕业分配时，经抓阄他被分到了市粮油进出口公司。

刘延凤觉得一生最愧对的是自己的二弟刘延旗。1964年，刘延旗在姐姐的影响下在当地应征入伍，一直到1970年因工伤复员回家，后在村办的一家船厂上班。在六年多的军旅生涯中，他基本就干了一份打坑道的工作。长年累月在阴暗潮湿的坑道里超负荷作业，让本来很健壮的小伙子身体变得十分虚弱，并得了矽肺病。凭着刘延凤当时在驻军的威望，她可以为弟弟说情调换一下工作，争取一下提干，但却没那样做。弟弟因工伤复员，也可以评残享受国家的优待。当时担任副县长的她，只要一开口，部队上肯定会给这个面子的，更何况这本在情理之中。要是别人相求，刘延凤定会鼎力相助的。然而，就因为刘延旗是自己的亲弟弟，想要她出面说情，她怎么也做不到。就这样，刘延旗连个伤残军人证都没拿到，没有任何索取地复员回到了地方。

家训夹议

这里的"鸡犬"不"升天"

"一人得道，鸡犬升天"这句成语，人人皆知，常挂嘴边。它出自汉·王允《论衡·道虚》，传说淮南王刘安成仙，全家升天，连鸡狗吃了仙药也

---

①葛文，刘延凤妈妈的小儿子，市外贸中专毕业，曾在市粮油进出口公司做检验工作，公司被兼并后分流到市仲裁委员会，现任科长职务。

都升了天。后泛指一个人得势，他的家人和亲戚朋友都跟着荣华富贵。

这一传说虽纯属虚构，但它源于生活、源于现实，彻骨入髓地鞭挞了封建社会那种登峰造极的裙带关系。人类进入现代社会，这种裙带关系受到很大制约，但其余孽深存，淫威难灭，甚至一度无所不见其踪。"三爷"（少爷、姑爷、师爷）扶摇直上、"三边"（枕边、裙边、娘边）财源滚滚、"三同"（同桌、同乡、同缘）共富共贵，演绎了一幕幕"一人得道，鸡犬升天"的现代丑剧。作为市委常委的刘延凤倒是"得势"，但她的儿子和亲戚朋友谁也没有跟着一起"升天"。看来，升不升"天"不在得不得"道"，而在"得道"之人心中的"天"是什么天。

刘延凤心中的"天"，是清洁透明的天，是拥抱家国情怀的天，是孩子心头最湛蓝的天。葛武、葛文兄弟俩从上小学一直到参加工作，从来都没有说过自己是刘延凤的儿子，也很少有人知道这个内情，因为他们太了解自己的妈妈了。他们从来没有因为是刘延凤的儿子而自我炫耀过，也从未曾想过从妈妈那里在社会上得到什么恩惠和优待，因为他们心里明白，按照妈妈的性格，他们什么时候也不会享受到那种特殊的待遇。在哥俩看来，一生中能有这样一位公正无私的妈妈已经足够了，无须再去过多地索取什么。

与刘延凤相比，有些人包括一些高级领导，心中的天要小得多，并且常常是被"雾霾"充斥。他们拿着国家的高俸厚禄，享受着特殊的待遇，而满脑子想的都是上不了台面、见不到阳光的事，在"鸡犬升天"上挖空心思，不遗余力。然而，往往是"鸡犬"们升得越高摔得越重，升得越多摔得越惨。有的即便仍在"天"上悠着，说不定哪天就会摔下来。

茫茫人海，有挺拔方起浪花，有坚守方退浊波。刘延凤用自己的挺拔、自己的坚守告诉人们：这里的"鸡犬"不"升天"，"这边风景独好"！

妈妈的话 NO.60

靠打成不了人，靠骂成不了人，自己学好才能成人。

——崔大春

崔大春（1922—1990），回族，山东省济南市历城区人。她勤劳简朴，宽容隐忍，一生相夫教子，丈夫和儿女是她生活的全部。她虽然目不识丁，但极其重视和讲究儿女的管教与培养，在教育孩子上从来不简单粗暴，而是因情施教，用爱感化，润物细无声，让孩子在慈祥的母爱下学会自律，懂得感恩，走上阳光正道。

金圣峰①一家世代居住在穆斯林聚集的回民村，信奉真主，恪守清规，但同时也秉承了少数民族团结一致、英勇善斗的特性。尤其儿时的圣峰，血脉偾张，暴躁易怒，动辄会因为一句话、一点小事而与邻居或者同学大打出手，经常会出于所谓的义气而为本族兄弟两肋插刀，自认为那是英雄本色，义薄云天。那时候圣峰家里虽穷，但妈妈非常溺爱家中排行最小的他，妈妈和哥哥姐姐宁肯自己不吃也要让他吃饱喝好，所以在那个物质匮乏的年代，他依然膘肥体壮，一身的腱子肉。

圣峰10岁那年，与小伙伴们一块逃学参加了与邻村的大型械斗，仰仗着他的身强力壮和"英勇骁战"，打得对方头破血流、落荒而逃。回家后，早就得知消息的妈妈，阴沉着脸坐在床边，看着毛发无损的他泪如雨下，一言不发。妈妈的沉默让圣峰吓破了胆，惴惴不安地蹲在一边，一动也不敢动地等待发落。不知过了多久，妈妈啜泣着揽过圣峰的头，叹息着说："儿子，别害怕，妈不打你，靠打成不了人，靠骂成不了人，自己学好才能成人。你自己意识到自己的错误，自己愿意改正了，愿意走正道了，那样才行。妈不指望着跟你享福，妈就指望着你长大了能够做个有用的人，能够好好成家立业。你现在这样不爱学习只爱打架，怎么能让我放心得下？哪天我死了都闭不上眼睛啊！"

幼小的圣峰虽懵懂无知，但真的是被妈妈的这番话给震住了，"我要好好的，走正道，不让妈妈担心，不让妈妈再这样为我流泪"，是他那时暗暗发自内心的誓言。从那以后，圣峰彻底改变了自己，"金盆洗手"，一心向上，不为别的，只为让妈妈因生了他这个最小的儿子而自豪，只为有一天因他而改变妈妈贫穷的命运！

①金圣峰，崔大春妈妈的儿子，在部队当过连长，后晋职为团级干部，2005年转业到济南市公安局，一级警督。

后来，圣峰光荣地穿上了军装，并通过自己不懈的努力，以优异的成绩考入了军校。妈妈在他上大三那年不幸罹患肺癌，不舍地撒手人寰。虽然临走时没能与小儿子见上一面，但也走得没多少牵挂。

家训夹议

自胜之谓强

《韩非子全鉴》记载：子夏见曾子。曾子曰："何肥也?"对曰："战胜，故肥也。"曾子曰："何谓也?"子夏曰："吾入见先王之义则荣之，出见富贵之乐又荣之，两者战于胸中，未知胜负，故臞。今见先王之义胜，故肥。"是以志之难也，不在胜人，在自胜也。故曰："自胜之谓强。"

大意是说，子夏过去在家里学习前代圣王学说时，总会非常景仰；出门看到荣华富贵给人带来的快乐时，心中又很羡慕。这两种情绪在心里发生了斗争，分不出谁胜谁负，所以瘦了。后来，前代圣王的学说获胜了，所以胖了。一个人立志向的困难，不在于胜过别人，而在于战胜自己。能够战胜自己才叫作真正的强大。金圣峰的成长，就得益于"自胜"。

人天生就有惰性，乐于享受，喜好轻松自在。人一涉世就爱慕荣华，喜欢名利富贵。可以说，人这一生时时受到七情六欲的支控。但人毕竟不是动物，不能随欲而为、随趣而行、随乐而活。人要高尚起来、奋斗起来、成长起来、幸福起来，就不能迁就自己，必须有顺有逆、有扬有抑、有取有舍。这里面就有一个理性选择的过程，人与人的差别，往往就在这个过程中形成。然而，这个过程常常充满着较量，始终贯穿着激烈的斗争，哪种情绪占上风，哪种选择能获胜，直接关系到一个人走什么路、做什么人、成什么事的人生大问题。这或许就是"成长的烦恼"。

人内心深处的斗争结果，也时常受到外力的影响，特别是父母的正力干预。这尽管是一个人成长少不了的，但强力下的"弯曲"仍可能在外力减弱后复原，况且"将在外，君命有所不受"，父母也会越来越进入到鞭力难及的境地，毕竟成长中的个人也成长着自己的主见。所以，没有自己否定自己的阵痛，没有自己战胜自己的决心，没有自己超越自己的升华过程，人就不会真正成熟起来，强大起来，遇到事情照样是两种想法难分伯仲、两种情绪难分胜负，甚至良莠难辨，误入歧途。

人活一世不容易，要与天"斗"、与地"斗"，还要与人"斗"，但要胜天、胜地、胜人，就必须先胜己，学会自己与自己"斗"。

妈妈的话　NO.61

黑土洼只是一个小地方，外面的世界大着咧，只有好好读书，走出农场，到外面使劲闯闯，才能改变命运。

—— 王金兰

王金兰（1941—），甘肃省永昌县人。16岁那年，在国家最困难的时期，她来到祁连山脚下开垦戍边，先后在甘肃省八一农场当职工，在农垦战线上一干就是32年。开荒、种地、养猪、种菜、酿醋等她都干过，当过妇女突击队队长，同广大农垦人发扬"顾全大局，艰苦奋斗，勇于开拓，无私奉献"的农垦精神，硬是让戈壁变粮仓，自己却因为年轻时严重透支，染下一身的疾病。

黑土洼是祁连山下甘肃省八一农场的一个分场。过去的黑土洼是一片荒凉之地，人员稀少、交通不便、杂草丛生，经常有野狼出没，人们单独不敢远出。这里的冬天出奇的冷，特别是"嗖嗖"的西北风夹着雪花，吹到脸上如刀割一般。黄吉军[1]小时候只能在农场范围内活动，过年走亲戚，路过县城就是逛城了，书中的兰州、北京、上海只是个奢望。

黄吉军的童年一直在浑浑噩噩、懵懵懂懂中度过，最大的乐趣就是和一帮穿着看不出什么颜色、也极不合体衣服的伙伴们在草垛中摸爬滚打。他上小学时第一次到县城，才见到了汽车，才发现世界原来是这样的，也第一次对生活了十几年的农场产生了疑惑和不满足。农场有很多上海、济南的知青，母亲与他们共同工作，看到了他们的见识、洋气、先进，也开始想让自己的孩子拥有知识，像城里人一样有文化、懂礼貌、穿着得体。国家恢复高考后，知青们的高度热情与投入，也让母亲深深地感到，让自己的孩子考上大学，走出农场，到外面去闯，才会有好前程。她曾对黄吉军说："孩子，黑土洼只是一个小地方，外面的世界大着咧，只有好好读书，走出农场，到外面使劲闯闯，才能改变命运。"

当时的农场上学条件非常差，连队只有小学1至3年级，4年级开始，就必须步行1个多小时到场部上学，早晨6点出门、晚上7点多才回家。不到11岁的黄吉军，由于营养跟不上，骨瘦如柴，雨雪天、西北风、狼嚎声……让小小的他深切地感受到了生活的艰辛。特别是冬天，母亲5点就要起床给孩子们做早饭、准备携带的午饭，送他们到连队外的大路路口，一直到看不见身影才返回家中，天天如此。落后的地方、落后的生活，上学的艰辛、种

---

①黄吉军，王金兰妈妈的儿子。1986年参加全国统考，进入军校学习，毕业后留校任教，当过教员、参谋、科长、大队长、政委，后调任预备役军官训练团政委，现在山东省总工会工作。

地的艰辛，知青的言行、知青的返城，更加促使她坚定了"教育子女好好学习，考上大学，走出农场，改变命运"的思想。艰苦岁月中的她，总是重复着那句话，省吃俭用，想方设法让4个孩子吃饱穿暖，学有所得，奔个好前程。

家训夹议

路对就不怕路远

人在世上走，面前常常摆着许多条路供你选择，但哪条路都充满不确定因素，都有一定的风险，哪条路都不那么容易走，哪条路最适合自己也并不是一眼就能够看穿的。人生能走多远，自身价值能体现几何，在一定程度上要看当初的选择。选对了路，路再远也值得去走；而选错了路，越走就会越被动，走得越远输得也越惨。王金兰妈妈为儿子找对了路，黄吉军便有了美好的前程和人生，儿子怎么感激她都不为过。不过，人还是要自己学会找出路、做选择，妈妈不能跟随一辈子。特别是长大后，别人可以当"高参"，但也不能替你做决断。就如作家海明威所言："我们必须习惯，站在人生的交叉路口，却没有红绿灯的事实。"

人不仅要学会选择，还要善于坚持选择。适合自己的路、有利于自己的路，并不意味着是平坦顺畅的路，相反，很可能是难路、险路、远路。人生最大的悲哀不是没有选择，而是缺乏自信和毅力，因难而动摇，因险而退缩，因远而中断，一生忙碌在不断的选择中，朝三暮四，一事无成。路远并不可怕，路难、路险也不足惧，只要是自己铁心认定的路，就要一步一步走下去。这样，离成功的路程一定会越走越短。

当然，人生的路没有高低贵贱，而那些长期在恶劣环境、艰苦岗位坚守、耕耘、奉献的人更值得敬仰。但谁都有选择人生的权利和自由，那种不向命运低头、有更大抱负的人生选择和奋斗精神同样值得点赞。

妈妈的话　NO.62

不做绕树藤，女人当自强。

—— 孙桂兰

孙桂兰（1948—），山东省威海市开发区人，婚后与丈夫相濡以沫、艰苦创业，他们经营的个体诊所因为恪守"但愿人间无疾苦，何妨架上药生尘"的医德操守，更因为丈夫远近闻名的接骨技术而名扬威海。丈夫去世后，她用一年多的时间摆脱失去老伴的痛苦，在家潜心临摹素描，几年来已达到炉火纯青、让行家里手啧啧称叹的境地。同时，一只被外孙女淘汰的旧笛子吸引了她，如今，只要是她年轻时代会唱的歌曲，都会被她用悠扬的笛声吹得有声有色。她用一种积极乐观的精神感染着孩子，向社会传递着正能量。

语境介绍

车海英①一直在医院从事临床工作，事业顺利，婚姻美满，美中不足的是，丈夫是军人，一家三口分居三地。2001年，为解决夫妻分居的生活状况，她在没与任何人商量的情况下决然辞职，准备远赴千里之外的济南投靠老公。妈妈看到海英已经拖回家准备托运的行李，沉默了好长时间，最后涕泪纵横、语重心长地说："孩子，考上学有份正式工作不容易，怎么能这样草率地辞职？女人，一定不能失去自己的工作，任何时候都不要依附男人去生存。不做绕树藤，女人当自强！走到哪里都不要忘了这句话。"

车海英尽管已无法回头，但18年过去了，妈妈当年说这些话的语气，那种失望但坚毅的表情，经常浮现在她面前。她明白妈妈的心思，"不做绕树藤，女人当自强"可谓一针见血，女人再柔弱也不能依附于任何人，无论任何时候，都要做一个有独立担当、有独立经济能力、有个人精神世界的人，不给任何人增加负担，更不做寄生虫。妈妈的话时时提醒着她自强、自强！多年来，她虽安心在家相夫教子，但也从未放弃对事业的追求，儿子一上大学，她就走出家门，去开拓自己的人生。如今她生活充实，硕果累累，"满车"都是活力，母亲慈祥的眼神中也充满了赞许。

家训夹议

撑起自己那片天

过去在生产队干活挣工分，男劳力挣10分，妇女也就挣个七八分，因为那主要是体力活，女人干不过男人。现在不一样了，女人有自己的优

---

①车海英，孙桂兰妈妈的女儿，原为山东省荣成市某医院大夫，与军人丈夫结婚生子后，辞职在家相夫教子。儿子考入大学后，重入职场，活跃在营销第一线，家庭事业两不误。

势、有适合自己工作的岗位，男人创造的价值，女人照样能够创造。"妇女能顶半边天"，里面含着责任、透着担当，也寄托着信任与期望。

男女固然在生理、能力、性格上有差别，但这不是女人依附男人的理由，只不过是在"夫为妻纲"这一历史文化糟粕下，形成的偏见和陋习。

牺牲奉献固然是女人的优良品德，但人不能没有自我，一个失去自我、为别人而活的人，在别人的心中虽有时显得高大，但也常让人忽略与轻视。一个不敬重自己的人，也很难让别人包括自己的家人持久敬重。

人活在世上，有事业、有作为，有收入、有保障，就会更好地服务别人、减轻别人的负担，就会有更多的成就感、踏实感。女人会因事业而更加自信，因作为而更加美丽，因自强而更有自尊。

妇女解放喊了若干年，在这个开明的时代，束缚女人思维的主要不再是社会、不再是别人，而是自己。别人给你戴上的枷锁好打开，自己给自己戴上的枷锁要打开则较难。这需要那些持有"依附观"的人尽快"找到自己"，拿出魄力与识见，撑起自己那片天。

妈妈的话 NO.63

趁着年轻去闯荡，有多大能耐就使出多大本事。

—— 刘凤英

刘凤英（1931—），山东省栖霞市人。17岁就参加区上工作，中共党员，新中国成立后上过三年完全小学。她长期在供销系统工作，当过售货员、财务统计、会计。她勤俭持家，为人厚道，工作认真，严于律己，从不拿公家的一针一线。做售货员时，她一块糖也没给孩子吃，多次被评为供销系统先进工作者。她现住烟台市老年公寓，担任生活委员。她经常对孩子们说，要记住不是你的东西咱们不能拿，只要你不拿不贪，来什么运动也不会找到你的！

语境介绍

蔡学夫[1]1974年高中毕业后，响应"革命知识青年到农村去，接受贫下中农再教育"的号召，"上山下乡"到了栖霞县蛇窝泊公社南砦大队插队落户。由于工作积极主动，上进心强，村支部刘书记跟他讲："好好干，有机会一定推荐保送你上大学，将来一定会有出息的。"11月初公社选拔一批优秀青年作为入党积极分子，到公社党校学习培养，蔡学夫由于各方面表现突出被选中。母亲刘凤英听说后满意地对他说："孩子，我们为你的进步感到高兴。这是个接受党的教育的好机会，不要辜负村里对你的期望，争取早早入党进步。你已经长大了，要趁着年轻去闯荡，有多大能耐就使出多大本事，在社会上闯出一片天地来！"

当年年底部队来县里征兵，蔡学夫在母亲那席话的感召下，决心到部队这个大熔炉里去接受更大的锻炼，毅然放弃了上大学的梦想，抱着一腔热血选择了参军入伍。

家训夹议

写景放歌致青春

有人围绕《三国》曾做过这样的调查分析：20岁喜欢看关羽、张飞、赵云、马超、黄忠，因为这些人能打，年轻气盛；等到30岁的时候，就喜欢看诸葛亮，这个人聪明；40岁就喜欢看曹操，他有权有势；50岁喜欢看司马懿，他能忍；60岁的人，才喜欢看刘备，他会做人。这说明，人在不同的年龄段有不同的性情、不同的向往、不同的侧重。

①蔡学夫，刘凤英妈妈的儿子，曾在部队任参谋，转业后任镇党委常委兼党委秘书，烟台市委办公室副科长，信访局科长、办公室主任，市纪委纪检组副组长、监察室副主任。

人的处世资本是点滴积攒出来的，人生最得益的或是"读万卷书，行万里路"，最宝贵的东西是知识和经验，但有时也像下雨天里背棉花，越背越重。在一般人的眼里，年轻意味着少知寡识，意味着意气莽撞，意味着"做事不牢"。这不能说没有一点道理，但也难说没有偏见。他们固然"毛病"很多，但年轻人有年轻人的优势，并且他们的诸多优势恰恰就隐藏在某些"毛病"之中。与那些"成熟派"相较，他们闯劲足而顾虑少，一身轻而掣肘少，阅历浅而禁锢少，精气旺而挫感少，回路多而断涯少。他们是一张没有负担的白纸，"能写最新最美的图画"。看看历史上那些有大作为的风流人物，哪个不是起步于年轻时，甚至成就于气盛间，大器晚成者毕竟不多。

有一句广告词说得好：年轻没有什么不可以。天高任鸟飞，海阔凭鱼跃，人应该趁着朝气蓬勃的时候，轻装上阵去开拓、满腔热血去打拼，闯出一片属于自己的人生天地，即便摔倒了也有爬起来的力气，还有"东山再起"的机会。

青春易逝，岁月易老。人不必为已逝去或即将逝去的青春感伤，只要有一首自己用热血和智慧写就的青春之歌可来回味就足矣！

妈妈的话　NO.64

肯吃苦的吃苦一时，不肯吃苦的吃苦一生。

—— 韩克英

　　韩克英（1926—1999），山东省广饶县
人，出身于一个农民家庭。那个年代兵荒马
乱的，没能上学读书，但她从小就喜欢学
习、听戏，知道许多流传的故事，爱给子女
讲书说戏。她是个要强的人，也是个和善的
人，与左邻右舍关系融洽，从不与人争执，
是村里出了名的好人，家庭也是村里出了名
的好家庭。她重自律、重示范，不怕吃苦、
不怕操心，对子女要求严格，从小培养孩子
自律、自觉意识，谁想睡懒觉、晚睡觉、不
洗脚都不行，一个人顶起了一个大家庭。

韩克英妈妈爱给几个孩子讲故事说戏曲，她不光是讲一些有笑料的奇闻逸事，也给他们讲肯吃苦干大事的励志故事。她经常给子孙们讲村里的两家人，一个叫崔金五，游手好闲，整天打牌，几个孩子跟着效仿，东窜西跑，不肯吃苦受累，结果日子过得很艰难，儿子大了媳妇也找不上，混得一代不如一代；另一个叫李伟成，家里几代都是肯吃苦能干事的人，结果是一代比一代富，一代比一代有出息，一门出了好几个大学生。妈妈讲这两家截然不同的遭遇，就是从小给孩子们在心灵深处播下肯吃苦、多做事的种子，上紧敢于吃苦、肯于吃苦那根弦，长大后能够有出息、支起家来。她经常念叨："肯吃苦的吃苦一时，不肯吃苦的吃苦一生。"

在李春来①的记忆里，妈妈不仅重言教，更靠身教。她深谙美好生活都是从苦里熬出来的，有苦才能有甜，自身就很能吃苦受累，下地干农活、推碾、推磨、摊煎饼等，经常一个人干个不停。几十年来，春来从妈妈的"吃苦哲学"里深切体会到：人肯吃苦受累才能过上好日子，一时的苦可以换来一生的甜；不愿吃苦受累的人，投机取巧，耍奸使滑，图一时的"舒服"就会一事无成，一辈子在苦水中煎熬。

人间至味是苦瓜

苦瓜味苦，但营养价值特别丰富。研究表明，苦瓜具有清热消暑、养血益气、补肾健脾、滋肝明目的功效；苦瓜中的维生素 C 含量最高，能预

---

①李春来，韩克英妈妈的儿子，高中毕业后在村里任技术队长、团支部副书记；在部队曾任军、师机关参谋，团参谋长；转业后在淄博市临淄区交通局工作，担任道路运输管理所所长、副局长。

防多种疾病，有效成分还具有一定的抗癌作用；苦瓜还能排毒养颜，是天然的美容食品。于是，苦瓜菜、苦瓜汁、苦瓜茶成了餐桌上极好的菜肴、上佳的饮品。

苦瓜虽好，但并不是所有人都愿意接纳，原因就在于它那令人生厌的苦味。生活中那些爱吃苦瓜的人，有的是出于真心喜欢，喜欢苦瓜那种清苦回肠的味道；有的则是出于自迫，怕苦而又为了养生美容咬着牙硬吃一些，这让人想起当年越王勾践"卧薪尝胆"的那种悲壮劲。

苦瓜虽味苦，但与喝茶一样，吃起来一开始是有些苦，但渐渐就会觉得微微有些苦，吃得久了苦味就会若有若无起来，甘味、清香味就自然而然出来了。老年人大都喜欢苦瓜，因为他们已经品出了苦瓜中的至味；许多年轻人排斥苦瓜，是因为他们还不懂得品味把握。

生活何不像吃苦瓜。没有人不向往甜蜜的生活，没有多少人愿意自找苦吃。然而，人在世上过总是要吃点苦的，因为人一生不可能始终在蜜罐子里泡着；因为苦中有奋斗，苦中有感悟，苦中自有"黄金屋"。人生最扬眉吐气的时刻是苦尽甘来时，因为经历了千辛万苦才更能品出甘的高贵与难得，也会有一种成就感。正所谓吃得苦中苦，方有甜中甜。

人受心理暗示的影响很大，你越怕苦瓜苦，吃起它来就会觉得越苦；你不在意它的苦了，苦味也就变淡了。这方面应该好好向广东人学习，他们就把苦瓜叫作凉瓜。人生也是这样，不要像祥林嫂那样，总是把这苦那难挂在嘴上、刻在脸上，破坏别人的心情，也影响自己的情绪。应努力保持一种乐观的生活态度，把吃点苦看成是一种人生阅历、一种上苍历练、一种生活享受。果真能如此，那苦不等"兑换"立马就变成甜了。

现代的孩子们，大都生活在一种无忧无虑的环境条件下，不缺吃、不缺穿、不缺钱、不缺爱，就缺苦。爸爸妈妈、爷爷奶奶、外公外婆们立场极其鲜明、非常一致：再省也只能省大人，再苦也不能苦孩子。这是一种爱，但难说不是一种害。"肯吃苦的吃苦一时，不肯吃苦的吃苦一生"，韩克英妈妈的这句话，值得人们深思。

妈妈的话　NO.65

啥山高水远的，咱就蹚呗！

—— 黄德英

黄德英（1943—2015），出生于山东省济南市天桥区，父亲为北关火车站领工，少时家境优裕，自小读书至高小毕业。后来由于母亲身体有病，全家迁回到老家章丘区十八盘村。作为当时村里的文化人，她在当地一所学校做了教师。那时她性格开朗、活泼大方，与在某汽车大队当汽车班长的吴姓小伙一见钟情，恋爱成婚。婚后生活却很波折，一场官司打了将近十年，为此她与丈夫都失去了工作。她刚强豁达，与丈夫艰难地把4个孩子抚养成人。

1987 年的秋天，吴龙锐①刚刚 25 岁，由于一场祖坟的搬迁，给家里带来了十年的灾难。那些年里，日夜不得安宁，族家和村里人经常组织人到家里又打又砸。母亲时常半夜带着年幼的弟弟和妹妹到 10 公里外的政府去寻求帮助并躲避暴行。有一天夜里，又有十几个人到家里把父亲和二弟打得头破血流，吴龙锐忍无可忍了，只好放下工作，把父亲和二弟送到医院后，开始了寻求司法解决的诉讼之路。一年过去了，没有任何结果，日子像火烤一样煎熬，本来就贫穷的生活更是雪上加霜。本是坚强的父亲，经受多次打击之后也失去了原有的锐气。作为家中的长子，吴龙锐必须去承受这万斤重担。那时亲戚朋友见了他们都躲着走，"叫天天不应、叫地地不灵"的那种感受无法用语言来形容。

吴龙锐永远忘不了那一年的腊月初八，本来就很冷的山村里，呼啸的北风带着雨夹雪，他和三弟骑着自行车再次到 10 公里外的镇法庭寻求帮助，从早上 8 点等到下午 5 点也没见到法庭庭长。这一天他们只是在寒风中啃了个冷火烧。饥饿算不了啥，最难过的是回家的路已经被大雪封死。他俩只好扛着自行车一步一挨地往前挪，本来就不好走的山路，还要翻过一道山坡。由于雪深路滑，只好一手扶着扛在肩上的自行车，一手去抓着雪里的草艰难地向上爬行。手和脸被草丛里的针刺扎得伤痕累累，血流不止。10 公里的路整整爬了 9 个小时，到家已是深夜两点。筋疲力尽、痛苦和失望，使他对生活丧失了勇气。还在等候的母亲，看到儿子那流着血泪的脸，既心疼又难过，含着眼泪边往锅里下着她亲手擀的面汤，边心疼地对吴龙锐说："孩子啊，你是个男子汉，啥山高水远的，咱就蹚呗！"一个平凡母亲的一句普通的话，

---

①吴龙锐，黄德英妈妈的儿子，曾在济南第四毛巾厂、山东省政协联谊中心工作。由于心有梦想，不甘平淡，自费去上海求学，经过几年的努力与拼搏，现拥有自己的科技公司，主营智能化系统及环艺设计。

瞬间打开了他的心门。他想，是啊，家里已经到了这种地步，如果我不坚强，一个家都会倒下，我不但是母亲的希望，我是一家人的希望啊！只要能看到明天的太阳，我就要坚持下去。他擦干血泪，吃完母亲做的面汤，躺到床上一觉睡到天亮。

或许是他的坚定和执着感动了上天，吴家不但熬过了灾难，还有了幸福的今天。

> 家训夹议

掌控思维一念间

人的思维受情绪的影响很大，在一定环境条件的刺激之下，一念之间常常有翻掌之思、惊人之决。其实，从某种意义上讲，人一生何不是活在一念之间：一念哭，一念笑；一念进，一念退；一念生，一念死；一念善，一念恶；一念在天堂，一念在地狱……人的思维活动总是贯穿着斗争哲学：不是东风压倒西风，就是西风压倒东风；不是此念压倒彼念，就是彼念压倒此念。人一生不跟着感觉走，不走极端、不入歧途，不造成难以挽回的局面，最重要的是去精妙掌控这一"念"。

一念之间，有母亲醍醐灌顶般的点拨真好，但再好也得靠自己去醒悟。阿根廷著名作家、诗人博尔赫斯，一生文学创作成果丰硕耀眼，被誉为"作家们的作家"，生活中的他却屡遭不顺和不幸。庇隆执政期间，他因政治立场问题被革去市立图书馆馆长职务，被侮辱性地勒令去当市场家禽检查员。庇隆倒台后，他被起用为国家图书馆馆长，不幸的是，他当时因严重眼疾，双目近乎失明。婚姻生活也不如意，他长期独居，跟母亲在一起生活，直到68岁才结婚，而3年后又离异。后来与他的女秘书结婚，但几个月后他就因肝癌离世。

面对生活的磨难，他曾回忆说：我多次想到过自杀，但是每一次我都把它推迟了。人在考虑自杀时，所想到的只是，人们一旦知道了，会对他怎么看。很多人自杀，是由于他们怒火中烧。这是发泄他们的愤怒、实行报复的办法。好让别人觉得自己有罪，要对你的死负责。这显然是错误的。

掌控思维一念间，让它不脱轨、不翻车，这里面有规律、有门道。"对自己负责"，这便是博尔赫斯为人们提供的一个秘诀。

妈妈的话 NO.66

宁省囤尖，不省囤底。

—— 张贵珍

张贵珍（1949—），山东省平阴县人，祖上数代为私塾先生，历经"文革"浩劫与人为毁坏，家中尚藏古旧书籍数十本。她性格温和，待人接物宽宏大度、从容而随和，从来不对人发火，与亲戚邻居交往都保持着浓浓的情谊。她吃苦耐劳，年轻时在家学过缝纫，婚后一家老小的衣服都是她亲手缝制；家里的各种农活她都参与，也因此落下腰疼的病根，但从来没有任何抱怨。

语境介绍

张和龙①家当年一贫如洗，是爷爷、父母苦心经营，起早贪黑，一点一滴的积累，才使这个家有了质的变化。他弟弟出生的那个隆冬，寒风凛冽，冰封大地，家里没有烤火炉，土屋四面透风，幸亏一个亲戚送来火炉以及煤炭，让家庭度过这段艰辛的日子。妈妈现在回忆起来，还会热泪盈眶。所以，她每当看到孩子们花钱大手大脚，心里就很不是滋味。有一年，张和龙的弟弟投资成功，挣了一些钱，于是花费起来有些不理性，其中一件事就是在家里没人学钢琴的情况下，贸然买回一架价值不菲的钢琴做摆设。妈妈心疼得不得了，就用"宁省囤尖，不省囤底"这句老话教导了张和龙弟兄俩一番。

囤是农村储存粮食的器具，以前几乎家家都有。"宁省囤尖，不省囤底"，意思是说对囤里的第一粒粮食就要有计划地食用、有意识地节省，不要等到露了囤底再想节约的事。此语也在告诫人们，凡事要未雨绸缪，提前做出规划，不能盲目行事。

家训夹议

节俭者永远最光荣

"成由勤俭，败由奢"，这是古训。老一辈领导人穿着补丁摞补丁的衣服，甚至吮吸洒到饭桌上的菜汤，临终却把节省下来的工资、稿费等作为党费一一上交，这是革命家的风范。本书中介绍的母亲，绝大多数是从穷日子中熬过来的，缺吃少穿是那个时代的记忆，也是母亲们心中难以抹掉的画面，她们至今仍舍不得丢弃一粒米、一口饭，这是过来人的体悟和经验。

①张和龙，张贵珍妈妈的儿子，职业画家，现任中国国安集团特聘画家，山东省、济南市青年美术家协会会员，济南市书法家协会会员，出版各类画册数十本。

然而，不知从何时起，奢侈挥霍成了豪情大气，勤俭节约成了抠门小气，社交场上前者是昂头挺胸，一副英雄气派；后者倒是像做了什么亏心事，一脸歉意，一身无地自容。有人说，这是经济发展、财富丰厚带来的"后遗症"。这看似在理，实为歪理。西方发达国家的物质条件远远超过我们，怎不见他们如此奢华、如此浪费？

谁知盘中餐，粒粒皆辛苦。天上不会掉馅饼，钱是一分一分挣出来的，也是父母一分一分省出来的。现在固然挣钱的机会多了，收入也高了，但同时生活花费也大了。其实，大多数的父母手里并不宽绰，有的则是背着房债车债人情债艰难度日。孩子们，你们在酒店里大吃海喝的时候，在剩下一盘子、一桌子食物的时候，想没想过父母在干什么？他们在吃什么？

起落沉浮、福祸相倚乃世间的定律，人有富足的时候也有贫穷的时候。"盛时常作衰时想，上场当念下场时。"顺风顺水时更需谨慎小心，家境殷实时更应懂得节俭。

节俭从来就不是纯物质的范畴，今天物质上的富足湮灭不了节俭的本来价值与时代意义。奢侈浪费，导致的不仅仅是物质上的损失浪费，更重要的是精气神上的消耗衰变。物质上没了可以再生，精神上没了再生可就难了。要知道，优良的家风国风要靠世世辈辈代代相传，而不良的习气用不了多长时间即可酿蔓成势。

节俭不是抠门，会过不是吝啬。当用则万金不省，不当用则一文不费。如此拿捏，方为智慧。

妈妈的话　NO.67

省着省着窟窿等着。

——于兰英

　　于兰英（1943—），山东省青岛市即墨区人，出生在一个山海相接的小村子。她心灵手巧，女红针黹，样样拿手。她出嫁在本村，知书达礼，为人质朴善良，居家过日子是一把好手。那时，她白天和男劳力一样下地干活，到了晚上还要绣衣纳鞋，粘花编篮，辛勤地帮着补贴家用。勤劳节俭、要好要强，是她一生的本色。在一些关键环节、一些大的事情上，她总能知道哪头轻哪头重，懂得什么样的钱该花，什么样的钱一分都不能乱花。

于兰英妈妈平时话语很少，但"有福不种祖宗田，无福才穿压箱衣""吃不穷穿不穷打算不到一世穷""省着省着窟窿等着，用着用着菩萨送着"这些农谚俗语，却常挂在嘴边。宋红昌①记得上高中时，想买一部词典（当时多数学生只有字典），但家中一时并没有多余的钱，然而妈妈在说了句"省着省着窟窿等着，用着用着菩萨送着"后，就把积攒的鸡蛋卖掉筹够了买词典的钱。以至于此后宋红昌不管走到哪儿，都把这部词典连同母亲的心智与爱带在身边。

"省着省着窟窿等着"，其实是老百姓从日常生活中总结体悟出来的，凝聚着辩证法的朴素哲理，充满着文化智慧的要素。居家过日子，该省的必须省，有一定的积蓄才能应急，才能办大事；该花的也必须花，不能为了省而省。否则，节衣缩食省了半天，一旦因此大小出点事儿就有可能把牙缝里省的那点积蓄都"砸"进去。现实生活中这样的事例并非鲜见，有的人觉得倒掉剩余的菜太可惜，于是就留下来第二天吃，结果导致拉肚子，甚至严重食物中毒；有的人房子装修用料图便宜，甲醛等有害物超标而致癌；也有的把紧勒裤腰带攒下的那点钱攥得紧紧的，在投资或遇到其他机会来临时也舍不得拿出来，以至于失去钱生钱的机会。

红昌从多年的生活实践中深刻地领悟到，妈妈所持的这种"省着省着窟窿等着"的观念，归结起来就是，节省归节省，但该花的钱一定要舍得花，不该省的钱绝对不能硬省。从某种意义上讲，"越省越穷，越用越有"。

---

①宋红昌，于兰英妈妈的儿子，在部队当过指导员、教导员；2017年12月，积极服从军队调整改革大局，选择了自主择业。

真理前进一步是谬误

有个词叫"过犹不及"，意思是一个人过度省吃俭用，往往适得其反。居家过日子，确实需要把握好一个"度"，该省的必须省，一分钱都不能乱花；该花的钱，也不能紧攥着不动。尤其是日常生活中的吃穿用度所需要的钱，如果过分地"抠门"，很可能因小失大，引来填不满的"窟窿"，造成更大的损失。勤劳节俭，是中华民族的优良传统，什么时候都不能丢。但居家过日子还应根据一个家庭的实际收支情况来好好筹划，千万不能思维僵化走极端。

1644 年 1 月，李自成率百万大军进逼北京。朝廷调用吴三桂保卫北京，需一百万两银子的军需。大臣们反复上疏恳请崇祯，希望他能拿出内帑以充军饷。死到临头的崇祯，却一个劲儿地向大臣哭穷："内帑业已用尽。"左都御史李邦华急了，说：社稷已危，皇上还吝惜那些身外之物吗？皮之不存，毛将焉附？然而，崇祯始终没肯拿出一分一厘来保卫他的江山。"省着省着窟窿等着"，一个多月后李自成攻占北京，从皇宫内搜出的白银多达 3700 多万两，黄金和珠宝还不在其中。就这样，省了 100 万，丢了 3700 万乃至整个大明江山。

"好钢"必须要用，而且一定要用在刀刃上。生活中，有时不会因为你节省的那点就让你变得富裕，当然也不会因为你花费的那点就让你变得更穷。人的心理有时很怪，如果总觉得靠省能够过日子，那么就会缺乏破釜沉舟的勇气，就缺少奋发图强的动力。相反，如果敢于直面生活的困境，决心从根本上改变而不是安于或者应付这种现状，就会迸发出一种更大的动力去创造。小钱是省出来的，大钱是挣出来的。有了钱更知钱之贵，花用有度有节，而不能挥霍浪费；没有钱更知挣钱之迫，"开源"重于"节流"，而不是一味去省。

妈妈的话　NO.68

妈妈不要求你志向有多远大，只希望你能为自我定下一个一个的小目标，然后一步一步去完成。过后你就会发现，自我一直在前进。

——李王氏

李王氏（1945—），山东省淄博市临淄区人，性格温和，心灵手巧，乐善好施。她是一个地道的农民，没有什么特别的爱好，生活里更多的是劳动，这种日复一日的付出沉淀在她脸上的却是踏实、安然。她虽然不识多少字，但爱学习、有见识、悟性好，有她的人生哲理。

语境介绍

　　李安河①上学时，平常不怎么锻炼身体，一次学校运动会他报名参加了3000 米的长跑比赛，他觉得只要有劲往前冲，跑完全程肯定没问题。但事情并不是他想象的那样简单，在跑了差不多 1500 米之后他就跑不动了，不得不中途退场。一向上进心很强的他，为此心情特别沮丧。妈妈知道后鼓励他说，坚持不下来不一定代表你就不行，跑步也是需要智慧的。她举例说，日本有一位马拉松冠军，每次比赛之前，他都要乘车把比赛的线路仔细地看一遍，并把沿途比较醒目的标志画下来。比如第一个标志是银行，第二个标志是一棵大树，第三个标志是一座红房子……这样一直画到赛程的终点。比赛开始后，他就快速地向第一个目标冲去，等到达第一个目标后，他又以同样的速度向第二个目标冲去。40 多公里的赛程，就被他分解成这么几个小目标，比较轻松地跑下来了。李妈妈最后对儿子说："妈妈不要求你志向有多远大，只希望你能为自我定下一个一个的小目标，然后一步一步去完成。过后你就会发现，自我一直在前进，总有一天会完成自己心中的那个大目标。"

　　妈妈这句话的寓意深刻，让李安河懂得，人的成长进步宛如吃饭，甭管你吃多么大一口，一次肯定吃不饱，而只要坐在那一口一口地吃，不管一口多么小，总有吃饱的时候；同样，一个人只要每天进步一点点，日积月累，总会有大的成长和进步。

---

　　①李安河，李王氏妈妈的儿子，现任山东富东工程咨询服务有限公司总经理，曾做过不锈钢厨房设备销售经理。他曾多次无偿献血，荣获 2012~2013 年度全国无偿献血奉献奖铜奖、2014~2015 年度全国无偿献血奉献奖银奖。

思维要学会删繁就简

美国旧金山金门大桥于1937年建成后，经常堵得一塌糊涂。对此，管理部门很是头痛，不得不花费巨资征集解决方案。结果，中奖的方案出乎人们预料：把大桥中间的隔离栏变成活动的，上午左移一条车道，下午右移一条车道，堵塞的问题迎刃而解了。这正是："踏破铁鞋无觅处，得来全不费工夫。"金门大桥疏堵的成功，说明了一个问题："简单"，往往是解决复杂问题的有效思路。

我国理论物理学家贺贤土院士在核武器作用系统及非线性科学的相关问题研究中，很重要的体会就是善于运用分解研究的方法。他把整个系统和发展的过程，尽可能分成相对独立的、若干相对简单的子系统和不同的发展阶段，然后逐个研究这些子系统运动在不同阶段的物理规律。由于子系统因素少，相对简单而变得容易下手，掌握了各子系统的基本规律和起主导作用的因素，最后再研究各子系统间的制约关系，常常可以掌握复杂系统的基本运动规律。

思维学会删繁就简，有很多着力点、突破点，像郑板桥所说的"删繁就简三秋树，领异标新二月花"。而善于分解复杂体，将复杂的大问题变成数个相对简单的小问题，把看起来高不可攀的大目标分解成若干个相对容易实现的小目标，同样"领异标新"。这样既便于下手去做，又可以看到阶段性成效，而最关键的是能够始终保持着一种一步一步奔向终点的热情和信心。

妈妈的话 NO.69

只要肯扬长，老鼠也能制大象。

—— 邢玉英

邢玉英（1939—），山东省文登市人。她生在农家，从小吃苦耐劳，10岁时妈妈去世，16岁时跟随爸爸到烟台谋生。在烟台城建，她与男劳力一样在工地上修路拉车，常干重活；后到烟台砂轮厂，白天在车间辛勤劳作，晚上在家熬夜糊制纸盒，为厂也为家倾尽心血，多年被评为先进工作者。她对孩子管教很严，扮演着慈母、严父的双重角色。她待人仁慈宽厚，从来不说伤人的话，乐于助人，与邻居和朋友交往密切。

小时候，妈妈邢玉英经常给隋红光①兄弟俩讲"老鼠制大象"的故事。当时隋红光还小，没太当回事。

隋红光就业后，一直在工厂车间做一名普通工人，自己在学校学到的企业管理知识总是派不上用场，内心十分痛苦。妈妈看出他的心思，就对他说艺多不压人，你应该再学点实用的手艺，有了特长就不怕领导不器重你，"只要肯扬长，老鼠也能制大象"。经妈妈这么一说，隋红光就动起了学开车的心思，这在二十世纪八十年代算是很抢手的技术。

果然，在隋红光拿到驾驶证不久，就被公司老总选去做了助手。因为当时有知识的人不少，会开车的也能找到，而既有知识又会开车的人很稀缺。就这样，一个驾驶证竟成了他的"人生通行证"，自此他越走越顺，后来成了公司的副总。这时他才意识到，以小博大、以弱胜强，靠的是扬长避短。拥有别人不及的优势，并将其发挥到极致，便会有别人不及的收获与未来。这时他也真正理解了妈妈的用意，领悟了她经常说的"只要肯扬长，老鼠也能制大象"这句话的深刻内涵。

手握人生的"通行证"

到河北吴桥"杂技大世界"看表演，不禁被一个个轻巧的动作定住眼球，为一个个奇妙的绝活悸动咋舌。吴桥是有名的"杂技之乡"，杂技是一种历史文化传承，也是世世代代诸多贫苦百姓谋生的一种手段和本钱，里面有辛酸，也有饭碗。

---

①隋红光，现任烟台东方电子衡器有限公司副总经理。

莫说这些绝活是"雕虫小技"，它们能够流传于世、征服后人，就足见其不菲价值。有一本名叫《考工记》的书，是我国第一部手工艺技术汇编，成书于春秋末期或战国初期。书中叙述了"百工之事"的由来，分述了当时官营手工业和家庭小手工业的主要工种，"凡三十工"。这本书介绍的是手工艺，张扬的则是轮人、雕人、玉人、陶人、车人、匠人等工匠的智慧与专长。这些手工艺者在苦苦谋生的同时，也为人类做出了历史性贡献，从某种意义上讲，他们的人生价值并不逊于驰骋疆场的将帅。

当今社会，有文化、有知识的人越来越多，许多地方、许多行业"不缺人才，缺奇才""不挤冷门，挤热门"，许多高学历的人，竞争力远不如技校毕业的技工。于是，就出现了人往"低处"走的现象，有许多本科毕业生"回炉"上起了技校。这不能说攻读本科不好，而是说本科毕业生再学一两门技术，可上可下，高也成低也就，在日益激烈的社会竞争中会游刃有余一些，会更占优势一些。还是那句老话，艺多不压身！

特长，顾名思义，就是既"特"又"长"。技而不特，术而不长，"半瓶子醋乱晃荡"，今生注定"晃荡"不出个所以然来。人无我有，人有我精，人精我专，"术到极致，几近乎道"，才能鹤立鸡群，方显挺拔不凡。如果说特长是人生的"通行证"，那么还是把上面"特"与"长"那两个烫金字印得更醒目一些才好。

妈妈的话　NO.70

捞鱼摸虾，失误庄稼。

——汪立珍

汪立珍（1937—2016），江苏省南京市溧水区人。她出生时恰逢日本全面侵华，七个多月大时父亲就被日本鬼子用毒气害死。不到十岁，她就到吴家做童养媳，奔走田间地头，来回灶台院落，与婆婆一起支撑起十多口人的一日三餐。按自己的话说，扁担大的"一"字识不了一箩筐，但她识理更识礼。在生产队里，她有十分力决不使九分九；吃亏是福老是挂在嘴上。在被查出肝癌晚期的短短三个月里，她以超然豁达的心境迎接生与死的考验。

吴永亮①的老家是江南鱼米之乡，鱼虾欢腾之时，正是庄稼栽插、施肥、除草、收割、上场、储藏等关键时节。捞鱼摸虾，除了能改善生活外，还能挣一笔小钱，但与一年庄稼收成这个关乎全家人生存的大事相比，孰重孰轻，不言而喻。

吴永亮的童年时代，是物质与精神双匮乏的时代。那时，受成天上街振臂高呼毛主席万岁、毛主席最新语录不过夜、黄帅日记、白卷英雄等影响，"读书无用"成了主旋律。

有一天，吴永亮和村里小伙伴顶着炎炎烈日，将一段河渠戽干，看着鱼蹦虾跳，早把极少的暑假作业抛到九霄云外。晚上回到家，母亲汪立珍批评说：捞鱼摸虾，失误庄稼。他说，读书没用。母亲说：眼下没啥用，不一定以后没用啊！要是字没啥用场，那老仙人费劲巴力造它干嘛呢。

不久，利用卖猪的机会，在母亲的建议下，他终于有了一本同一斤猪肉价格相同的《新华字典》。打那以后，他利用空闲时间，把家里《毛泽东选集》（1—4卷）从头到尾读了几遍，不认的字就查《新华字典》。

母亲看他重视学习了，心里乐滋滋的，一般活都不让他插手。从此，吴永亮正式走上认字写字的道路。

人误地一时，地误人一年。几十年来，吴永亮不忘妈妈"捞鱼摸虾，失误庄稼"这句话，没因小失大，更没玩物丧志，而是勤奋耕耘，不断取得令人羡慕的成果：

他多次在山东大学等院校、全省报刊编辑培训班上主讲《编辑应遵循的出版工作规范》，在中小学主讲汉字的故事，在机关主讲《公文写作》；在省图书馆《大众讲坛》上主讲《敬畏汉字——从中国汉字听写大会说起》，反响

---

①吴永亮，汪立珍妈妈的儿子，现供职山东省新闻出版广电局，长期从事报刊、图书出版管理工作，为全国出版工作者协会校对专业委员会专家库成员。

强烈。2013 年至今，他在每年省局组织的全省出版社、期刊社编辑培训中担任授课任务。

他还在《青年记者》开辟"读报札记""话说部首""我读《现汉》"专栏，在《中学生读写》杂志开辟"字说字画""扑朔迷你""形似神非"专栏，在《祝你幸福》杂志开辟"字里情怀"等专栏。《现代汉语词典》第 7 版出版，采纳他近二十条意见。

他撰写的《跟着部首去认字》一书加印六次，连续两年进入山东省新华书店暑期学生阅读目录，2016 年进入全国农家书屋采购书目。《中国汉字的故事》《有趣的同体会意字》《有趣的异体会意字》等著作相继出版。

家训夹议

莫让繁枝遮望眼

人来到世上，一睁开眼睛，满眼都是新奇，满眼都是诱惑，满眼都是渴望；而人的困境就在于，常常被迫无奈地"雾里看花""水中望月"，甚至还要"林间远眺"。

世事纷繁复杂，甚至扑朔迷离，外面的世界既充满"精彩"又充斥着"无奈"，没有"拨开云雾见太阳"的眼力，就容易掉到沟里、摔到山崖下边去。人在世间行，有时更像在遮天蔽日的原始森林里跋涉，或"寻珍"或求生，艰难而成功地走过者多多，而也有不少的人走着走着就迷失了方向、迷失了自我。人生的苦和难、喜与悲，大多源于这里。

这山望着那山高，只缘身在此山中。人的眼力往往受到站位和环境的限制，再眼尖、再有洞察力的人，看人看事也有看不透、看走眼的时候。大诗人李白、杜甫的文才无人能及，而政治智商远不及文才。即便如此，他们最大的热情在"安社稷，济苍生"，一有机会还要从政。但他们做得越多，就败得越惨。他们的悲惨境遇就在于看不清自己的弱点，被自己超高的文才遮住了双眼。这是历史上诸多才华横溢文人墨客的通病。任何人要不被面前的繁枝茂叶遮望眼，重要的是正视自己眼界上的局限性，勇于承认、明智面对自己的"眼拙"之处，善借他人的慧眼，而不能过于自负。一个善于把别人的眼睛当作自己"望远镜"的人，注定是不会迷失的。

当今许多年轻人，虽然敬重自己的父母，但往往听不进父母的意见，总觉得他们文化水平低、见少识短、观念陈旧保守。实际上，路不会虚走，桥不会白过，过来人就是过来人，父母自有父母的卓识与远见。可以回头看看，那些没有被父母祝福的婚姻，幸福、长久的有多少？那些没有被父母看好的人生之路走顺、走远的又有多少？看来，要超越父辈，或许真要常用用父辈们这把"望远镜"。当然，唯命是从也不足取。

妈妈的话　NO.71

知足，也要继续努力。

—— 曾贤珍

曾贤珍（1934—2012），山东省烟台市福山区人，农民出身。她吃苦耐劳，在大队里累活脏活抢着干，挑大粪的事也不嫌弃，挣的工分比男人都高。她不识字，但教子有方，用自己的一举一动影响孩子，孩子从小就养成了爱劳动、爱学习、守规矩的习惯，家里的钱放在抽屉里从不上锁。她孝敬父母、公婆，持家有道，日子虽然清苦但过得舒心阳光。

与唐先生的相遇纯属偶然。

那是一个阳光明媚的午后，我（孙娘）驱车去烟台振华商场给妈妈修鞋。柜台前，两个年轻的小伙子接待了我。他俩说鞋修好的话，要等几天。我说麻烦能快点吗？我还急着回省城。话毕，其中一个店员问我，你干吗要急着回去？我说这次回来是采访几个人，准备写本歌颂母亲的书。他说你采访一下我们的老板吧！你看，货架上的这些包包都是老板护理的，在我们眼里他就是个艺术家。

让我预料不到的是，这俩店员再三劝我，让我一定采访他们的老板。我心里暗想，这老板一定很友善，从员工对他的尊重不难看出。

两天后，我去商场取鞋，只见柜台前站着一个中年男子，一个女客户正从他的手中接过护理好的包包。我在旁边仔细打量着他，中等身材，穿着不俗，蓄着一头过肩长发，但并不张扬，还真有点艺术家的范儿。

店员见我来了，马上过来做介绍。随后我和唐功顺[1]先生交谈起来。他是个从山里走出来的孩子，先是进制鞋厂工作多年，后来随着个人阅历和工作经验的积累，他选择在大商场开修鞋屋，顾客闻名而来，收入可观。然他并不安于现状，先后去杭州、上海学习奢侈品护理。他说我现在挺知足的，但知足也要继续努力。这也是妈妈的心愿，也是妈妈无声的教诲。

当我跟他谈起他的妈妈时，他特别动情。他说小时候冬天家里特别冷，妈妈每天早上烤好了地瓜递到他的被窝里，他吃完了再爬出被窝穿上衣服去上学，天天如此。

我问，妈妈的哪一句话成为你日后的座右铭？他说妈妈不识字，也说不出什么豪言壮语，但她会用行动告诉我，她怎么做，我就跟着学。她自己不识字吧，她还用树枝当笔，把着我的小手教我在地上写数字。小时候去山上

---

[1]唐功顺，曾贤珍妈妈的儿子，匠人，烟台皮特乐名品奢护中心创始人。

拾柴火，我每拾满一小筐，她就往筐里放上 5 分钱，每每如此。

与唐先生继续交谈了一会儿，我便告别离开。还没走出多远，忽然那个店员从后面追上来问，姐，你去哪里？我说我去地下停车场。或许怕我迷路吧，他主动把我带到转角处的直梯，并帮我按了层数。

与唐先生和他的店员相识是欣慰的。

在与唐先生的交谈中，他反复提到多念点书好。是啊，比起他们护理的那些奢侈品，知识是永久的奢侈品！

家训夹议

知足不满足，进取正当时

"知足常乐"，是人们经常挂在嘴边的一句老话。有人说，官大官小，没完没了；钱多钱少，总有烦恼。意在劝导人们看淡官位、淡化钱念，要懂得知足，活得轻松，不为提不了官而气，不为得不到名而恼，不为挣不到钱而苦。实际上，知足与幸福一样，都是一种感觉，知足者清茶淡饭也会感到很快乐，不知足者山珍海味也会觉得索然无味。然而，"知足常乐"并不意味着凡事都要知足，在许多情况下，既要知足，还要"不知足"；既要"不知足"，还要"知不足"。

有一位妈妈对在部队上当了军官的儿子说："孩子，你现在刮风下雨都发钱，混出来了，一定好好干，别对不起领导！"妈妈是在提醒孩子一定要知足，知足后怎么办呢，就是要好好干，在出力干工作上不能"知足"、偷懒，至少要对得起每月领到的那份工资。

一位新晋升的领导干部，上任前上级领导与他谈话，对他说："你这次能得到提拔，机会非常难得，但职务提升了，并不意味着能力随之提升，要努力胜任这个岗位。"上级领导是在提醒这位新晋职干部要知足，知足了还要"知不足"，看到自己的差距和短板，加紧提升能力去适应。

唐功顺小时候去山上拾柴火，他每拾满一小筐，他的妈妈曾贤珍就往筐里放上 5 分钱，每每如此。曾妈妈用行动告诉自己的儿子，做事要知足，但知足不能懈怠停步，还要继续努力，多出一分力就多一分收获。

知足是一种感觉，也是一种实实在在的状态。人在物质生活、名利地位上有了知足的感觉，说明具备了令他满足的物质、精神基础，知足的同时亦当知止；人在事业上有了知足的感觉，说明他积累了令他满足的奋斗资本，更有了继续前行的条件，知足的同时亦当知进取。

"知足常乐"中的"乐"，虽然含有为物质、名利上的满足而乐的成分，但"骨子里"还是为精神上的富足而乐；虽然离不开一定的基础条件，但核心的不是看"足"的程度，而是看"知"的感觉。"知足常乐"彰显的是人的一种精神境界，一种乐观情怀，一种处世态度。"知足常乐"应成为人生的动力，而不能成为贪图安逸、坐吃老本、不思进取的理由与托词。有人说，人生苦短，不要过得太平淡。小富即安注定会带来庸淡，坐享守成最终要走向惨淡。人生的精彩在哪里？或许在当下，但更在不停地奋斗中，在"更上一层楼"的明天。

妈妈的话 NO.72

人不学，咋知道？

—— 郝志果

郝志果（1952—），山东省蓬莱市人。生活中的郝妈妈务农持家，性格开朗，与人为善，孝敬老人，关心兄妹，为家庭呕心沥血。尤其在照顾公婆上她堪称楷模，结婚40年从未跟公公婆婆红过脸、吵过嘴。特别是在婆婆生病卧床两年间，她床前床后细心照料，不嫌脏不嫌累，没有任何怨言，得到了家庭的认可，受到了乡亲们的赞誉。

褚维松①当兵的第二年，考军校落榜，心灰意冷，打算退伍回家。休假探亲时，刚到村口，碰见的街坊邻居对他说："你可回来啦！你妈病倒了，快回家看看吧！"他立马慌了神，撒腿就往家跑，到家后才知道：前段时间，妈妈在房顶上晒粮食，不慎从上面跌落摔伤。时逢军队考试，妈妈怕影响他没让告诉。知道情况后，维松含着眼泪对妈妈说："妈，我不是上军校的料，我要退伍回家照顾你们！"妈妈沉默许久，忍着疼痛对他说："你上学的时候就不爱学习，三天打鱼两天晒网，考军校的时候听说也学得不努力，现在一次失利就要回家。人不学，咋知道？你自己掂量掂量，你这次考军校尽力了吗？不好好学习，咋能考得上？如果觉得尽力了，你就退伍回家；如果学得不认真，你就抓紧回去好好复习。我和你爸能照顾了自己，你放心！"妈妈的话就像一记响鞭，惊醒了迷茫中的维松，也彻底改变了他的人生轨迹。

维松回到部队后，在工作之余利用点滴时间认真复习，好多战友都说他休假回来变了个样。功夫不负有心人。2000年，他如愿以偿考入军队院校。

实践让褚维松对妈妈的话理解至深：不论做任何事情，不主动去学、去悟，都无法知道其中的道理，更无法获得最后的成功。从那以后，每当遇到人生难题，他的耳边总是响起妈妈的"人不学，咋知道"，并激励着他正视问题、分析问题、解决问题，不断取得进步。

---

①褚维松，郝志果妈妈的儿子，曾在野战部队当排长，在训练机构当教员，在大军区机关当参谋。现为济南军区善后办正团职参谋。

学习，别给人说没时间

"人不学，咋知道?"，一位普通妈妈教育儿子的话，与《礼记·学记》中的"玉不琢，不成器，人不学，不知道"不谋而合。她用朴实的语言讲述了一个深刻的道理：人若是不学习，就获取不了知识，无法懂得道理，也就不能获得成功。

"腹有诗书气自华。"学习是对人心灵的洗涤和升华，决定一个人的修养和品位，也决定一个人的基本素质和素养。持续学习的过程，是品出人生真味、领悟人生真谛、取得人生真经的过程，是一个形成正确的世界观、人生观、价值观的过程。肚里有货、心中有数，才能够在遇到困难和问题时，平心静气，沉着应对，做到"每临大事有静气"，快速地判明事实真相、抓住问题核心本质，稳妥有效地应对。

梦想是从学习开始的。学习能够为事业和工作进步提供强大推力，每个有所成就的人士，无不是善于学习、刻苦学习、终身学习的典范。新时代正在发生着日新月异的变化，改革攻坚期、发展关键期、经济转型期，让知识更新更快、形势发展更快、信息传递更快，如果不加强学习，单靠透支知识储备，就很可能跟不上形势而落伍。唯有那些不懈学习钻研，不断丰富知识、更新观念、补齐"短板"，努力把学到的知识转化为工作上新思路、生活上新观念的人，才能跟上时代的发展。

人以学而立，立以德为先。学习还是修身立德、陶冶情操的重要途径。读书学习的过程，是我们静下心来与圣人交心、与贤者谈话、与心灵交流的过程，可以让我们的内心真正安静下来，去除杂念，愉悦精神，淡泊宁静，塑造人格；可以让我们平心静气地反思自己的不足，修正我们的利益观和地位观，哪怕是内心深处的灵光一闪，也可能在以后的关键时刻产生重要影响。你走过的路、看过的书，都藏在你的气质里。

学习是一种生活方式，是一个永恒的人生话题，活到老当学到老。尽早养成良好的学习习惯，不断地在学习之中涵养自己、完善自己、提高自己，将会使自己终身受益，人生不仅不会因体衰而褪色，反而会随着学识的累积，不断进入新境界。

一幅漫画中讲，"没有时间学习的人，有了时间也不会学习。"所以，说起学习来，最好别给人说没时间！

妈妈的话 NO.73

脚是江湖嘴是路，只要肯问不迷路。

—— 涂正华

涂正华（1939—），四川省自贡市沿滩区人，幼时家境殷实，后逐步衰落，由城区到乡下。她女中毕业后，在乡下卫生院工作，后转入企业，辗转多地，当过保管员、会计。她性情通达，遇事有主见；为人善良，与亲戚朋友相处融洽，对生活有困难的家庭乐于帮助。自1978年起，40多年来她一直精心照顾身体残疾的弟弟，没有任何怨言。

1986 年，王先桥①考入武汉军事经济学院。到学院报到，从未出过远门的他要独自一人坐车到重庆，再从重庆坐船到武汉，心里有些惶恐。因为到重庆后，要找一个从未联系过的人取船票，再到码头上船，所以他害怕找不到路，错失船期。妈妈涂正华看出了他的心思和为难的情绪，就鼓励他说："脚是江湖嘴是路，只要肯问不迷路。"又进一步说："今后你在社会上闯荡也是这样，只要爱学肯问，一生就不会迷路。"

妈妈的话让先桥回味无穷，终身受益。在几十年的军旅生涯中，每次遇到大事、碰到难事，他都从内心叮咛自己稳住脚跟，多问多思。他虚心向老同志和有专长者请教，耐心与部属切磋交流，从中增长见识、吸取智慧、寻找办法，从而使问题顺利解决，任务圆满完成，自己的本领也不断增强。

家训夹议

有学有问好长学问

当年在英国剑桥大学，维特根斯坦是大哲学家穆尔的学生。有一天，罗素问穆尔："谁是你最好的学生？"穆尔毫不犹豫地说："维特根斯坦。因为，在我所有的学生中，只有他一人在听我课时，老是露着迷茫的眼神。老是有一大堆问题。"罗素也是个大哲学家，后来维特根斯坦的名气超过了他。有人问，"罗素为什么落伍了？"维特根斯坦说，"因为他没

①王先桥，涂正华妈妈的儿子，军校毕业后在团、师、军、大军区级机关任职，历任助理员、股长、参谋、主任、副团长、处长、副部长、代副师长、保障局副局长，现任军分区司令员。出版《装备财务实用手册》一书，成为全军装备财务实用教程。

有问题了。"

大哲学家与平常人相比，没有多少特别之处，要说特别，就是学得多、问得多。苏格拉底说："我自知我是没有任何智慧的，所以我要问。"问是开山的斧，问是深耕的犁，学问归根结底是问出来的。

问，不仅仅是问未知，更在问"已知"，贵在提出疑问，请人解答，也就是我们通常所说的"质疑"。心理学研究表明，"疑"易引起人的定向研究反射，有了这种反射，思想便应运而生。世界上许多新见识、新发明、新创造都是源于疑问、基于问题提出的。化学元素镭的发现，就源于居里夫人对实验废弃物中发光现象的疑问。古人云："疑者，觉悟之机也，一番觉悟，一番长进。""学贵有疑，小疑则小进，大疑则大进。"那么，"不疑"当然就不进了。说白了，学问就在你不断的深思中，在你不断的质疑中，在你的疑结被解开中。

学问不是装出来的，是学出来、问出来的，不知就问、不懂就问、不认同就问，并不丢人，丢人的是那些不懂装懂、夸夸其谈者。问人不吃亏，吃亏的是不问人。嘴勤消耗的充其量是唾沫，得到的却是尊重和知识。而嘴懒也没攒下什么、享受到什么，倒是让人看到了几多虚荣、几多无知。

嘴懒，说到底是脑懒。人体唯一越用越好的器官是大脑，还是让脑子动起来吧！既长学问、又防"脑痴"的事，何乐而不为呢？

妈妈的话　NO.74

爹娘没文化，穷了一辈子，你们要好好读书才能有出息。

—— 张李氏

张李氏（1927—1997），山东省嘉祥县人，出生在贫苦农民家庭，没上过学，不识字。她性格温柔，待人和蔼。她从40多岁就疾病缠身，骨瘦如柴，60多岁后身体肿胀，眼睛模糊，药物不断。在缺吃少穿的情况下，她以坚强的毅力拉扯大5个子女。她对生活从不放弃，对子女寄予期望，临终前有气无力地重复以前说过的话：我没有让你们享福，让你们跟我受罪了。你们要好好读书才能有出息。

张长青①父辈兄妹五人，有3人因生活所迫闯关东，在东北煤矿工作生活，几年都不能回家，多以书信往来。家里接到信件很是高兴，可读写不了，只能求村里个别认字的人代读代写。会读书识字的人要么是村官，要么写写画画做轻松活，要么在城里有工作，都是村里很受尊敬和眼馋的人。为了让子女好好读书，母亲真是操碎了心，卖了院里的树来买书本和学习用具，省吃俭用、东拉西借也要孩子们上学。她总是说，爹娘没文化，穷了一辈子，你们要好好读书才能有出息。

"文革"期间升高中不是根据成绩，而是贫管（贫下中农管理学校）推荐。那年生产小队共3名初中毕业生，只能推荐一名上高中，贫管为难，让大家抓阄。张长青没抓上，便既失望又无奈地回家干农活。两年后，国家恢复高考制度。张长青想继续读书，父母特别支持，就卖掉家里的几斤鸡蛋和可以卖的东西，求人让他到姐家所在的梁山县去上学，并考上梁山县一中。经过两年的艰苦努力，终于被军校录取。去军校报到时，他仍穿着带补丁的破旧衣服，带着几个熟鸡蛋和几块钱的路费。在军校他把每月7元钱的津贴省下5元，等放假时带回家中贴补家用。

 家训夹议

穷根不拔难言知足

张长青回想起小时候家里的境况，刻在心头的就是那个"穷"字。家

①张长青，张李氏妈妈的儿子，在部队曾任协理员、营长，后转业到烟台市牟平区人民检察院工作。在省级贫困村任第一书记的三年间，他带领乡亲修山路、整水库、打水井、种植果树、注册林场、上光伏发电设备，协调帮助解决历史遗留问题，使该村基本脱贫。

里祖祖辈辈是农民，没有什么文化，也没有见过什么世面，吃的以地瓜为主但也不够，有时还要吃树叶和毛草根，穿的是破旧衣服，一年四季在贫困中艰难度日。张长青的妈妈对儿女最愧疚的也是这个"穷"字，她总是责怪自己没本事、没文化，最期盼的就是去掉这个"穷"字，让自己的儿女过上好日子。她认定只有好好读书，有了文化知识才会有出息，将来才能生活得好一些。于是，再穷她也想方设法供孩子们读书。张长青没有辜负妈妈的期望，靠读书、凭文化改变了自己的命运，也把那个"穷"帽子"甩到太平洋"。

改革开放后，国家在下大力抓经济的同时，花费很大的气力抓教育，在解决温饱的路上致力挖穷根，老百姓富了，富在了好政策上，也富在了文化知识的普及上。然而，在这个过程中一些人又犯了短视症。有的只看到眼前的几个钱，早早地让孩子下学出去打工，省了学费、挣了工钱，鼓了腰包。这样，穷是不太穷了，但如此下去，世世代代岂不又陷入一种低层次的徘徊，或说步入"温饱型贫穷"，这与过去祖祖辈辈们在黄土地上的简单重复又有何异？

人富了并不意味着穷根没了。对没有文化、没有知识又不懂得学习文化、补充知识的人来说，即使有了钱、过上了好日子，在一定的土壤中穷根可能也会重新发芽，"返贫"也不是危言耸听。社会发展一日千里，没有文化、没有知识就会落伍，在日益激烈的竞争中，同样会被"甩到太平洋"；市场如战场，处处有陷阱，没有文化、没有知识就分不清良莠，就容易上当受骗，富翁也会变成穷光蛋。从这种意义上讲，穷根也是祸根。

今天，物质上贫穷的问题基本解决后，让人最担心、也最可怕的是精神上的贫穷。一些人腰缠万贯，但说出话来粗俗不堪；有些人为富不仁，行起事来龌龊不堪；有些人精神空虚，沉溺于物质享受，痴迷于酒桌牌桌，虚度着大把大把的时光，年纪轻轻的颓废不堪。他们精神上的贫穷不解决，物质上的贫穷迟早会来临。古人讲"富不过三代"，是有一定道理的。

　　愚昧是生长穷根的土壤，无知是滋养穷根的水肥，文化与知识才是拔掉穷根的药方。拔穷根不能期望一蹴而就，也不是一劳永逸之功，需要世世代代用文化和知识去持续涵养。

妈妈的话　NO.75

就是砸锅卖铁，我也要让孩子上学。

—— 孙积美

孙积美（1935—2016），山东省淄博市博山区人。她为人诚实、善良、热情，喜欢给年轻人牵线搭桥，成就了30多对美满婚姻。她婚前是家里5个孩子中唯一的女孩，是家中的掌上明珠。自嫁到偏远落后的小山村，随着孩子们的出生，她的生活逐渐转入贫困艰难之中。她从60多岁便患有高血压、脑血栓，处于半失语半偏瘫状态，得到了儿女们很好的陪伴照顾和保健治疗。她不止一次地对孩子们说："我是村里最享福的人。"

翟玉红①出生在一个偏远落后的小山村，全家 8 口人，女孩多，劳动力少，两个弟弟又小，家境十分贫寒。她小学有两年多因没板凳要站着上课，到四五年级时才有板凳了，但有时上学又要带着弟弟，因为妈妈要上山拾柴弟弟没人看。小学期间，有几次妈妈为了几块钱的学费或书费，向左邻右舍去借。记得有一次，两块多钱的书费就剩她没交上，老师为此还点了名，她第二天说什么也不好意思去见老师，就在家跟妈妈软磨硬泡，可还是差几毛钱凑不齐。那时她小不懂事，拿不到学费就躺在地上打滚跟妈妈闹，妈妈也实在是没了办法，愁得直叹气。天无绝人之路，正在一筹莫展的时候，妈妈惊喜地对她说："闺女！快起来，有办法了，你看看，有只鸡正趴在草窝里要下蛋。"她一骨碌爬起来，妈妈把她搂在怀里为她擦净小脸，坐在远处眼巴巴地盯着鸡等，谢天谢地总算等到了。妈妈握着还热乎着的鸡蛋跑到供销社换成钱，总算凑齐了那次的书费。

由于贫穷和受传统观念影响，村里上高中的女孩很少，能初中毕业就算高学历了，有些女孩家里连学都不让上。翟玉红的大姐就没上过一天学，二姐中途辍学，后来断断续续的才算和她一块初中毕了业。

1980 年，翟玉红的家乡第一年实行考高中，所在的班里本村的学生只考上她一个。考上高中后，为上还是不上的问题，父母争执不下，主要原因是家里确实供不起，加上妹妹和两个弟弟小，家里真的需要有人搭把手，爸爸反对她继续读书也是出于无奈。一位名叫翟所常的老师，曾三次来到她家做她爸爸的思想工作，反复动员他千万别错过这个让孩子读书的机会。大姐也向父母做保证，说妹妹的活她愿意替。即便这样，爸爸还是没答应。在争执

---

① 翟玉红，孙积美妈妈的女儿，山东经济学院毕业，山东大学历史系研究生，现为济南市工商行政管理局干部。曾获山东省、济南市工商系统"先进个人"称号，被授予"济南市巾帼建功标兵"，家庭先后两次获"济南市文明家庭"荣誉称号。

不下的情况下，没想到一向软弱、逆来顺受的妈妈抛出了一句一锤定音的话："就是砸锅卖铁，我也要让孩子上学！"就是这句话，改写了翟玉红的命运，让她从高中走进大学，从偏僻的小山村走进省城，走进政府机关，成为一名国家公务员。

也正是这句话鼓励翟玉红，在面对自己的小家庭经济收入一般，女儿却决心出国留学时，果断地退出了已交付的30万房款首付，放弃坐落在黄金地段连连升值的一套新房，像当年母亲那样，毅然决然地做出了支持女儿出国留学的选择。

家训夹议

懂得珍惜和享用

自古以来，上学读书都是令人仰望的事情。然而，在过去这不过是有钱人家的专属，对贫苦百姓来讲，这往往是一种奢望。即便是在二十世纪七八十年代，许多人家为温饱问题而奔波，要么没有钱供孩子上学，要么是家里缺少人手，没人挣工分或没人看孩子，不得不把孩子从学校拽回来。因此，那时候孩子上学读书往往是有选择性的，有的是能认识几个字就行了，没上几年就早早辍学回了家；有的重点供"有出息""有用处"的孩子上学，许多孩子尤其是许多女孩子根本没有上学读书的机会。

孙积美妈妈的4个哥哥弟弟，都是上过学、当过兵的出色男儿，而她没上过一天学，吃过没有文化的苦头。她从现实中悟出一个朴素的道理：上学读书才会有出息，生活再穷困也不能耽误孩子读书。因此，在家庭条件十分困难，经济实力非常有限，拿不出学费、交不起书钱、供不起食宿的情况下，在需要选择上还是不上高中的关键时刻，柔弱的她第一次发出了母亲护犊的最强音。那句"就是砸锅卖铁，我也要让孩子上学"的话，在今天说出来也许没什么，甚至听起来还有些矫情，而在那个贫穷的时代、在那个贫穷的庭院里说出来，是何等的勇气，又是何等的睿智！

当今时代与翟玉红上小学甚至读高中时，已不可同日而语，每家的收入都大幅提高，国家把大把大把的钱用在教育上，帮助困难家庭解决上学问题，即便极度困难的学生，社会和学校也有特殊的救助政策。校舍和教学条件也今非昔比，校园也不再是原来意义上的"寒窗"。与孙积美妈妈们比、与翟玉红们比，今天的家长们是幸运的，今天的孩子们是幸运的。

国强家境殷，正是读书时。人一旦懂得了珍惜和享用，便会有不俗的未来和人生。

妈妈的话 NO.76

书不一定是课堂里读出来的，只要肯用功，哪里都能把书读。

—— 廖秋月

廖秋月（1930—），江西省上饶县人。当年，她作为村里的妇女干部，没日没夜地为村民们忙碌，每天都是很晚回家。家里人口多，粮食不够吃，三餐两餐是野菜，丈夫教书薪水又少，她领着孩子上山开荒种地。每次烧好饭她让孩子们先吃，等大家吃完了，她把每个碗里剩下的扒拉几口，孩子们小时候从没见过妈妈上桌吃一餐饭。

如今，年近90高龄的廖妈妈，每到过年过节全家相聚时，还能亲自下厨为孩子们烧一桌家乡菜，然后照旧在一旁微笑着看大家吃喝，笑容里洋溢着快乐和幸福。

语境介绍

廖秋月妈妈家孩子多，温饱始终是个大问题，孩子上学也总是困难重重。她记得大女儿4岁那年，因欠学费被老师点名站在台上。受了委屈后，女儿再也不愿上学了。她语重心长地对女儿说："我们现在是穷，但人穷不能志短，只有读好书才能有出息，才能过上好日子，才会有吃不完的玉米饼。"她连续几晚不睡觉，用她那粗糙的手为邻居绣出了一对鸳鸯戏水的嫁女绣花枕套，为女儿挣得两元伍角钱的学费。从那以后，体会到妈妈辛苦的大女儿，读书十分用功，从没让妈妈操心。

"文革"期间，很多人失去了学习的机会，没有书读，廖妈妈家几个大一点的孩子很难过。于是，她就对孩子们说："书不一定是课堂里读出来的，只要肯用功，哪里都能把书读。"她用世界著名作家高尔基的故事激励孩子，说高尔基只读了三年书，他的大学就是从染坊、磨坊里读出来的。她给孩子买了一套高尔基的《我的大学》连环画册，到处为孩子借书看，晚上又让无学可教的丈夫教孩子们学文化课。所以，尽管外面闹得很凶，而她家孩子们的功课一点也没荒废。功夫不负有心人，恢复高考后，廖妈妈的一个女儿和一个儿子考上了师范学校，一个女儿当上了老师。特别是儿子江锋①以优异的成绩考上了长沙交通大学，全家让人刮目相看。

家训夹议

我愿终生书为伴

人要有出息，要有作为，就要读书。这是自古以来的共识，只是受家庭条件和眼前利益的影响，有的人读得多一些，有的人读得少一些，有的

①江锋，廖秋月妈妈的儿子，长沙交通大学毕业，苏州金龙汽车集团设计师。

人没能读上书。他们要读的书，主要是指课堂上的书，也可以说是"有用"的书：或为了基本的生活生存所需，或为了考学、拿文凭，也是为了谋得一个好职位，而在古代很重要的是为了"登科入仕"。但纵观人的一生，课堂上读书的时间是很有限的，再长也就十几年；课堂上读书的数量也是有限的，主要就是那些教科书、必读书。课堂里要读书，但读书不一定在课堂。读书是一生的事情，人大量的时间是在课堂外读书，要读的大量的也是那些"无用"的书。

所以说，课堂上的书要好好读，"有用"的书要用心读；而课堂外的书要自觉读，"无用"的书要随缘读。其实，"无用"的书说是无用亦有用，它不过是不带功利性、专用性的有用，甚至对人生比"有用"的书要有用得多。

腹有诗书气自华。读"无用"的书，不是让学识挂在你的嘴边儿，让别人知道你博览群书，更重要的是藏在你的气质里，让自己智慧，让自己高尚，让自己优雅，让别人佩服和仰慕。

读"有用"的书目的性强，读这类书说到底是一种脑力劳动与体力付出；而读"无用"的书，在知识的海洋里自由徜徉，没有什么负担和压力，是一种放松，也是一种享受。西方人爱读书，尤其对一些"无用"的书感兴趣，是因为他们能从读书中得到快乐。重实用的国人应该学得洒脱一些，甚至"盲目"一些，把读"闲书"看得高尚一些，有用一些。

人有好书陪伴就不寂寞，常与好书见面就不落伍，善与好书"交友"就会拥有"心力"。

但愿此生书为伴，不求"实用"求享用。

妈妈的话　NO.77

有样没样看看世上。

—— 江小英

江小英（1954—），江西省上饶市人，出
生在一个偏僻的小山村，家里的生活异常困
难，作为大姐的她很早就挑起了家庭的重担。
生活的艰难没有压垮她，也没有让她随波逐
流，反而磨砺出她坚忍不拔、自强不息的性
格。她一边工作一边学习，终于凭借自己的
努力，考上师范走出山村，成为一名人民教
师，改变了自己的命运。她就像这世上千千
万万的妈妈一样，普普通通，平平凡凡。但
她身上闪烁着中国女性独有的光亮，潜移默
化地影响着儿女，照亮了他们的人生道路。

郑正①少年时代，父母带着姐姐和他在江西德兴的一个国有企业生活，爸爸是厂里的职工，妈妈是子弟学校的老师。尽管条件一般，但父母的疼爱、老师的关照，让他成了一个"两耳不闻窗外事，一心只读圣贤书"的小少爷，理所当然地享受着无忧无虑的童年。初中毕业后，14 岁的他独自一人来到离家 100 公里的上饶县求学。报到那天，妈妈把一切能替他安排的都打理好，领着他转遍了学校的角角落落，生怕落下了什么，临行前还是不放心，啰啰唆唆地嘱咐这个、交代那个。郑正则沉浸在逃离父母视线，收获"自由"生活的喜悦中，丝毫没有把妈妈的叮嘱放在心上。然而，独自面对高中生活的他，很快就因为生活技能和社会交往的"缺课"，挣扎在洗衣服、买饭票、打开水等琐事中，与本地同学的交流也不顺畅，难以集中心思应付紧张的学业，学习成绩直线下降。生活的不堪、学业的落差、社交的困境，把他彻底击垮了，哭着喊着要回家。妈妈无奈选择放弃工作，到上饶陪读，他的"第一次"独立也宣告失败。

高中毕业后，郑正被解放军理工大学录取，在全家人为他庆贺的时候，妈妈却有着一丝隐忧，总跟他唠叨"父母陪不了你一辈子，一个人在外要多留心、多学习，有样没样看看世上"。初入军校，紧张艰苦的训练、严格苛刻的管理、枯燥单调的生活，着实让他这个"学生兵"有些应付不来。这回，他没有打退堂鼓，想起妈妈的叮嘱，勇敢面对自己的不足，虚心向身边的班长、同学请教，队列走不好就缠着班长加练，不会干活就向农村的同学拜师，被子叠不好就到处搜集室友的小技巧，入伍训练结束时被评为训练标兵，给军旅生涯开了个好头。

郑正军校毕业后到部队任职，技术院校毕业的他，以一种"懵懂"的状态走出校门跨进营门。看着同批毕业指挥专业的干部很快就进入了角色，而

①郑正，江小英妈妈的儿子，现任解放军某部正营职参谋，硕士研究生。

自己在队伍面前却连简单传达通知都说不利索，不时还犯点低级错误，他的心里又打起了小鼓，"也许自己并不适合当军官"。可想起妈妈经常唠叨的"有样没样看看世上"，他便给自己鼓劲打气，向班长学业务、跟司务长学财务、跟文书学公文、跟前辈学管理，遇到不会的事多留心别人是怎么干的。一段时间后，他不但得到了官兵的认可，工作不满一年就被营里推荐到机关工作。之后他辗转两级机关、五个单位，经历了很多"第一次"，但无论是任主官带部队，还是当参谋写材料；无论是搞科研做课题，还是参加培训比武，都能很快适应环境、胜任工作，见贤思齐、不断提高，这些都要感谢妈妈的谆谆教诲。

家训夹议

绝知此事要眼明

董养性是明代学者，一代大儒。年轻的时候，他到一家铁匠铺看打铁。铺子里摆放着各种打好的农具和生活用品，其中不乏一些精美的器物，董养性忍不住连连赞叹。看了半天，他跃跃欲试地问："有步骤说明吗？我想试试。"看打铁匠一脸疑惑，他解释说："就是说这些器物是如何打成的？我想照着你的标准试一下。"打铁匠连连摆手，告诉董养性："铁匠没样，边打边像。"

董养性十分惊讶："没样的话，如何下手呢？"打铁匠笑了笑，给他演示了一下。从炉火中取出铁料后，他拎着大锤敲起来。下锤的时候，有时轻，有时重，击打的位置也不固定，都是根据自己的目测随心而动。可打着打着，原来的方块铁料就变成了种田需要的农具。

董养性从铁匠打铁的实践中懂得了弥足珍贵的道理，认识到人生不需要考虑太多，也不需要做出精确的规划，边干边修正自己的认知，走着走着轮廓就出来了。而此前，他不断地想着如何规划人生，但总也想不出自己将来干什么好。踌躇之间，大好时光一天天白白流逝了。

世间的道理、做事的诀窍，大多就是这样看来的、悟来的。常言说，师傅领进门，修行好坏在个人。这个"修行"的过程，不单纯是一个听的过程，更是一个看的过程。铁匠打铁说是没样，其实也是有样的，这个样不在眼前摆着而在心中装着；这个样不是师傅画给他的，而是他用眼睛看出来、画在心中的。

俗话说，耳听为虚，眼见为实。借用两句名诗来说：耳朵听来总觉浅，绝知此事要眼明。"有样没样看看世上"，江妈妈这句话就是告诉人们，要善于留心生活、取经问道，见贤思齐、固强补弱，在"眼观六路、耳听八方"中成长自己、成熟自己、成就自己，做个"有模有样"的人。

妈妈的话　NO.78

　　一等孩子眼教来，二等孩子嘴教来，三等孩子棍教来。

——孙士连

　　孙士连（1932—2007），山东省费县人。她目不识丁，但懂得不少历史知识和做人做事的哲理。她一辈子务农，干得一手好庄稼活，虽不是妇女队长但像队长一样带着大家拼命干，在村里是有号召力、有威信的女强人。她勤俭持家，让一个有着大她19岁的丈夫、两个儿子和一个孤儿侄子，还有年迈婆婆的特殊家庭，安全地度过了那艰难的日子。

1960 年全国发生重大自然灾害，政府采取措施，为 70 岁以上的老人集中磨豆浆喝，以维持生命。那时，周传立[①]不满 4 周岁，为能喝上口稀水豆浆，天天按时跑去奶奶家送筷子，实际上喝豆浆哪里还用得上筷子呢？奶奶每天分的那半小碗豆浆，自己舍不得喝，总给孙子留上一半。就这样，他度过了那场灾难。

妈妈觉得传立这孩子有心眼、鬼机灵，在他 5 岁的时候就让他跟本家的二叔去学写字。这位二叔是大队会计，写得一手好字，村里各家各户的春联都由他来写。妈妈送传立到二叔那里学写字前，对他嘱咐说："娘不会写字，但娘知道学写字要动脑、会琢磨。二叔学问高，咱不光听他是怎么说的，还要琢磨琢磨他写字的门道。一等孩子是眼教来的，二等孩子是嘴教来的，三等孩子是棍教来的，娘要你当一等孩子。"传立悟性很好，练得也刻苦。为省纸，他铅笔写了钢笔再写，用了正面再用反面，有时就用手指沾水在桌子上写，用树枝在地上写。没出三年工夫，他就能给人写字了。后来他能成为中国书协山东分会常务理事、中国书画艺术促进会副主席等，与年幼时的这段经历是分不开的。

传立和弟弟上学后，妈妈还是念叨她的那套"理论"，要求他们多"长眼色"。她不仅这么说，在家里也这么做。打骂孩子在过去农村是"家常便饭"，但在传立家从没有打骂孩子的时候。爸爸妈妈虽然没有文化，对孩子管教也严，但总是"和风细雨"。传立哥俩也会看爸妈的脸色行事，从小都是懂事的"乖孩子"。

[①]周传立，孙士连妈妈的儿子，入伍前当过生产队长、赤脚医生，入伍后在多个岗位任职，曾任军区主要首长秘书、军分区政委。现为山东省作家协会会员、中国将军书画研究院副院长、山东孙子研究会副会长。编写出版 26 部书（画）集，发表诗歌 600 余首。

"悟力"开掘在我辈

孙士连这位大字不识一个的旧时代的妈妈,管教孩子却很"新潮"。她反对棍棒,倡导"眼教",分明是自己从生活的实践中悟出来的。其实,她所说的"眼教",说到底就是让孩子学会动脑,具有领悟世事、领悟学问的能力。

《说文解字》说:"悟,觉也。"范晞文《对床夜话》说:"咀嚼既久,乃得其意。"元人刘埙《隐居通义》说:"世之未悟者,正如身坐窗内,为纸所隔,故不睹窗外之境。及其点破一窍,眼穿力透,便见得窗外山川之高远,风月之清明,天地之广大,人物之错杂,万象横陈,举无遁形。所争唯一膜之隔,是之谓悟。"佛教上讲,禅道在妙悟;诗界里说,诗道在妙悟。实际上,世上万事之道,皆在一个"悟"字。悟是一种深层次的思维活动,有悟性才有创造性,有悟力才有创造力。

在孩子的教育方式方法上,中西之间的差别很大,争论也很大。中式教育的特点是强制管束、强力灌输、强调共性、强化功效,它让孩子中规中矩、多知多识,但想象力、创造力受到严重束缚。西式教育的特点是讲自觉、重启发,校园"杂乱无序"但有灵性。有人举例说,同是学画画,中国孩子总是问老师"我画得像不像",美国孩子则问"我画得好不好"。像什么呢?一是像老师的范本,二是像名家或传统的画路。许多人笑话美国教育"病入膏肓",然而当我们说美国人坏话的时候,美国却在层出不穷地涌现诺贝尔奖获得者、超级创业者、世界顶尖精英。

优劣显而易见,道理显而易见。不要再争了!不要再等了!放下你的棍棒,合上你的课本,多给孩子们一些眼神的交流,多给孩子们一些自由和想象的空间吧!培养开拓型、创造性的人才刻不容缓,责在我辈。

妈妈的话　NO.79

　　尊重孩子的性格，给孩子一个自然轻松的成长环境。

——涂　军

　　涂军（1976—），湖北省孝感市人，出身军人家庭，毕业于山东大学，文艺学硕士。现为山东工艺美术学院图书馆副馆长。

语境介绍

每个人都有童年，而每个人的童年也不尽相同。李达翰①的童年是无忧无虑的，充满了快乐。

李达翰的妈妈涂军，是一个比较开明的知识女性。她在教育儿子的方式上有自己的观点和方法。她从未给儿子报任何特长班，她希望能给儿子一个自由的空间，让他在自然轻松的环境下成长。刚开始，涂妈妈对"散养"儿子的做法心里也没有底，看到许多父母把所有精力都投在孩子身上，心里也有愧疚，既担心孩子将来埋怨她，同时又担心孩子失控，会不会走入歧途，而后来的实践证明，"散养"孩子的做法没有错。

涂妈妈说，儿子教给她的比她教给儿子的还多，她从儿子身上学了很多，其实自己是和儿子共同成长的。去年她和儿子去北欧旅游，本来她的英文比儿子还好，结果是儿子看路标当妈妈的小向导，并帮助妈妈收拾旅行用品，提醒妈妈注意各种事项，小小年纪反而把妈妈照顾得好好的。涂妈妈说，有时大人会觉得孩子没主见，其实，孩子的能力超乎大人的想象，离开你他也能行，要相信孩子的能力，多给孩子一些锻炼的机会。

李达翰现在上初中，学习成绩一直名列前茅，尽管父母没怎么关心他的学习。他性格敏感，自尊心强，在学校听老师的话，从幼儿园起就喜欢跟老师一起玩，而父母都是见了领导溜边走的。

李达翰的爸爸是齐鲁晚报著名的体育记者，一直跟随鲁能足球队。他喜欢看史书，还出了几本体育方面的书。李达翰从小受爸爸的熏陶，非常热爱体育运动，经常参加篮球比赛，还策划和组织学校的吉尼斯大赛，印发宣传广告，创造力和想象力得到了展现。

---

①李达翰，涂军妈妈的儿子，现为济南市舜文中学初中班学生。

"散养"孩子就像放风筝

风筝飞得再高也离不开系着它的那根线。如果孩子是风筝，那妈妈就是牵着那根线的人。"散养"孩子就像放风筝，妈妈的手有收有放，孩子始终离不开妈妈的视线和牵控。

虽然涂军没给儿子报任何特长班，但一到周末，她会带儿子去少儿图书馆读书和交流。李达翰每次徜徉在知识的海洋里，思维发散，屡有闪光之处。

涂军这些年来从未放松自己的学习，她阅读对家长和孩子教育有意义的书，从中学习方法。她从不试图去改变儿子的性格，而是顺其自然，甚至有时还要与儿子斗智斗勇，尽量接近孩子的心态。其实，这些说起来容易做起来难，毕竟孩子和大人是有代沟的，并不容易沟通，这还需要大人和孩子在学习中摸索着前行。

有段时间，各路媒体均在报道孩子玩网络游戏《王者荣耀》，好多家长都站出来反对，没想到越反对孩子越上瘾。涂军也试着玩《王者荣耀》，她发现游戏里设定了好多历史人物的故事，这是个团队的活动，于是她没反对，而是试着把孩子往好的方面引领。周末儿子和同学一起玩，一起交流、商量战术，不仅开发了智力，也增强了孩子们的团队精神。她说孩子这个年龄容易叛逆，越是大人反对的越要做，所以良性沟通很重要。

涂军说话的声音动听，跟她交流你会瞬间被她的声音所吸引，当然还有她的开明之举。她说，对于儿子的教育，再过 10 年、20 年，回头再望没有遗憾就行。她不求儿子有多大成功，做一个自食其力的平凡人也好。

妈妈的话　NO.80

学得百门不如学精一门。

—— 董奕霖

董奕霖（1981—），山东省莒县人，1999年入伍，后任某通信总站战士、排长，2007年转业至济南市某街道办事处工作。作为一名80后的母亲，她也同其他时代的母亲一样，深爱并悉心照顾着自己的女儿；但也有着80后母亲的独特之处，处处张扬着独立与自我、理性与实际、现代与时尚，是一名"新时代妈妈"。

　　李欣妍①从上幼儿园开始，各种课外辅导班的推荐就蜂拥而至，让人应接不暇，从拼音、阅读、讲故事到高深的奥数，从钢琴、古筝、二胡到优雅的舞蹈，从乒乓球、羽毛球、跆拳道到美术画画，让欣妍的妈妈董奕霖觉得无所适从。困顿之下，董奕霖便带着欣妍开始随大流，懵懂地走上了"漫漫求学路"，钢琴、舞蹈、美术、阅读、讲故事都成了"必修课"。上课伊始，欣妍小朋友感到很新鲜，也非常用功。但是时间一长，孩子的天性就表现了出来，对大部分的"兴趣班"都不感兴趣了，经常草草应付、一脸的不情愿。面对这种窘境，董奕霖倒也觉得值，她对女儿说："妈妈让你学习这些兴趣特长，一方面是为了提高你的综合素质，更重要的是为了发现你对哪一方面感兴趣、有特长，然后咱们一起重点培养。孩子，你要记住：学得百门不如学精一门。学得多、学得广固然重要，但是一定要学精其中一门，要有一技之长，这也是你以后安身立命的根本。"欣妍尽管当时似懂非懂，但是她逐渐把精力用在了自己感兴趣的课程上，并且一直坚持了下来。

家训夹议

在"专"与"博"的博弈中胜出

　　不知不觉中，曾经被称为在蜜罐里长大的 80 后，大都已经成为宝爸和宝妈，甚至成了两个娃的家长。50 后、60 后的爷爷奶奶和姥姥姥爷们一度"质疑"：这些 80 后的娃儿，自己还照顾不好自己，能当好父母吗？80 后用他们的实际行动做出了回答：他们可以成为合格的宝爸宝妈，并且是有很多新特点、新优长的宝爸宝妈。

---

　　①李欣妍，董奕霖的女儿，2010 年出生，现就读于济南市经十一路小学。

"学得百门不如学精一门"，80后妈妈董奕霖的话，为人们如何抓好孩子的学习、培养孩子的兴趣特长，尤其是怎么应对形形色色的"课外辅导班"引发了思考，也带来了启迪。在我们周围有时会碰见这样一类人，他们给人的感觉是知识渊博，上知天文下知地理，从国际形势到生活琐事无所不知，遇到什么问题都能够侃侃而谈。但是，我们往往又会发现，他们在自己的工作岗位或者行业里并不怎么出色甚至有些华而不实。理由很简单，因为他们看似无所不懂，实际上无一深懂，甚至不懂装懂，那么，平庸只能属于他们；而那些在自身专业领域有着很深造诣的人，注定会出类拔萃。

事实表明，学于泛不如学于精，深度往往比广度更重要。当然，知识的广度也是不可或缺的，它可以使人变得博识而有趣，让生活变得丰富而多彩。"学得百门不如学精一门"，体现的是博与专的辩证关系。要想专，必须先有一个博的过程；而在专的指导下，博就有了更明确的方向。这恰如鲁迅先生所言："博，然后深；广，然后专。"李欣妍小朋友走过的路，实际上就伴随着一场"博"与"专"的博弈。

广博是发展的基础。为什么要学得"百门"？这是因为，一方面，当今社会发展迅猛、形式多元，只有博览群书，掌握各方面的知识与技能，才能够跟得上时代的步伐，才能适应生存的需要；另一方面，只有通过广泛的涉猎与学习，才能够发现自己的兴趣与特长，从而明确自身发展的方向，也就是明确该要精的是哪一门。因此，不论是培养孩子还是大人的自身学习，都应该以广泛的学习为基础，在提高综合素质的同时发现兴趣点，明确发展方向。

专精是人生走向成功的"杀手锏"，也应成为培养孩子的重要目标。怎么专？"不是一番寒彻骨，怎得梅花扑鼻香。"一个人要成为某个领域的专门人才、专家人才，没有什么捷径可走，就是在兴趣这个"老师"的引领下，在这个领域中付出比其他人更多的努力罢了。从自身成长与培养孩子的角度来讲，只要认准了发展道路、认定了培养方向，就要坚定不移、锲而不舍地往前走，有耕种就有结果时。

妈妈的话　NO.81

永远做更好的自己。

——郑晨燕

郑晨燕（1978—），江西省上饶县人，浙江工业大学教育学硕士，嘉兴技师学院高级讲师，在多个岗位担任学校中层干部。她18年的教育生涯业绩突出，被评为浙江省技工院校学科带头人，嘉兴市新世纪专业技术带头人，国家二级心理咨询师、心理咨询师考评员，全国高级创业指导师，浙江省普通话测试员。她还担任嘉兴市心理学会秘书长，浙江省红十字会心理救援队成员，嘉兴市红十字会心理讲师、咨询师等。

 语境介绍

小时候，李政①最感兴趣的事就是搭积木。一开始，他用积木搭成想象中的汽车、飞机、舰船等。时间长了，他就对着图画搭出一些不同的造型，到后来又搭起了机器人。他曾用乐高积木，对照着图纸，3天内把一千多个零件组合成一艘航母。妈妈郑晨燕看到儿子热爱拼装造型，就带他到少年宫去学机器人，从简单的组合一直学到编程开发，竟一发而不可收，多次参加全国性的比赛并获奖。

为了不让孩子过度沉迷于机器人，爸爸妈妈动员引导李政参加学校的足球队，每天还雷打不动地陪他练一个小时的球。他练体力，也研究球技，一段时间下来身体和精神面貌都发生了变化。他的一篇足球比赛的作文，刊登在校刊上，这进一步增强了他对足球的兴趣和自信。郑晨燕说，机器人和体育运动改善了李政的性格特点，让他开阔了视野，也开发了他的智力，奥数水平、作文能力都上来了。后来，他嫌自己的字写得不好，又练起了书法，如今字写得也像模像样了。李政每次取得成绩和进步，郑晨燕都鼓励儿子再接再厉，永远做更好的自己。

几年来，李政在"分数"之外，收获多多：曾获得全国青少年英语等级六级 A 等，全国青少年机器人技术等级一级，多次在国家、省、市级青少年机器人大赛中获奖；在第 15 届国际少儿书画大赛中获特别金奖，第五届全国少儿书画创作大赛中获二等奖，并多次在省、市书画大赛中获奖；社会艺术水平钢琴肆级；是校合唱队、足球队队员，并作为主力队员出战 2018 中国欧亚校园足球"菁英·追梦杯"国际邀请赛；多篇练笔作文发表在报刊上，在市级朗诵比赛中获二等奖。

---

①李政，郑晨燕妈妈的儿子，2006 年 4 月出生，是一名性格开朗、乐观向上，勤学善学、兴趣广泛，乐于助人、热爱集体的小学六年级学生。

孩子的素质是从哪里来的?

　　家长是孩子的榜样,孩子是家长的镜子。父母的工作态度、兴趣爱好、言行举止、待人接物、生活方式,甚至走路的姿态,都可能对孩子产生潜移默化的影响。教育孩子做更好的自己,家长首先要做更好的自己。李政的爸爸两岁时就失去了父母,是跟着姐姐和伯父长大的。高中毕业后,为了赚取上大学的费用,他来到武汉一家酒店打工,恰巧酒店隔壁是武汉音乐学院,每天下了班,他就在学院琴房的窗外听别人弹钢琴。从那时起,他对音乐产生了浓厚的兴趣。后来,他考上了上饶师范学院音乐系,并自学了江西师范大学音乐系的课程。李政的妈妈是个非常上进的人,爱学习、爱钻研,工作扎实,生活俭朴。爸爸妈妈的内在气质与外在表现,无形中影响着李政的成长。当然,人无完人,父母也是普通人,也会犯错误,也会有育儿方面的误区,重要的是知错就改,不断完善。

　　世上没有十全十美的孩子,而每个孩子都是独一无二的。郑晨燕的体会是,做父母的,就是要接纳孩子的不完美,有针对性地帮助孩子成长。有些家长总是羡慕别人家的孩子,却不满意自家的娃儿;总是盯着孩子的错误,却很少去发现孩子的优点;总是用成人的标准去要求孩子,却忘了他们还只是个孩子;总是让孩子以超越别人为目标,却没看到孩子自己和自己比的进步。就像小草不需要变成大树,大树也不需要羡慕鲜花。让孩子全面成长,自身特长淋漓尽致得到发挥,便是真正成功的教育。

　　许多学历较高、事业很成功的家长,作为社会人,十分优秀;作为家长,有时就太强势了。在家庭生活中,孩子从小到大,需要事事听命于家长的指令,没有玩耍的自由,没有时间安排上的自由,没有发展爱好的自由,没有选择专业的自由。家长几乎安排了他的一切,也不允许他犯错误，甚至不在乎他的面子……父母常常以"爱"的名义为孩子付出了很多，使孩子的自我管理能力没有机会成长，慢慢萎缩。郑晨燕倡导，作为家长，既然不能代替孩子成长，那就多给他们一些自由发展的空间；既然不能帮扶孩子一生，就要教会他们勇敢独立，用言行告诉孩子：现在的幸福生活都是爸妈奋斗而来的，你将来的幸福生活也要靠自己奋斗去获得！家长如果能够早放开手，将选择权早点交到孩子手里，那么，不管将来遇到什么挑战和困难，他们都能自己做出合适的选择，哪怕是错的，也有能力为自己负责。

妈妈的话　NO.82

细时偷针大了偷金，少时偷蔗大了偷牛咩。

——黎月清

黎月清（1934—），广西壮族自治区容县人，一个普通的南方山村农妇，农村穷苦家庭出身，从未上过学，终生务农。她性格和善、慈祥，为人正直，要求子女堂堂正正做人，遵纪守法，不能贪图小便宜。在物质匮乏的困难时期，她坚强地维系着家庭生活，对子女充满母爱；重视子女教育，在读书是唯一出路的年代，再困难也不耽误子女们上学。

语境介绍

封景西①上小学时，每天放学后都要和同村的小朋友一起上山砍柴。生产队在山边坡地零星种植有红薯，小伙伴们偶尔会因为肚子饿或解嘴馋而一起偷挖红薯吃。妈妈知道后很是生气，狠狠地批评了他，说："细时偷针大了偷金，少时偷蔗大了偷牛咩！"

那时，景西虽然年龄很小，但对妈妈的话还是听得明白，记在了心间。他知道，妈妈是说，一个人小时候常偷针一样细小的物品，一旦养成习惯，长大后就会偷黄金那样很值钱的东西；小时候常在路边随手偷别人家的甘蔗吃，长大后容易成为偷牛贼。母亲说这些话的目的就是教育景西，打小就不能有偷盗小东西的行为。

小孩子的可塑性强，封景西从小也愿意听大人的话。所以，经妈妈这么一说，此后他再无贪小便宜的思想了；相反，长大后的景西，无论走到哪里都是慷慨待人，颇有人缘。

家训夹议

对"儿戏"不可儿戏

许多人谈起童年的生活，都非常好笑地讲起和小伙伴们一起，如何瞒着大人去下河游泳，如何到生产队里去偷瓜摸枣。说话间不仅没有什么愧意，反倒有几分得意，或为自己的勇敢，或为自己的聪明，总觉得那不过是淘气孩子们的"儿戏"。然而，采访中听到的一个悲剧故事，打碎了对

---

①封景西，黎月清妈妈的儿子，高考后就读军校，先后在济南军区、广西军区机关工作，担任过广西边防某团副团长，武装部部长、县委常委，转业后在广西壮族自治区教育厅工作。

这种"儿戏"的轻松印记。

有一位领导干部多年没回老家了，从工作岗位上退下来后有了时间，就想回家乡看看儿时的伙伴。其中有一个小伙伴与他同岁，小时候他们一起玩耍，一起下河。有一次，他在跨越一条水流湍急的大沟时，一下子滑到深水里，瞬间见不到人影了，而最可怕的是他不会游泳。这时，小伙伴只见到一只时隐时现的手，眼疾手快，一把抓住就往岸上拽，结果救了他一命。几十年过去了，他一直记在心里，总想找机会报答。然而，回家一问，令他震惊与失望的是，早在十多年前这位儿时的伙伴因到山上偷人家的羊，被人用土枪打死了。这让他突然想起，小时候就是这位小伙伴，经常领着大家去生产队偷瓜摸枣。

谁说偷瓜摸枣不过是懵懂无知孩子们的"儿戏"，这位儿时伙伴长大后的遭遇，不正应了黎月清妈妈"细时偷针大了偷金，少时偷蔗大了偷牛哖"那句话吗？

老百姓有一句老话，叫"三岁看大"。说的就是小时候的所见所识、所作所为，对一生的影响是很大的。一个人小时候不太懂事，学着占人便宜、偷人东西，尝到甜头后就容易形成惯性；长大后虽"懂事"了，但在惯性的驱使下，容易变本加厉，更"聪明"地去偷、去骗。"不因善小而不为，不因恶小而为之。"这更应成为家长管教孩子的座右铭。

妈妈的话　NO.83

心要像大海一样敞亮。

—— 刘家美

　　刘家美（1954—），山东省烟台市牟平区人。她出生在沈阳，父亲兄弟两个合伙开典当行，家境殷实。父亲后因在老家生活的父母和祖父母需要照料，携妻儿回乡，从此她在农村扎根生活。婚后，丈夫去养殖场工作，她在家种地、绣花，照顾全家，孝敬老人，还帮女儿包海捕鱼。她教育儿女做事先做人，用心尽责，帮难解困，不求回报，不计得失。

王钦菊[1]在村里口碑好，在没有任何背景和没花一分钱的情况下，当选村委会主任。她说，既然老百姓信任咱，咱就应该担起责任，多为老百姓说真话、办实事。由于村支部意见不一致，迟迟未给老百姓发福利，在妈妈和丈夫的支持下，王钦菊主动拿出自家包海挣来的几百万发了福利。

如今王钦菊不再担任村主任，但当初她的举动的确影响了村支部，打那以后，村民年年都有福利了。村里的老人见了她，拉着她的手说："菊，幸亏你，我们现在才能得到这些好处，才能过得这么好啊！"王钦菊听了老人们的话心里暖暖的，妈妈也鼓励她："心要像大海一样敞亮，钱是人挣的，只要人在就能挣钱。"

家训夹议

胸襟阔从磨砺来

王钦菊结婚时婆婆已经不在了。丈夫当兵回来还没有找到工作，婚前丈夫的哥哥就强烈要求分家。为了让她们婚后能有个住的地方，娘家拿出所有积蓄及借来的钱补偿给哥哥。婚后，夫妻俩和公公生活在一起，姥姥开导王钦菊，即使老的不对也要听着，该孝敬还要孝敬。后来公公再婚，姥姥又对她说，后婆婆与前婆婆一样，婆媳都是外姓人，要相互体谅。所以，王钦菊拿后婆婆当亲婆婆待，她们楼上楼下住，从未红过脸。王钦菊说，家庭的传承很重要，她从姥姥和妈妈那里学到了许多做人的道理。她明白如果和老人吵，丢的不是自己的脸，而是父母的脸。她从不与公婆计

①王钦菊，刘家美妈妈的女儿，曾任烟台市牟平区文化街道办新建里村村委会主任，现为牟平西埠庄渔场场长。

较，赶上没钱过年，就从自己娘家拿钱买年货孝敬公婆。

要说王钦菊胸襟真正的开阔，还"得益"于一场大病。不担任村主任那年，王钦菊去医院做全面体检，癌筛查确诊患了宫颈癌。这种癌死亡率高，王钦菊看到上小学回家的女儿，眼泪止不住地往下掉，她唯一放不下心的是女儿。从不做家务的她开始做饭、打扫卫生，她希望弥补对家人的亏欠。

丈夫陪她去省城齐鲁医院，专家会诊时她要求全程参加。诊断结果出来了，她属十万分之一的特殊病例，不用做全切手术，因为癌细胞是独立的，外面包着一层膜，还没着床，没有通到血管，免疫力正在和癌细胞做斗争。这种病发生时不疼不痒，一旦发现基本是晚期，专家会诊了这么多年，都是通血管的，而王钦菊是个例外，专家说真是万幸啊。第二天，王钦菊做了个简单的小手术，既不用吃药也不用打针，就和丈夫返回了家乡。

死神没有夺走王钦菊的生命，使她变得更加豁达，更加从容，更加平和。如今她和丈夫包海捕鱼，做家务、学花艺，诗琴书画样样浸染，个人品位得到提升，生活充满了活力。

妈妈的话　NO.84

屋宽不如心宽，身安不如心安。

——段廷云

段廷云（1930—2007），河南省郸城县人，一生务农，一生俭朴、勤劳。丈夫在家排行老大，她在家里既要照顾老人，又要照顾几个未成年的弟弟，还要养育自己的子女。在那个物质贫乏的年代，经常没吃没穿。面对生活的艰辛，她日夜操劳，自始至终默默无闻、任劳任怨地履行自己所承担的角色和职责，并以自己生性的乐观、热情、善良与宽厚，给亲人、子女以无比的温暖和幸福。

语境介绍

　　李成应①参军之前，正是改革开放前夕，爸爸在农忙之余会去做点生意，补贴家庭之需，家里生活因此有了一定改善。那年爸爸让成应参军入伍，他有点不想去，说可以跟爸爸一起做点生意，多挣些钱，给妈妈盖一座大房子，让一生辛劳的妈妈好好享受享受生活。妈妈段廷云顿时很生气，她对成应说："屋宽不如心宽，身安不如心安。你出息了，也让我心安了，比什么都强。"妈妈还嘱咐他到部队一定要听领导的话，好好地干，要安心在部队生活，不要老想家。成应在部队前两年，每次听到家中遇到困难，就变得不安心起来，总想早点离开部队。妈妈知道后就让人给他写信，叫他不要操心家中的事，要听领导的安排，安心干好自己的事，家中一切困难和问题她都会解决。

　　后来，李成应在妈妈"屋宽不如心宽，身安不如心安""诚实为人，认真做事"这些朴实话语的影响下，不管走到哪里都是干一行，爱一行，钻一行。他在部队机要这个极其寂寞、公认清苦的岗位，一干就是十八九年，始终干得很安心、很专心、很上心，也让他受益终生。

家训夹议

为心找一个落脚的地方

　　身边有几位战友、同事，事业有成，吃穿不愁，儿女成家，生活无忧，退居二线或从工作岗位退下来后，工作的压力也没有了，按说该享享清福了，但他们一天到晚心里总是空落落的，就是幸福不起来。有的说，看书静不下心，电视看不下去，旅游没兴趣，找点事情做又不合适，只好

　　①李成应，段廷云妈妈的儿子，在部队长期做机要工作，转业后安排在河南省洛阳市西工区纪委工作。

遛遛弯、喝个酒、打几个电话，无聊地打发着时光。这些人的境遇并非个别，他们几十年来一心扑在事业上，心之所往、情之所注、趣之所投、力之所用，基本上就是工作。如今，施展才华的平台没有了，实现自身价值的渠道没有了，人生便失去了着力点、兴奋点，就像断了线的风筝，心何以能安？

有一位女士，自从女儿去外地上学，一开始，星期天时一个人在家，觉得很悠闲。这样的日子难得，放纵一天倒是舒心，但连续几天，茕茕孑立，人开始觉得不对劲，萎靡不振，抵抗力下降，感冒乏力失眠都找上门来。她无意中看到柜角的大提琴，试着用自己粗壮的手指重新拨动琴弦，之后便一发而不可收。有动力就有向往，从家里一个人的小空间到一个个舞台，结交了一批志同道合的朋友，人也越来越有气质，最后被老年大学聘为周末老师。

还有一位战友，退休后无所事事，在家动不动就发脾气。一次路过老年大学的门口，看到许多上了年纪的人都忙着去上课，他就跟着报了歌唱班和舞蹈班。后来，还参加了市里组织的老年合唱团，走南闯北参加汇报演出和比赛，很充实，也很有成就感。这让他恢复了过去的精气神，身体好了，脾气也变温和了。因为，他的心灵找到了落脚的地方。

人活着不光是吃好、喝好，住好房子、坐好车，享受生活，最重要的是要有精神寄托，有安放灵魂的地方，内心不空虚。人从工作岗位退下来或自己的愿望追求落空，心就像在半空悬着，不知"家"在哪里，也就失去了生活的滋味。

英国剧作家菲利普·M说："勇敢的人随遇而安，所到之处都是故乡。"人应学会"入乡随俗"，随时找到自己新的"故乡"，为心找到一个新的"家"，找到新的动力源，让生活重新扬起风帆。

妈妈的话 NO.85

人别说嘴。

—— 李桂珍

李桂珍（1930—），出生于冀中平原的一个小村庄，是家中独生女。兵荒马乱年月，她16岁就与丈夫结了婚。国家历史文化名城正定，是她一辈子主要的生活地。她曾是一名服装厂工人，有一手剪裁缝纫的好本领。曾经的岁月里，一家大小，包括周围邻居在内，她为人们做过的衣服数不清有多少。很多大姑娘小媳妇，都从她那里得到过针线活儿的真传。多少年里，面对入不敷出的拮据生活，她没浪费过一分一毫。乐观、勤劳、坚韧、倔强，是她一生的写照。

李桂珍生儿子李书旗①时难产，身边又恰巧没人，母子二人数度命悬一线。那个年代，母亲们大多没条件去医院分娩，母子死亡是常有的事。二十多年后，书旗父亲讲起当时情形，古稀老人仍心有余悸，常常泪崩难收。父亲在国统区入党，新中国成立前几天，他目睹八名同志被国民党活埋。书旗打小认为他心硬。

60后的孩子，生于贫困，长于动乱。悲欢离合，很多故事就发生在身边。一天中午，父亲回家沉默不语。吃饭时他望着书旗的大哥突然说："你们中学校长死了，在校长室上吊了。"

家里一下子变得安静。母亲放下饭碗，眼圈通红。

"他是反动权威，死有余辜。"大哥标准红卫兵范儿，一脸的青春痘，上嘴唇还有层小胡子。"啪"，哥的话还没落地，脸上狠狠挨了一巴掌，"叫你说嘴"，母亲愤怒异常。

"说嘴"二字，就这样深深嵌进书旗幼小的记忆里。

人别说嘴，从那时起到书旗长大成人、娶妻生子，母亲好多次对他说。对这句话，他没细问过，老人家也从没有解释。这句话，随着岁月在他心里慢慢化开。

"人别说嘴"，是一句冀中平原土话，主要意思是说人要留"口德"。面对他人遭遇不幸，其他人难以仗义相助也罢，但不可看人笑话、冷言讥讽，更不能幸灾乐祸。

斗转星移，天理昭昭。说嘴是说风凉话，站着说话不腰疼，有失君子风度。说嘴是说大话，说得越多越离谱，越丢人。说嘴是说狠话，出口伤人，

---

①李书旗，李桂珍妈妈的儿子，1980年参加全国高考进入军校，军旅生涯二十载，当过连队指导员、机关干事和部门负责人，青春泼洒在齐鲁大地。他在人生壮年脱下军装，初心不改，砥砺前行，一直为泉城金融业发展努力工作。

有失善良本分。说嘴是说绝话，不给自己留后路，难保不遭老天报应。人这一生，会碰到太多的人和事。在达官显贵面前，不可奴颜婢膝；遇到身在难处的人，应尽力帮扶，暖语、安慰，不能冷眼相望、看人笑话，更不能乘人之危，言语中伤、落井下石。

家训夹议

德从口入

嘴长在人头上，除了吃的功能就是用来说话的。说，是一种表达渠道、一种交流方式，是生活中少不了的动作。许多人爱聊能侃，这是一种豪爽性格。但也有一些人特别爱说别人的是是非非，总以说别人的短处和不是为快事，客气点的背后悄悄说，狡猾些的拐着弯地说，有权有势、"有资格"的则指着人家鼻子直接说。别人有缺点、有毛病给指出来，当然是好事，问题是这些人说别人不是基于善心，而是出于一种幸灾乐祸式的自我满足；不是为了帮别人，而是为了显示自己、抬高自己。

过去社会上经常批评"对别人马列主义，对自己自由主义"，说的就是一些人说别人有嘴、说自己闭嘴，指责别人的、嘲笑别人的、要求别人的，恰恰是自己没做好的。可叹、可悲、可笑的是，这些人讲起话来、骂起娘来、笑话起人来，义正词严，理直气壮，没有丝毫的心虚。这或许就是当下人们所说的那种"两面人"。己所不欲，勿施于人。自己不愿做、做不到，而强求别人做到，这种人不能不说是语言的巨人、道德的矮子。

言为心声。人的道德修养往往会反映到嘴上，嘴上有个"把门的"归根结底还得靠内心去把持。不过话又说回来，嘴与心这两种器官是有感应、有响应的，能够产生一种互动效应，诗性一点说"心会随着感觉走"。从这种意义上看，嘴上多留点神、多积点德，对内心也是一种无形的触动、一种潜移默化的涵养；多从同情、理解、欣赏的角度说话，内心就会少一些阴暗的活动，阳光就会更充足一些。

世事难料，谁也别把话说绝了，谁也别以笑话他人为乐、为荣，爱笑话人的人说不定什么时候就会成为别人的笑料。

说话体现了一种涵养，一种境界。学会说话，不仅仅是那些牙牙学语的孩子们的事，也是大人们的人生必修课。

妈妈的话　NO.86

话到嘴边留一半，事到做前再三思。

—— 吴秀英

吴秀英（1927—2008），山东省平邑县人。她出身私塾老师家庭，从小受到良好的教育熏陶，性情温顺，谦和正直，思维缜密，心灵手巧，质朴勤劳，做事认真，爱好剪纸、绣花，家务打理得井然有序。她生性善良，听说汶川发生大地震，心挂灾区灾民，把手头仅有的520元钱捐了出去，还让子女捐款捐物。她注重言传身教，用一生心血抚育5个子女成长成才，各自为国家、为社会做出积极贡献。

1986 年 10 月，夏继宏①高考落榜后正上复习班，周末回家母亲劝他应征入伍。他说："当兵没有出息，我想考大学！"母亲听后生气地说："谁说当兵没出息？在部队干好了照样有作为，更何况部队是培养人的大学校。再说了，你不当兵、我不当兵，哪有今天的安稳日子？以后说话办事嘴上可得有个把门的，话到嘴边留一半，事到做前再三思。"

在母亲的劝导下，夏继宏投笔从戎。到了部队，那句刻在自己心里的母亲的话，时时提醒他谨言慎行。作为一名新战士，他遇人遇事善于动脑，说话在理，办事走心，很快完成从青年学生到合格军人的转变，也赢得了领导和战友的认可。其间，有一名同期入伍的老乡因吃不了苦想跑回家，他就和这位战友拉家常、讲事理，引用母亲的话劝导战友最终放弃了当逃兵，后来还当了骨干、入了党，退伍后当上了村支书。夏继宏本人一年多后考上军校，一步步成长为一名正团职军官。

对"话到嘴边留一半，事到做前再三思"这句话，夏继宏有自己的理解。他说，母亲是在教育他说话要想好了再说，做事要看准了再做。也就是说，说过的话就像泼出去的水，做过的事如同射出去的箭，都不可能再收回来了，说话、做事之前还能左右它们，一旦说了、做了就成了它的奴隶，对或错、后果如何只能听之任之了。其核心点就在于，无论说话还是做事都要思虑成熟，不能盲目莽撞。

---

①夏继宏，吴秀英妈妈的儿子，在部队曾任副连长、指导员、干事，济南军区司令部动员部参谋、国动委综合办秘书处处长，莘县武装部政委、县委常委。

家训夹议

走完脑子再走事

话要说得贴切靠谱，事要办得恰到好处，都要靠动脑筋。特别是一些复杂的事情，总是多种因素交织在一起，许多深层次、本质性的东西及其演变趋势，往往不是一眼就能够看得清、分得明的，也不是用简单的加减乘除法就能够直接算出来的。因此，许多重要事项的分析、判断，往往需要一个反复掂量、反复对比、反复算计的过程。苏东坡曾说："慎重则必成，轻发则多败。"所谓的"慎重"，就是话说出来前、事定下来前，在脑子里多打几个转转。古代进行战争前，要在庙堂上进行战略筹划，分析得失，做出决策，制定方略，《孙子兵法》把这一过程称作"庙算"，强调："夫未战而庙算胜者，得算多也；未战而庙算不胜者，得算少也。"历史演义、小说中经常用"眉头一皱，计上心来"这句话赞誉那些有智慧的将帅或军师，这个"皱眉头"的过程也就是走脑子的过程。

现实中，许多人说话很随意、办事很草率，常常是跟着感觉走，凭着喜好来。有的一听不同意见，就急着站出来反驳，结果是不走脑子便走调，嘴上的一时痛快换来的是心上的"快痛"。每个人都要为自己所说的话、所办的事负责，也包含对自己、对相关人的负责。而那种即兴之言、即兴之思、即兴之为，少了谨慎持重，少了字斟句酌，少了三思后行，能有什么"负责"可言？充其量是一种"浅负责"。

现代社会，生活节奏明显加快，快人快语的人也讨大多数人喜欢。但说话也好、做决断也好，并不是越快越好，太快则少了思考斟酌的时间，同时也压缩了别人理解接受的过程，往往没有好的结果。古人讲的"贵人语迟"，说到底就是劝导人们不要忙于发话、忙于决断、忙于出手，走完脑子再说、再做也不迟。

妈妈的话　NO.87

心静搓得好麻绳。

—— 王树英

王树英（1931—），山东省平度市人，出身书香门第，受中华传统文化影响深，为人质朴善良，性格沉稳要强。她自小心慧手巧，女红针线样样拿得起、放得下，尤其是从上辈人手中学会了面艺和手工艺。她嫁给同村一名大学生，跟着进了省会城市，她那心静如水、沉稳如山的性格，让她成为一个地道的贤妻良母。

> 语境介绍

在胶东一带，人们居家过日子，平时不管是缝补衣物，还是纳鞋底等，都经常要用到麻绳。因为这些所需的麻绳，取材方便，经济实惠，一般都要自己用麻线（一种家麻）在腿上搓织而成。搓麻绳是一种细功夫，一种要求很高的手艺，搓得又均匀又细长才是真功夫。搓麻绳时，一定要静下心来慢慢搓。在搓织的过程中，需要先搓一股，再去搓另一股，继而在同搓的过程中把两股或三股麻线交织合拧起来。如此这般，一段接着一段搓个不停。由于搓的过程非常单调，加之麻线有粗有细、有长有短，时间一长许多人就会产生厌烦情绪，也会自觉不自觉地分心走神。因此，只有心静沉稳，不急不躁，才能搓出一流的麻绳来。让王树英妈妈今生自豪和受用的一门手艺，就是会搓一手好麻绳，她搓出的麻绳既均匀好看，又结实耐用。

"心静搓得好麻绳。"这是王树英妈妈在搓麻绳的过程中总结出来的经验，也是她对生活的感悟，并从中养成了凡事认真沉稳的心境。这句话，几乎成了她对孩子们说理或启蒙教育的"习惯用语"。杨振荣①从妈妈的言行中受到陶冶，打小养成了不浮躁、不张扬、不急于求成，静下心来、耐住性子干事的习惯，因而在人生中获得了理想中的"好麻绳"。

杨振荣记得在海岛当连长时，一次上级组织实弹演习，一名平时打靶成绩很好的战士，因内心紧张打出了不及格的成绩。要知道，他一个人的成绩直接影响了全连的成绩。就在杨振荣一时怒火中烧，准备大发雷霆时，突然想到了母亲的"心静搓得好麻绳"。于时，平静下来，平和地对这名战士说："还是心里想得有点多，有点急，可能是我给你们的压力太大了。这次没考好，下次只要静下心来，按照平时训练的动作要领来，肯定会打好的！"令人欣慰的是，第二年实弹射击考核，全连打出了全优的成绩。这也是他军旅生

---

①杨振荣，王树英妈妈的儿子，军校毕业后在海防连队当过排长、连长，在机关当过参谋、助理员，在房管系统担任过房地产管理处处长、书记，高级经济师。

涯中最值得骄傲的一件事。

"静"为"动"聚能

静,意指静止不动,但静的最终意义与价值不在止,而在动。《孙子兵法》上讲:"是故始如处女,敌人开户,后如脱兔,敌不及拒。"就是说,战争开始前,要像处女那样柔静;战争开始后,则要像脱逃的兔子一样行动迅速。说是"这里的黎明静悄悄",岂不知背后隐藏着多少杀机。从军事意义上讲,静是为了诱敌"开户",是为了更突然、更有效的行动。从字形上理解,静不是死水一潭,而更多的是一种以"青"为底色,不浮躁、不张扬、沉稳有数的"争"。生活中的静,孕育和涵养着一种高雅的动能。

静是一种品修。安静的人才会笃学修性,远离浮尘、不恋声名,才不会在浮躁的环境下失去自我。安静的时候才会像锅中止沸的水,看到真实的自己;也才能让渣垢沉底,还清澈的自己。"宁静以致远",这个"远"既指目光之远向,也含浮尘之远离,正所谓"心远地自偏"。自古安者多清高,静者多清净。静得下心,才修得了品。

静是一种力量。静是智者的因子,善者的慧根,更是成功者的密码。拿破仑·希尔在《心静的力量》中提到:"内心平静有助于你依照自己的条件和所选择的价值观来生活,并且会让你每天的生活变得更加富足与美好。"如果我们能静心想想,古往今来,那些大凡成功者,那些拥有幸福人生的凡人,又有哪一个不是在有形无形中获取了心静的力量。然而,在实用主义流行的年代里,在这个快节奏的社会里,静常常难以让人为敬。其实,一个人沉淀过后,最终还是离不了静的力量。

　　静是一种智动。静让人深思，让人祛燥。心中有静，没有莽动；静在心中，动则从容。杨振荣静静回想自己走过的路，尽管困难时常在、矛盾不时生，考验与挑战接踵至，但由于妈妈的"心静搓得好麻绳"这一朴素而积极的人生影响，自己能够耐着性子把一团团"乱麻"理顺，并搓出了一根根"好麻绳"。

妈妈的话　NO.88

酒肉朋友靠不住。

——郭秀英

郭秀英（1940—），山东省烟台市芝罘区人，革命干部家庭出身，军嫂。她淳朴智慧，乐观豁达，通晓事理，处事有方，家庭遭受"文革"冲击等生活磨难，没有让她灰心消沉，里里外外都能拿得起、放得下。她吃苦耐劳，勤俭持家，精心孝敬父母和乡下婆婆，帮助姐妹照料家庭。三年自然灾害期间，她曾靠从田间地头捡拾、贮存的大量干菜叶，帮助一家人度过了最艰难的日子。她诚心对人、宽心对事，善待亲戚邻里，是一位人缘好、有口碑的敞亮老人。

 语境介绍

"酒肉朋友靠不住！"这是郭秀英妈妈多次对担任领导职务的女婿说的一句话。女婿一开始并没太在意，总觉得那是老人想让自己少一点应酬，多在家里待一待，多注意一下身体。一次，岳母又说起这句话，有所悟觉的女婿便向妻子孙娘①讨教，方知其中的原委。

郭妈妈的父亲是20世纪30年代的地下党员、支前模范，在当地颇有名望。新中国成立后，他到市委统战部任职。他为人热情好客，每到周末家里都友朋满座。他做得一手好菜，配上好酒好茶，热心让人享用。这样的光景持续了多年。伴随着"文革"的浩劫，他的人生发生了逆转，被诬为"特务"，遭到关押和严刑拷打，最后下放到"五七"干校劳动改造，家人也受到了牵连。当时，所有的朋友都远离了他。他一个人默默地忍受着冤屈和孤独，从未有一句怨言，因为他始终相信党。尽管后来冤案得以平反，而昔日的热闹光景难以再现。

当然，多年前他在海上救起的那位长岛县渔民及其儿子们，一如既往地来看望他，并且两家成了世交。

家训夹议

酒杯太浅，装不下朋友

人是社会之人，生活中除了家人、亲戚，还离不开朋友。动物还要结伴，何况人呢！没有朋友的人生注定是孤独的，是乏趣的，是悲哀的。不

---

①孙娘，郭秀英妈妈的女儿，现为烟台越众实业有限公司驻济南办事处主任，在美学研究、设计装饰、文学创作、摄影艺术等方面取得诸多成果。系《美眼看孙子》一书美学顾问。

过，现实中对自己最好的固然常常是朋友，而对自己伤害最深的往往也是朋友。

苏东坡是一个善于结交朋友的大文豪。"日复一日的应酬，连篇累牍的唱和，几乎成了他生活的基本内容，他一半是为朋友们活着"。就是这么一个人，遭受冤屈被贬黄州后，没有一个朋友来信说上几句宽慰他的话，而且他的去信也换不回只言片语。尽管他们都知道苏东坡是被冤屈的，也知道皇帝赦免了他，他的事尘埃落定了，但就是不想与他"有染"。这就是苏东坡的朋友们！其实，更有甚者，那些嫉妒他、诬陷他的人中，就有他的朋友。沈括，这位在中国古代科技史上占有不小地位的科学家，是苏东坡的好友。这位既是科学家又是文学家的朋友，因忌妒苏东坡的才华与声名，检举揭发"苏诗"有讥讽政府的倾向。沈括所检举揭发的诗句，正是苏东坡与他分别时手录近作送给他留作纪念的。

那么，人到底应该结交什么样的朋友？纳兰性德是康熙朝重臣明珠的长子，清代享有盛名的词人。王国维在《人间词话》里推崇他是"北宋以来，一人而已"。顾贞观是纳兰性德一生中最重要的挚友，他有个朋友叫吴兆骞，因为被科场案牵连，受了不白之冤，流放到东北宁古塔。一个江南文弱才子，在那地方实在是度日如年，而且能不能熬着活下来都是问题。顾贞观发誓一定要救他回来。他找到纳兰，给他看了自己写给吴兆骞的词。纳兰看了以后哭了，说一定想办法救你的朋友。他带着顾贞观见父亲明珠。这个事情非常难办，因为那个科场案是朝廷重案，吴兆骞是在康熙那里都挂了号的人。但顾贞观向明珠下跪求情，明珠总算勉强答应了。后来明珠父子费了不少周折，花了不少钱，终于把吴兆骞弄了回来。但吴兆骞不清楚其中的原委，顾贞观也没有向他提这件事，他只知道是明珠救的自己，回京后居然因为小事和顾贞观闹翻，见人就痛骂顾贞观。等他到明珠府上拜谢，明珠就领着他到一间屋子，指着墙上的一行题字给他看："顾梁汾为松陵才子吴汉槎屈膝处"。吴兆骞愣了片刻后，号啕大哭。

纳兰性德、顾贞观就是这样与人为友的！1685 年 5 月，31 岁的纳兰性德和朋友们聚会饮酒，每人都写了《夜合花》一诗。8 天之后，纳兰性德去世了。一年后，顾贞观从北京回到了故乡，在自己屋子里挂上纳兰性德的肖像，过了 30 年隐居的日子。顾贞观的人生固然令人惋惜，但也向世人诠释了什么叫朋友。

严修，是袁世凯在小站练兵期间结交的一位朋友。1908 年，摄政王载沣罢了袁世凯的官，差点要了他的命，最后因为种种原因才命他开缺回家。满朝文武只求自保，无人敢出面为他求情。只有严修以学部侍郎的名义提出抗疏。载沣当然没有理会，严修一气之下辞了职。在袁世凯收拾完行李上车之际，来车站送行的寥寥几人中，就有严修的身影。后来袁世凯要称帝。严修闻讯后觉得大事不好，出于朋友间的情义，也出于公义，他要去袁家劝阻。去之前，家人和朋友都非常担心，生怕他遭遇不测。严修显得非常坦然，他说："为大局弭乱源，为故人尽忠告。"这次与袁世凯的会谈，他的日记里有记载："谈约一小时，余论筹安会，总统意不谓然。"《自订年谱》也提到这件事："筹安会起，入都争之，不得，遂绝迹于北海。"然而，袁世凯被迫取消帝制后，严修又来到北海，与袁世凯恢复了往来。这才是有情有义、有道有节的真朋友！

人生交友结伴、聚会行乐、把酒传情，历来是一件妙美之事。但交什么样的友、行什么样的乐、传什么样的情，都值得好好掂量。明代陈眉公的一段话颇令人深思，他说："何为独乐乐？曰：无事此静坐，一日是两日。何为与人乐乐？曰：与君一席话，胜读十年书。何为众乐乐？曰：此中空洞原无物，何止容卿数百人。"

朋友之间不讳酒，醉酒也在难免中，但觥筹交错之间当清醒：酒杯太浅，装不下朋友！酒杯易碎，撑不起朋友！

妈妈的话　NO.89

总是赞美你的不一定是真友，当面揭你短的一定是恩人。

——齐友英

齐友英（1931—），山东省淄博市临淄区人，家族中迄今最年长的老人，身体健康硬朗。她出身农民，自幼务农，育有三儿一女，在村里是一个好强能干的好村民，在家是一个教子有方的好母亲。她虽然不识字，但凡事立说立行、自强自理，持家有方，精打细算，与乡亲邻里相处融洽，给儿女子孙树立了好的榜样。

　　李东一①的家族是四代军人世家，有着70多年的军属历史，在本地是有名望、有社会影响的家族，也是当地政府和乡里乡亲经常赞许的家族。东一父亲的一个叔叔在抗战时期当兵，牺牲在战场上，成为革命烈士；他的大爷在解放战争时期当兵，新中国成立后复员回乡，成了村里的党支部书记；三叔在东一还不记事的时候当兵，转业回乡在县城里当了一名国企干部。东一受长辈影响，高中毕业后在小学任教不到半年就参了军，在部队一直干到集团军机关的处长。后来他的堂弟、弟弟、儿子、外甥等亲属，先后有20多名参军报国。目前，儿子、儿媳、外甥等6名亲属仍在部队服役。

　　世代军人之家的光环，特别是随着东一职位的不断提升，结识的高级领导、交往的朋友也越来越多，家庭日益受到社会的敬重，来家里看望齐友英妈妈的人，都说东一的好话。齐妈妈既为儿子自豪，也颇有些担心，担心东一头脑发热。一次东一回家，她拉着儿子的手说：孩子，现在说好话恭维你的人多了，说你不是的人少了，时间久了、日子长了容易出毛病，闹不好也会犯错误。要知道，"总是赞美你的不一定是真友，当面揭你短的一定是恩人"，对别人赞美你的话要挑着听，对别人批评你的话全记在心中。有人不怕得罪你，当着你的面说你的不是，才是真心地关心你、帮助你。这样的人，才最值得交往和爱惜。

　　妈妈的话提醒了东一。从此，他对交往什么样的人、怎样听别人的话，心里有了分寸，为人处事也更沉稳了；与好朋友们相处，也并不是总挑好话说了。

---

　　① 李东一，齐友英妈妈的儿子，高中毕业后曾任农村民办老师，在部队担任过营长、副科长、集团军机关处长。转业后在潍坊市人民检察院工作，任离退休干部处处长。

"揭人短"与"补人短"

朋友之间吹吹捧捧、你好我好的很多，关键时刻两肋插刀的也有，而当面"揭短"、红脸相劝的越来越少。为什么？因为人们越来越听不进批评的话。常言就说，打人不打脸，骂人不揭短。说白了，"揭短"就是骂人。人明知自己有短，还极力去护，而在自己无"短感"的情况下别人执意去揭，岂不是"故意找茬""和自己过不去"？

当年东吴的孙策英年早逝，把"家业"传给了年仅19岁的弟弟孙权。孙策临死前交代弟弟：内事不决，可问张昭；外事不决，可问周瑜。那孙权可谓一代开明之君，江东人才济济，连不可一世的曹操都生出了"生子当如孙仲谋"的感慨。然而，他可以重用周瑜、鲁肃、吕蒙、陆逊，就是不重用张昭。因为孙权讨厌张昭时时规劝自己：少喝酒呵，举止要庄重呵，见人才要下车呵，等等。孙权称王时，众官举荐张昭为丞相，孙权偏用孙邵；孙邵死，众人又荐张昭，孙权又选顾雍。明君胸襟之阔尚不愿人"揭短"，何况俗常之人？

然而，是真朋友就得真帮，真帮就不能讳短，就不能眼看着朋友往歪道上走而视为不见，一味充好人。当然，好话好说，难听的话难说，说不好朋友就会翻脸，闹不好连个朋友都做不成。这也是许多人在朋友之间不是不想说真话，而是不敢说真话、不敢"揭短"的主要原因。所以，"揭短"就得讲究方式方法和艺术，让朋友听后有觉、有悟、有改，而无厌、无恼、无恶。

"揭人短"无论是采取直接的方式还是间接的方式，无论是尖锐的语言还是委婉的话语，目的都是让朋友有知。不过，有知就会觉得下不来台，有知就容易产生逆反。从这种意义上讲，有时当面"揭人短"，不如背后悄悄"补人短"。这种"只做不说"，更是"为朋友两肋插刀"。

妈妈的话 NO.90

居家过日子，一定不要小瞧了针头线脑、鞋头脚脑、田头园脑、锅头灶脑。

—— 许桂芳

许桂芳（1927—1999），江苏省阜宁县人。她出嫁后，曾留在养猪场当职工，1962年伴随全国"大下放"，她带着三个孩子转为农村户口。她一生为子女、为家庭含辛茹苦，即便是吃不上饭也要让孩子读书识字。她性格温和，注重家里家外的和睦，敬人让人在先，从未与人红过脸。她在生活上非常节俭，注重从小处、从能做到的地方着手，常常向子女念叨她那朴素的"几头几脑"。

1962 年"大下放",让周成①家的日子陡然艰难起来。家里没有劳力干农活,需要拿钱到生产队买口粮;妈妈因猪场解散,没了工作也就失去了收入;周成姐弟年龄小,都在上学;父亲工资低,入不敷出。

面对窘迫的生活,妈妈身体力行,硬是用她悟出的"几头几脑",把苦日子撑下去。"几头几脑"要义在"勤"和"省",从伸手就来的小处着手。针头线脑——家里要有缝缝补补的工具,特别是女孩子要学会针线活;鞋头脚脑——立足于家里做鞋子穿,特别是男孩子要懂得珍惜,走路不要用脚踢砖头石子;田头园脑——家前屋后、沟边地头要有小菜园子,自种自吃,伸手就来,既省钱又便利;锅头灶脑——既要学会做饭、节约粮食,又要讲究卫生、吃得干净,更要小心火苗,谨防火灾。

养猪是妈妈的拿手活。有一年她饲养了一头 400 多斤的大肥猪,卖了206.1 元,一次就把全年的口粮钱交上了。周成和姐姐每天放学回来,妈妈带着他们不是挖猪菜就是给菜地施肥浇水,自家种的菜足够吃的,一年四季基本不用买。晚饭后,煤油灯下,妈妈边督促孩子们学习边忙她的针线活,时不时地让他们穿上新衣新鞋。周成的鞋子总比姐姐坏得快,都是因走路脚不老实,在路上踢来踢去,早早就把鞋头磨坏了,为此他没少挨数落。

苏北农村靠烧柴火做饭,做好饭后一定要把灶膛口清理好,让锅台前的柴火与灶膛口有一段距离,防止灶膛里的余火燃着锅台前的柴火而发生火灾。那时每年因此而失火的人家很多,有的还烧得家破人亡,妈妈常借此进行随机教育,让他们从小就懂得火水无情,小心防火。

妈妈离世已近 20 个年头,尽管现在大家不用再为吃穿发愁,但在周成心中她那"几头几脑"仍弥足珍贵,其精髓要义什么时候都不会过时。

①周成,许桂芳妈妈的儿子,曾在山东大学中文系学习,长期在济南军区司令部机关工作,先后任参谋、处长、研究员、副部长;后转业到济南市委,任市直机关工委副书记。

"头""脑"里面有头脑

老百姓有句俗话：吃不穷，穿不穷，算计不到就受穷。要说"算计"，许妈妈这"几头几脑"就是最好的"算计"。"几头几脑"，体现的不单纯是勤与俭的品德，更是生活的智慧。在特别困难的年代里，人要活下来，日子要过下去，孩子要有个好前程，要"与天斗""与地斗"，还要"与人斗"，没有"勤俭"二字不行，没有头脑、没有智慧更不行。

当年，林县人为了活命，为了子孙后代能在这片贫瘠的土地上生存下去，豁出命来去修红旗渠。渠修成了，水引来了，人类历史上的奇迹也横空出世了。这里面，有林县人不向命运低头、敢于"改天换地"的大无畏精神，也有"勤俭"的因子，更凝聚了他们征服大自然的聪明才智。

当下，吃穿问题已不在话下，但要过上更好日子，需要在更高的起点上解决"穷"的问题；既要在物质方面持续上台阶，更要注重在精神方面"脱贫致富"。进入新的时代，就像"新四大发明"一样，老的"几头几脑"虽然没有过时，而新的"几头几脑"倒是值得期待。对新一代人来说，应该像许妈妈们当年那样，为了更好地生活，学会动脑，懂得"算计"，不妨总结出自己的、具有时代特色的"几头几脑"来。

妈妈的话 NO.91

有西瓜要搬，见芝麻也拣，日子越过越不难。

——朱秀美

朱秀美（1919—1993），山东省淄博市张店区人。她虽然没有机会进学堂读书，但在同龄人中能说会道，颇显聪颖。她口算心算能力极强，被村人誉为"钢算盘""铁算盘"；喜欢哼唱民歌小曲小调，乐观慈祥。她丈夫年轻时即参加抗战，后随大军南下上海工作，犹如单亲家庭，她独自一人带着几个孩子艰难度日。在那个缺吃少穿、生活拮据的时代，她不断用民谚俗语、方言俚语启发孩子们自立自强，奋发进取。朱秀美妈妈晚年幸福，丈夫60岁离休还乡，老夫妇团聚后，出双入对，形影不离，儿孙们看在眼里，喜在心头。

语境介绍

罗光洲[1]幼时听说，邻村有位张姓财主在山沟薄岭地里种植芝麻，有一年风调雨顺，竟然收获了五大缸芝麻。在集市向商人出售时，不小心在地上撒了一点芝麻。老财主很心疼，遂趴在地上一粒一粒地仔细捡拾。商人见状，赶忙从自己的麻袋里捧出一大捧送给他，并可怜地说：别捡了，不值得、不值得！财主答道：我虽穿戴破陋，但并不是您想象中的穷汉，我家里现在还存有三大瓮芝麻哩！在一旁的熟人也补充说：别看其貌不扬，他可是我们本地数一数二的大财主呢。

朱秀美妈妈经常借张姓财主的故事引导孩子们自立自强，学会打拼奋斗。她最常说的两句话就是："天上下雨地下滑，自己倒了自己爬；若要求人拉一把，必得花上二百钆（钱）。""有西瓜要搬，见芝麻也拣，日子越过越不难。"

在她的督促下，罗光洲的哥哥成为村里第一个高小生，姐姐成为村里第一个女完小生，自己是村里第一个大学生，女儿成为村里的第一个博士生。

进入古稀之年的罗光洲对妈妈"有西瓜要搬，见芝麻也拣，日子越过越不难"这句话，越品觉得越有滋味。他深有感触地说，人在漫长的进取旅途或在创业谋财的道路上，有高潮也有低潮，有跌宕也有起伏，有亏本也有赢利，而顺也得走逆也得走，大钱要挣小钱也不能嫌弃。利益大的时候犹如遇到大西瓜，自然会欢心雀跃去"取"；没有大的利益或收拾残局的时候，对小的利益犹如碰到芝麻，更需要俯下身子去"捡"，以求积少成多、积沙成塔、集腋成裘。有了这种精神，日子就不会贫困，人生就会立于不败之地。

---

①罗光洲，朱秀美妈妈的儿子，先后担任山东人民广播电台记者、淄博市《淄流》期刊编辑和张店区地方史志编辑，至今74岁仍被返聘在岗，笔耕不辍。现为淄博市作家、淄博市文史专家，山东省地方志学会会员，山东中华家谱学学会会员。

眼界还要配能力

人应该有理想、有抱负，立志干一番事业，但究竟干什么事、干多大的事还要看自己的能力状况和天赋。一门心思干大事，而不考虑自己有多大本领的人，最终会一事无成。有的人一天到晚想当这个"家"、那个"总"的，其实，他压根就不是那块料。人们常用"志大才疏"来嘲讽那些好高骛远者。人的最高智慧就在于，知道自己的能耐在哪里、有多大，能干什么、不能干什么。用老百姓的话说，"知道自己能吃几碗干饭"。

干大事、立大功当然好，但成大事者毕竟是少数，更多的人是默默无闻做小事。小事并不意味着价值小，许多小事恰恰是社会生活最需要的。有的人当了一辈子公交车驾驶员，有的人终身做小学教师，有的靠摆摊卖菜谋生，谁敢说他们的社会价值、人生价值小？

现实中许多人眼高手低，老想着干大事，不屑干小事，大事做不了，小事不去做，有的宁愿啃父母也不愿意下力挣点钱，甚至有的年轻人干脆躲到国外吃救济。岂知，凭劳动所得最光荣、最踏实。

泰山不拒细壤才成其高，河海不择细流方就其深。人要成就大事，往往也得从小事干起。有芝麻才能出香油，雄心大志是要靠脚踏实地去支撑的。

妈妈的话　NO.92

银行有存款，不花心也甜。

——杨翠芬

杨翠芬（1933—），山东省莱阳市人，几乎没有上过学，新中国成立后上了几天妇女扫盲班，认识了不少的字，是一个热爱生活、责任心强，既聪明又能干的人。她出生在一个贫穷的家庭里，父母早亡，作为家里最大的孩子，她带着四个弟弟、一个妹妹艰难度日。她结婚后仍心系家中的弟妹们，帮着他们一个个成了家。她在村里威望很高，邻里发生不愉快的事，都愿意找她帮助调解。

杨翠芬妈妈从小家里穷，特别是经历过三年自然灾害，对吃不饱的滋味记忆犹新。现在生活好了，但她始终"怕着"，家里始终存着几大缸粮食，路上看到丢的粮食她都会捡起来。她一辈子养鸡，就是因为鸡什么都吃，猪狗剩下的也浪费不掉。她家里几乎不产生垃圾，能卖的卖钱了，能吃的吃掉了，不能卖、不能吃的全部放进锅灶当柴火烧掉了。

家里的木头织布机，已经放了七十多年，她让人搁在高空的棚子上，一直不让动。公公喜欢修造撅头和铁锨用的木把，在世的时候积攒了许多，她一个也不舍得处理，仍然放在高空的棚子上。西厢屋地上放了一堆煤，是丈夫在烟台建筑公司当工人时配给的稀缺物资，她一直不舍得烧，虽然现在油性都没有了，但仍不让人处理。孩子们劝她"断舍离"，她总是说："银行有存款，不花心也甜，也许家里今后用得着呢，万一你们的舅舅和街坊邻居用得着呢！"

现在她家简直成了典型的胶东民俗"博物馆"，磨面的石磨，喂驴的石槽，织布的木机、煤油灯、木锨、石碾、木头风箱，凡是以前胶东农村有的，家里都能找到。她的节俭是全村人公认的，用胶东话说那是真"煞实"。

孝顺孝顺，一要孝，二要顺。儿女们为了母亲高兴、长寿，尽量顺着她，并在长期的熏陶影响下都养成了节俭的习惯，"银行有存款，不花心也甜"这句话也成了挂在家人嘴边的"口头禅"。

她的儿子宋守德①进入"知天命"之年认识到，妈妈"银行有存款，不花心也甜"这句话，不单单指在银行里有存款，核心是倡导节约。就是说，要注意积攒钱财、积蓄物品，就算一时用不上，起码心里有底，有一种踏实感、

---

①宋守德，杨翠芬妈妈的儿子，军校毕业后历任排长、副连长、干事、政工科长、武装部副部长。1985 年 2 月参加对越自卫反击作战，身负轻伤，立战功一次。转业后任大众日报社保卫处处长、政工总监等职。

愉悦感；万一用到的时候能应急、不慌张，也不至于再去借、再去买，造成新的浪费。

手中有粮，心中不慌

杨翠芬妈妈爱积攒东西、爱存个钱，是因为她穷怕了、饿怕了。人应该有忧患意识，因为天有不测风云，人有旦夕祸福。人有钱有物的时候，要想到可能缺钱缺物的时候；东西派不上用场的时候，要想到可能用得着的时候。富有了就大手大脚那是不够理智，"今朝有酒今朝醉"则是失去理智。

中国人有中国人的消费观，不仅仅是中国传统文化使然，还缘于当代中国的国情。中国在经济上、中国人在个人收入上还远没达到发达国家的水平，社会保障能力还很弱，老百姓手里没点钱、没点粮、没点物件，怎能让他们心里不慌？最好别羡慕西方国家的低储蓄率，也别跟风日本人的"断舍离"。

人活得踏实了，才会快乐，才会健康，而要真正踏实起来，最重要的标志就是无后顾之忧。人总要从强势走向弱势，越走就可能越不踏实。人的后半生特别是晚年要过好，就必须给自己一种踏实感。这无忧、这踏实，一靠国家的保障，二靠子女的赡养，三靠自己的收入和积蓄。常言说，求谁也不如求自己，攥在自己手里的才是最牢靠、最踏实的。从现实看，作为老年人，手上有了一定的钱财作后盾，有了病可以选择更好的治疗方案，身体状况不好可以选择好一点的生活方式和养老去处，也能够给儿女减轻一些经济上、精力上的负担，并且自己能够挺起腰杆来，更自信、更有尊严地活着。"银行有存款，不花心也甜"，这就是杨翠芬妈妈的过人之处。

别笑话老人越活越"财迷",他们无非就是求个踏实。要有意识地给老人手里、老人名下放些财物,这会让他们的晚年过得踏实一些。

妈妈的话　NO.93

不挑担子不知重，不走长路不知远。

—— 彭秀梅

彭秀梅（1962—），山东省平度市人，高中毕业后在平度市白酒厂工作，后下岗无业，专心照顾家庭。她性格既坚毅刚强，又温柔贤惠，爱好读书，喜欢唱歌。在孩子教育上倾注心血，从小灌输勤俭持家，走正路、有作为的思想；在家庭并不富裕的情况下，省吃俭用，竭尽所能，努力创造良好的学习条件，致力于把孩子培养成为对国家、对社会有用的人。

军校毕业后，葛鑫①被分配到野战部队，从一名基层排长干起。作为一名刚毕业的学员，他鼓足干劲、立志建功军营，对未来充满着美好向往。但是，诸多不顺也相继而来。父亲遭遇车祸，在床上躺了几个月，他身在军营，忠孝不能两全；谈过几次恋爱，都因他工作特殊、任务繁忙、天隔两地等原因分手；工作上出现纰漏，单位建设成绩下滑；等等。

越来越多的现实问题，让年轻的葛鑫越来越焦虑。这种情绪很快让敏感的妈妈察觉，她通过多种渠道与儿子沟通。其中讲道："我们还年轻，能自己照顾自己，家里的事情不用你操心。看到你现在越来越成才，妈打心眼里感到高兴。现在遇到一些不顺心、不如意的事情，都是很正常的，人生哪能不遇到些沟沟坎坎的，我和你爸风风雨雨几十年过来也不是一帆风顺的。不挑担子不知重，不走长路不知远。你还年轻，从军路上也只是迈出了第一步，在军旅生涯的磨炼上也只是刚挑了第一担，如果不经历一些事，你永远不知道失败挫折对你意味着什么。"

母子几次沟通之后，葛鑫心中的结打开了。他逐步认识到，任何事情，不亲身体验，就不知道这件事情有多难，不担起责任就不知道责任有多重。人生既要勇敢地挑起担子，大胆地迈出步子，又要对前进道路上的艰难有充分的估计与准备，把梦想与现实有机地统一起来。从另一个角度讲，衡量一个人的能力与耐力，不能看一时、一事，要看全程、看发展，一时的挫折说明不了太多的问题。葛鑫想通了，成长的路便走实了。

①葛鑫，彭秀梅妈妈的儿子，军校毕业后，从一名基层排长成长为战区陆军参谋部的一名参谋。

还得"摸着石头过河"

"摸着石头过河",是陈云副总理在改革开放初期经常提及的一种思想方法和工作方法,其核心要义就是从实际出发,在实践中开拓进取、摸索规律、稳步前进。中国改革开放这一前无古人的伟大创举,在没有前人经验,没有现成桥和船的情况下,没有走太多的弯路,取得了历史性的突破,正是得益于这种科学务实的思想方法和工作方法。

一个人的成长和创业之路,与国家改革和发展的轨迹有异曲同工之理。每个人在前进的道路上,都会面临种种未知与不确定,每走一步固然前面可能有辙可循,然而每个人的情况不同,鞋合不合适只有穿到自己的脚上才知道,路能不能走通只有自己走起来才知道。适合自己的路,最终靠自己去寻找、去感觉、去适应,别人谁也替代不了你。

人生有梦想、有规划、有方向是一回事,适合不适合你是另一回事;人都希望万事如意、都祝福一帆风顺,这不过是希望、是祝福,就像"寿比南山"一样,万事如意、一帆风顺的人生是不存在的。前进道路上,只能深一脚浅一脚地往前走,许多情况下只能是走一步看一步、走一步算一步。能够越过一道坎,能够趟过一条河,能够翻过一座山,这就是一段成功的人生。人的一生,大多是这样一段段、没有太多预期地走过来的,都少不了"摸着石头过河"。

人有了"摸着石头过河"的心态,就会对前进道路上可能遇到的矛盾有一定思想准备,一旦遭遇不顺和挫折就不会惊慌失措,也不会灰心丧气,而会静心面对,从容周旋。

人有了"摸着石头过河"的方法,就能够少一些天真空谈,多一些脚踏实地；少一些一意孤行，多一些稳步前行；少一些不可挽回的冲动与冒进，多一些理性可控的回转余地。要知道，人摔倒了固然可以爬起来再走，可人生往往是没有彩排、输不起的。

妈妈的话 NO.94

麻不搓不承重，心不齐不成事。

—— 杨风英

杨风英（1926—2016），山东省临朐县人，14岁至19岁一直积极参加支前工作，为八路军做军鞋、筹军粮；解放战争时期，曾参加支援解放军攻打临朐冶源作战。作为家庭妇女，她一生勤俭持家，最拿手的绝活是给小孩子做虎头帽子、虎头鞋。这些鞋帽模样可爱，栩栩如生。她对孩子注重言传身教，做人做事要求严格，形成了良好的家风。她朴实善良，在经济困难时期，宁愿自己饿着肚子，也要尽量帮助他人渡过难关，在四邻八乡有着非常好的口碑。

　　杨凤英妈妈和丈夫养育了 9 个孩子，她特别重视这个大家庭的团结，一有机会，总是对孩子们说："你们都懂事了，要团结得像一个人一样，一根筷子容易折，十根筷子折不断；麻不搓不承重，心不齐不成事。村里也有不好的人，专门挑拨离间、搬弄是非，你们离他们远一点！"说到这里，她总是举几个例子，什么张家媳妇听了谁的闲话，回家不问青红皂白就和婆婆吵架，家里从此鸡犬不宁；李家兄弟本来亲密无间，就是因为一件小事，兄弟俩闹得就像陌路人，到现在也不说话，有的人则借机算计他们。

　　1985 年 3 月刘世宝①到云南前线参战，一家人为了不让母亲担惊受怕，一直瞒着她，他与哥姐的书信来往也有约定和默契。大约半年后的一天，邮递员送信到哥哥家，兄嫂都不在家，便让母亲转交。适逢外村的铁匠来村里干活，不识字的母亲让他拆信念给她听，才知儿子到云南前线打仗去了，顿时泪如雨下，也由此开始了近一年的夜半哭声。但牵挂归牵挂，母亲毕竟是经历过事的人，她把眼泪一抹，找到世宝的哥哥，要他马上回信告诉世宝："子弹不长眼，自己要长眼""养兵千日，用兵一时，在前线别给家里丢脸""要和战友们处好关系，攥成拳头，麻不搓不承重，心不齐不成事，团结才能打胜仗"。刘世宝在阵地上看到家书，顿时热泪盈眶，热血沸腾。

　　人生的经历让刘世宝认识到，个人的力量是单薄的，成不了大事，也容易受到挫折；大家团结一心，就会形成合力，就没有克服不了的困难。对一个家庭来说，内部只要好好团结，拧成一股绳，外人就不会欺负。"麻不搓不承重，心不齐不成事"，妈妈的话实可谓语重心长。

---

①刘世宝，杨凤英妈妈的儿子，解放军烟台疗养院业务院长，主任医师，大校军衔。1985 年 3 月他随部队参加对越自卫反击作战并荣立战功，现任全国疗养康复专业委员会委员、山东省疗养康复专业委员会副主任委员、烟台爱尔眼科医院医务部主任。

"和"中溢美力亦张

《礼记·中庸》云："和也者，天下之达道也。"和衷、和谐、和合，是一种境界、一种高度，也是一种美感。《国语·楚语上》中说，"夫美也者，上下、内外、小大、远近皆无害焉，故曰美。"寥寥"俗语"之间，即把国与国、阶层与阶层、人与人之间和平共处、和睦相处之美，如同张择端那幅《清明上河图》中的风景、风情、风俗之美，形象而生动地展现在人们的面前。

新中国成立后，身为上海市市长的陈毅以"团结面越宽越好"的原则开展统战工作。他反复强调，一些知名人士不去台湾，不去香港，不去美国，表明他们都有爱国心，我们应该用，有的可以重用。不久，上海成立了文史馆和参事室，原来只安排30多人，陈毅大手一挥："太少了，人数后面加个零。"孰料，扩大后的人员却迟迟难以落实，各区统战部门认为这个人员不合条件，那个又有历史问题。这一徘徊不前的棘手情况，不免引燃了陈毅直率坦荡的火暴脾气："你们这些人，连个蒋介石都不如，蒋介石还把段祺瑞一家养起来了呢，怎么会没有人？上海三教九流、遗老遗少、国民党的军政人员多的是，每人每月给八九十或一百元生活费，我们养得起。每月组织他们学习两次，接受你的教育，有什么不划算？我看这样做有个最大好处——可以减少一些反革命！"

于是，在陈毅的大力推动下，文史馆和参事室很快就建立了。接着，又成立了上海市博物馆、图书馆、文物保管委员会，大批专家学者、文博人才有了用武之地。

陈毅的思维是一种"贵和思维"，这种思维的基调与底色，是和衷共济而不是敌视防范，是尊重其长而不是盛气凌人，高在其意，美在其蕴。

　　爱美之心，人皆有之。多从美的角度、多用欣赏的眼神看人看事，境界高了，猜忌就少了；胸襟宽了，嫉妒就少了；内心阳光了，是非就少了。和，会让人雍容、高逸，也会让人魅彰、美溢。

妈妈的话　NO.95

篱笆不能没桩，居家不能没邻。

——孙学英

孙学英（1933—），山东省淄博市临淄区人，前半生务农，后农转非进城。她为人忠厚、朴实，性格随和开朗，与乡亲邻里和睦相处。她虽一字不识，但管教子女比较开明，在子女们遇事犯错时，总是入情入理地说教，从不棍棒打骂。她懂得感恩，乐于助人，当年时常得到庄里乡亲和邻居的帮助，当遇到别人有困难时她都尽己所能，毫不犹豫、毫不吝啬地帮人一把。

路百渠①的父亲早年参军在部队服役，母亲孙学英一人拉着三个孩子吃尽了苦。二十世纪五六十年代正是建国初期的人民公社时代，由于家里没有劳动力，挣不来工分，需要花钱买生产队的工分换粮食养家糊口。然而当时家里根本拿不出多少钱来买工分，加之三年自然灾害，只能靠庄里乡亲和邻居的帮助度日。

六十年代后期，随着路百渠他们渐渐长大，父亲也转业安排在县委机关工作，家中生活一天天好了起来。这时母亲首先想到的是如何感恩那些曾经帮助过她家的好乡亲、好邻居。她经常挂在嘴边的一句话就是："篱笆不能没桩，居家不能没邻，要知恩图报，永远不要忘了在你困难时帮助过你的人。"乡亲邻居没吃的了，孩子饿得嗷嗷叫，她知道后就赶紧包上几个窝窝头给送去；有的衣服破的没法再穿了又没钱买，她看到后就赶紧把自己家暂时穿不着的衣服拿去让人家穿；有的遇事急用钱，她听说后赶紧把仅有的三五十元钱借给人家急用；有的家庭闹矛盾，她也去帮着调解说和；有的年老体弱有些农活干不了，她就让孩子们去帮忙。别人感谢她，她也总是说："篱笆不能没桩，居家不能没邻。邻里间相互帮衬一下，再大的坎也能过去！"

---

①路百渠，孙学英妈妈的儿子。入伍前担任小学教师，入伍后曾任指导员、教导员、团政治处干事。转业后曾任淄博市临淄区组织部干部科科长、区物价局副局长。现为中国摄影艺术家协会会员、中国香港摄影报记者等。近年来，有70余幅摄影作品在全国及省市区摄影大赛中获奖，1300余幅摄影作品被采用，被区政府评为"临淄优秀文化人物"。

近邻有时胜至亲

人们常说，远亲不如近邻。其实，在当下何止远亲，有时至亲也赶不上近邻。

当今时代，人在天南地北忙碌，空巢老人多、留守儿童多成为中国的一大特征。这些老人、这些孩子真有急事，往往靠不上儿女、靠不上爸妈，唯有邻居才能帮上忙。这些老人心中的孤寂，往往要在邻居们的闲聊中排解；这些孩子们的孤独感，往往要在邻居孩子们的玩耍中消解。如果说过去子女多，一个家庭、一个家族居住在一起，邻居的作用还颇为有限的话，而在今天似乎并非可有可无。然而，令人忧虑的是，冰冷的钢筋和水泥就像一道无情的防火墙，割断或弱化了邻里之间应有的交往与亲近，有的见了面只是点个头，有的冷漠得简直形同路人，有的则因一点不顺眼、不顺意便相互鄙夷。这是一种城市病，更是一种现代病，也许到时吃苦头的还是自己。

天地和则万物生。邻里和睦相处，相居心安，相遇心恬，相思心暖，相离心念，彼此不过是人生的一次"遇见"，但何尝不是一种生活的"田园"，抑或上苍的恩典！珍惜邻居、善待邻居，是境界也是在自我聚气积福。

清代《韶山毛氏家训十条》中说："三家五户要相亲，缓急大家帮衬。是非与他拆散，结好不啻朱陈。莫恃豪富莫欺贫，有事常相问讯。"我等应该以此为勉！

妈妈的话　NO.96

相识是缘分，相处靠真情。

——杨　梅

杨梅（1971—），哈尼族，云南省默江县人。这位从遥远的小山村来到齐鲁大地的"外来妈妈"，贤惠能干，勤俭持家，种粮种菜、养鸡养鹅、开荒造田、打理果树，闲暇之余还去搬家公司做清洁，忙碌并快乐着。

语境介绍

深秋，是观赏红叶的最佳时节。我（孙娘）站在山坡上，向远处山谷里眺望，那里就像一幅巨大的油彩画，各种颜色尽囊其中。眼前的美景诱人前往，山下有两条路，哪条路通往山谷呢？于是，我前去路边一户人家打听。

一位老太太和一位中年妇女闻声开了门，就在这当口，一个骑着三轮电动车的中年男子也刚好来到门前。原来这名中年男子是老太太的儿子、中年妇女是她的儿媳妇。老太太的儿子告诉我，山谷里是名胜古迹子房洞，并滔滔不绝地讲起子房洞的历史传说。我感到他虽是个普通山民，但外表不俗，谈吐不凡，知识面还挺广。他又给我介绍他的媳妇杨梅。其实，我第一眼看她时就感觉她是南方人，结果如我所料。

杨梅来自云南，胖乎乎的脸上有一双大大的眼睛，她能说一口流利的当地话。我问，你们那里的条件是不是不如山东？她说，俺老家守着墨江，现在搞旅游开发，各方面比以前好多了。前段时间，妈妈和弟弟坐飞机过来住了两个月。

杨梅说，婆婆家和娘家都是善良人，她和婆婆挺投缘的，平常能做到相互谅解，婆婆就像自己的妈妈一样。杨梅的婆婆这辈子不容易，小时候在娘家受苦，39 岁时丈夫去世，她一个人拉巴三个孩子，还要照顾腰不好的老公公，天天送三顿饭，一送就是十几年。

3 年前，婆婆和杨梅一块儿蒸馒头，没想到馒头刚起出来，婆婆就昏过去了。杨梅忙把婆婆送到医院，原来婆婆患了高血压。婆婆说，多亏了闺女和儿媳的照顾，身体又恢复了健康。婆婆和杨梅一直认为，虽然相识是离不开缘分的，但能长久相处还得靠真情。前几年，杨梅把即将步入婚姻殿堂的大女儿张芳芳①和女婿叫到跟前，深有感触地对两人说："要珍惜婚姻，相识是缘分，相处靠真情。"

---

①张芳芳，杨梅妈妈的女儿，曾在超市当营业员，现和丈夫经营搬家公司。

人间自有真情在

杨梅娘家和婆家都是厚道人，而且家风好。当年杨梅的爷爷再婚，她爸妈对这个后来的妈妈和亲妈妈一样好。杨梅也提倡，两家老人都要平等对待。她虽然没读几年书，但聪明能干，孝敬双方老人，关心孩子并督促孩子们好好学习。

杨梅和丈夫算是自由恋爱，当时亲戚带着丈夫去云南相亲，没想到两人一见钟情。尽管两人算是自由恋爱，但当初各自都出于无奈，丈夫家太穷，在当地不好找媳妇；而杨梅家在云南封闭贫穷的山寨里，上有哥哥下有弟妹，家里连电都没通。但那里的自然风光秀丽，被称为"太阳转身的地方"。然而，千里姻缘一线牵，两人的命运和人生至此也实现了"转身"。

杨梅刚到山东时，对当地的饮食不太习惯，也时常思念家乡，毕竟月是故乡明啊！当然，爸妈也在牵挂着远在山东的女儿，毕竟儿行千里母担忧嘛！但有丈夫在身边，杨梅很安心，婚后的第五年，她和丈夫带着大女儿回了趟云南，见到了久违的乡亲。

如今人到中年的杨梅夫妇也有了第三代，婆婆一直跟着他们生活，杨梅把婆婆当亲妈待，丈夫和婆婆也感恩在心。当得知杨梅爸妈生病时，丈夫主动寄钱给老人看病，而这一切，都离不开一个情字，是情让两个来自不同民族的家庭相聚一起，共创美好生活。

妈妈的话　NO.97

只要真心把媳妇当亲闺女待，婆媳关系差不了。

—— 李秀荣

李秀荣（1932—2013），山东省夏津县人，一生务农。她虽然没有文化，但看问题入骨三分，同样的问题比一般人看得深、看得远。她持家重和睦，为人处事厚道、得体，善处婆媳之间、妯娌之间、邻里之间的关系，被誉为整个家庭中的"捆草绳"。她和儿媳同吃同住35年，从没红过脸拌过嘴，在附近十里八乡是出了名的和睦家庭，曾被夏津县人民政府授予"五好家庭"荣誉称号。

 语境介绍

李秀荣妈妈与儿媳同在一个屋檐下和睦相处 35 年，这在当今社会是极为少见的。每当人们问起她是如何处理好婆媳关系的，她总是深有体会地告诉大家："人心换人心，八两换半斤。只要真心把儿媳当亲闺女待，婆媳关系就差不了。"她去世前，有两年时间因病卧床不能自理，儿媳天天给她洗手洗脸，喂饭喂药，翻身擦澡，端屎端尿，对她照顾得无微不至，比亲闺女还要亲。

女儿朱桂荣[①]牢记妈妈的这句话，在自己当了婆婆后把儿媳当亲闺女待，婆媳之间达到无话不说的程度，住在一栋 70 平方的楼房里，和谐、快乐、幸福地过了 10 多年。

家训夹议

道是有情亦动情

家庭关系是最简单，又是最复杂的社会关系。说它简单，是因为它是用血缘和情感凝结的，也是最小的社会关系单元；说它复杂，是因为家庭关系是个睁开眼就要面对，躲不开、绕不过，"剪不断、理还乱"的社会关系。清官难断家务事，何况身处家庭漩涡的成员？因此，法国作家蒙田感慨：一个人能够和家人和睦相处，这是人生的重大成就。

婆媳关系是家庭关系中最敏感、最脆弱，也是"不是核心，但影响核心"的"对立统一关系"。与母女关系相比，婆媳关系为什么难处？说到

---

①朱桂荣，山东省夏津县人，曾担任村民办教师，后进城在企业工作，2000 年从海阳工艺品集团公司退休。

底还是缺乏血缘与情感这个"凝结剂"。先天血缘"无缘"，后天情感"有情"。李妈妈告诉我们，婆媳之间最要害的还是一个"情"字，情不到一定的份上，心就贴不到一起，遇事就想不到一起，就会出现理解少、误解多、体谅少、纠缠多，宽容少、结怨多的问题。既然这样还等什么，赶紧为婆媳之间架设输送感情的桥梁啊！

然而话又说回来，有了感情的投入就会有婆媳和睦相处的回报吗？未必。用胶东地区那句老话来说，两好才能"噶"一好。现实中，"热脸贴上个冷屁股"的现象还是有的。这并不难理解，毕竟情感投入是一回事，对方领不领情又是一回事。不过，再坚硬的冰山遇热都会逐步溶化，再铁石的心肠遇情都会为之动容。这就有了一个如何以情"化心"，如何让人"动情"的问题。也就是说，既要用真情，又要会传情；既要有爱心，还要会暖心。把话说到心坎儿上，把事办到心底儿里，谁会麻木不仁、无动于衷？

好友王培佐曾讲到这样两件让嫂子感动的事：一件是，1985 年培佐从老山前线轮战归来后，带回几件军大衣，这在当时算是比较奢侈的东西。培佐的妈妈翻过来看过去，稀罕得不得了。当培佐提出送给嫂子的父亲一件时，妈妈高兴得说他很懂事、会办事。另一件是，培佐提干后一次回家探亲，拿出 600 块钱去看望嫂子的母亲，这在当时是个不小的数目，妈妈对儿子的做法同样是夸个不停。培佐这样对待嫂子家的老人，街坊邻居非常羡慕，老人脸上挺有光，觉得亲家贵心待人，女儿在婆婆家有地位。嫂子呢，既把"账"记在小叔子身上，更记在婆婆身上，觉得婆婆很贴心。婆媳间亲密了，培佐出门在外对母亲的牵挂也就少了许多。

妈妈的话 NO.98

作为一个妻子，要顶天立地，撑起家庭一片天，别让后院起火。

—— 刘士英

刘士英（1928—2003），山东省费县人，在农村长大，成年后担任妇女主任，参加过支前活动，吃苦耐劳，默默奉献。她曾与一些革命群众被汉奸捆绑准备活埋，幸被路过的鲁南军区游击队解救。她遇事有主见、有胆量，看事长远、做事周全。她对孩子注重言传身教，舍得摔打锻炼，从不娇惯溺爱。小儿子5岁的时候就让他到河里洗衣服，洗不干净就教他重洗。

刘士英妈妈一生，让6个子女非常钦佩的有四件事。

一是上福建。23岁那年，她孤身一人前去福建前线，去找在东山岛部队的丈夫。当时，全国刚刚解放，国民党在福建沿海一带的袭扰活动非常猖獗，不少部队家属和当地居民被国民党潜伏特务和偷渡武装人员杀害。对此，刘士英全然不顾。几个孩子出生后，丈夫在部队紧张备战，根本顾不上家，她带着孩子在担惊受怕中躲避敌特的袭扰活动，有一次上船转移时不慎掉到海里，差点淹死。福建沿海台风多、台风大，部队家属住的房子是毛草房顶，台风从门里刮进屋里，直接把房顶子掀了起来。有一次晚上刮特级台风，家里的门根本关不住，但一旦台风进了屋，房顶就保不住了，孩子们就无处安身了。刘士英妈妈没别的办法，干脆就用家里的桌子顶在门上，自己的肩膀顶在桌子上。孩子们这一夜睡得很香，而她一顶就是一宿。第二天一看，别人家的房顶都被台风掀跑了，只有她家的安然无恙。

二是保丈夫。刘妈妈的丈夫刘凤恩1944年入伍，是参加过鲁南战役、渡江战役、福州战役的功臣，在部队干到副团级。转业时安排在福建浦田的长太县任区委书记、县委委员，后调回老家费县当局长，1983年按正县级离休。"文革"中，丈夫作为"走资派"被红卫兵揪斗、殴打，腰腿部受伤严重。每次红卫兵殴打丈夫时，只要刘妈妈在场，她都不顾一切地扑到丈夫身上，挡着疯狂的拳打腿踢。一段时间后丈夫失去了生活的信心，几次想自杀了断，刘妈妈耐心做他的工作，鼓励他不做懦夫；丈夫想带着老婆孩子回乡下，一走了之，刘妈妈劝他不当逃兵，要咬牙挺住。就这样，丈夫和全家度过了那场政治灾难，也才有了后来的一切。

三是筹学费。1964年刘妈妈一家调回山东老家后一贫如洗，从南方来到北方连过冬的棉衣棉被都没有。6个儿女一个个长大、上学，丈夫的那点微薄工资养家、赡老远远不够，孩子的学费都是拖到最后交上的。为了贴补家用，刘妈妈找到一个靠卖石子来挣钱的活。她自己到山上砸石子，然后用地排车拉到 50 里外的公社所在地，一路都是高低不平的山路。每次送石子，都是晚上 10 点出发，赶在天亮送到工地。遇到上坡时，她在前边拉车，4 个大一点的孩子在后面推车；下坡时，她在前面顶着车，孩子们在后面拉着车。就这样两三天送一趟，挣点学费钱。

四是退礼品。丈夫在县里当粮食局、外贸局、环保办领导的时候，常有一些人拿着烟酒、土特产等礼品到家里来拉关系。每次都是刘妈妈让人拿回去，或是自己给人家送回去。后来她因病住院，孩子们的同学、同事以及关系人员带着东西来医院看望。出院时，她让儿女是谁的就去退给谁。她说，公家的财钱不能贪，别人的便宜不能占，吃进去早晚要吐出来的。

刘士英妈妈与儿女们说起经历的这些事，始终觉得那是一个女人、一个妻子应当做的。她曾对女儿刘秋闵[①]、儿子刘建[②]说："作为一个妻子，要顶天立地，撑起家庭一片天，别让后院起火，别让家人担心，别给家人添乱，多为家人保驾。"

家训夹议

把"盾"字写端正

女人固然有自己的事业和追求，但历史传承下来的一个至关重要的角色，就是做家庭的"后盾"。社会的发展与进步，不仅没有让女人减轻家庭的重担，而且让她们在家庭中的发言权乃至主导权得到不断强化，"后盾"的角色也日益凸显；外面世界不断增大的诱惑与侵蚀，更让这种"后盾"变得不可或缺。

①刘秋闵，刘士英妈妈的女儿，费县计生委退休干部。

②刘建，刘士英妈妈的儿子，曾在费县纺织机械厂任车间主任、支部书记、生产科长，县环保局环境管理科科长。

然而，对一个家庭来讲，"后盾"不但要看有无、看厚薄，更要看"质地"。过去，对皇家来讲，"后盾"不可谓不大，不可谓不厚，但常常祸起"后宫"，像武则天、杨玉环、慈禧太后这些李氏、爱新觉罗氏家的"后盾"，最后都沦为背后插刀的主。现实中某些家庭的"后盾"，虽强势而立，但由于"质地"不过关，常常挡不住种种诱惑，挡不住射来的束束"毒箭"，甚至"盾"面虚立，引狼入室、后院点火，把家和家人推入火坑与深渊。看看那些银铛入狱的高官，有多少不是因"后盾"失能或质变？

过去说女人是家庭的"后盾"，一个基本的因素是女人大门不出、二门不迈，始终是"围着锅台转"；现在说女人是家庭的"后盾"，不是说要把女人拴在家里，而是让女人挑起护家的担子，这不是一种低看而是一种仰视，是社会的一种信任也是一种重托。这对女人来说，唯一要做的就是担起责任，不负家庭、不负社会，像刘士英妈妈那样，把那个"盾"字写端正、写厚重，备好"美酒"和"猎枪"，把后院守护好。

妈妈的话　NO.99

与其死后化成一把灰，不如把遗体捐出去，为国家做最后一点贡献。

——王秀英

王秀英（1934—），山东省潍坊市昌邑县人。父亲早年在外求学，也坚持让她在当地小学读书，直到后来进入山东林校学习。毕业后，她一直从事林业方面的工作。她性格当中最典型的，也是给子女印象最深、影响最大的就是坚强。从女儿雷林林记事起，除了姥姥去世见过母亲痛哭外，之后无论遇到再大的苦痛也未见她流过一滴眼泪。她常挂在嘴边的一句话是：高兴也是一天，不高兴也是一天，那为什么不高高兴兴地过好每一天呢。

语境介绍

王秀英妈妈从来不相信鬼神之说。她不仅自己从未烧过纸，也不允许雷林林①她们给父亲烧纸。所以，每当清明祭扫时，她们都是手捧鲜花前去。王妈妈每每看到报纸上报道墓地的价格又上涨时，就会说人死了还要花高价买块墓地没什么意义，白白浪费钱和土地。有一年的清明节期间，她看到报纸上和电视上大力宣传和提倡打破传统思想，破除封建迷信，推广环保殡葬等宣传，加之她从来不信鬼神之说，于是，向孩子们提出，死后将遗体捐献给国家。她说："与其死后化成一把灰，不如把遗体捐出去，为国家做最后一点贡献。"

2018年，王秀英妈妈又要求把丈夫的骨灰撒向大海，还提出与当地红十字会签订捐献遗体的协议。她的举动是发自内心，十分坚定的。

家训夹议

淡看身后事，留光在人间

"'死'要面子，'活'受罪"，这是当下对某些地方丧事操办情形的一种形象描摹。一些农村地区很多家庭，为了"死要面子"，为办丧事大肆铺张浪费，办一场葬礼要花掉几年的收入；而在很多大城市，虽然葬礼不必大操大办，但纷纷出现的"天价墓地"，也常让一些普通家庭颇觉"死不起"。

中国人历来忌讳这个"死"字，把人死称作"老了""走了"，更有诸多文雅、委婉的说法。同时，又对后事看得异常重大，在墓地、棺材、

---

① 雷林林，王秀英妈妈的女儿，高中毕业后进入银行工作至今。

葬礼等方面极其讲究，在过去孝子还要守孝三年。这一切，看起来是对死者的尊重与怀念，实际不过是一场演给活人看的戏罢了。人死如灯灭，活人再怎么折腾，对死人已没有任何意义；与其死后哭天喊地、花钱费力，又是"建屋造楼"，又是"送金送银"，不如生前多用些心思、多花费点钱财尽尽孝。

人终有一死，死后是给社会、给家庭添负担，还是为国家做最后一次贡献，王秀英妈妈用她的言语和行动给予了明确响亮的答案。中国是一个文明古国，延续千年的殡葬文化，自有其强大的韧性和惯性。在生死问题上，老祖宗的那一套很有市场，可以说是难以触碰的"雷区"，人们普遍缺乏一种达观的态度。只有那些思想境界达到一定高度的人，才会有捐遗体、撒骨灰、不烧纸这样的举动。不过，"星星之火，可以燎原"，随着人生观与"人死观"的宣传，以及国家殡葬制度的改革，会有更多的人加入到王妈妈的队伍中来。

"简"为美，"单"为洁。人既然是简简单单地来，还是简简单单地去为好！

妈妈的话　NO.100

　　每天睡前想想娘，不要总是等到饿了、累了、困了和病了才想，想想儿时娘的嘱咐。

——瞿来英

　　瞿来英（1929—），江苏省南通市通州区人，出生于旧社会一个农民家庭，兄妹六人，排行老二。由于家境贫寒，父母无力扶养，她的一个姐姐和三个妹妹相继送人或当童养媳，家中只留她姐弟二人，她早年就担负了爱护弟弟和协助养家的责任，学会了农耕、纺织、贩卖等糊口的手艺，养成了直面困难、笑待人生、追求希望的品德和性格。婚后她靠勤劳的双手、朴素的行为养育和影响儿女，子女中虽没有达官显贵，但普遍受到乡邻的称赞。

语境介绍

　　刘吉祥①上中学第一次要远离家门，母亲嘱咐这、叮咛那，似乎有一百个不放心，这正应了那句老话——"儿行千里母担忧"，而他离家不过几十里路。吉祥临走时她拉着儿子的手，仍不忘嘱咐："每天睡前想想娘，不要总是等到饿了、累了、困了和病了才想，想想娘是怎么说的。"吉祥参军入伍离开家的那一天，母亲又对他说起那句话："每天睡前想想娘，不要总是等到饿了、累了、困了和病了才想，想想儿时娘的嘱咐。"

　　几十年来，母亲的许多话成了刘吉祥每日"三省吾身"的重要"教材"。

家训夹议

难忘的是味道，莫忘的是唠叨

　　每个人出生后最依恋的是妈妈，离家后最牵挂和思念的也是妈妈。小时候，饿了、累了、困了、病了，受到委屈或被别人欺负时，首先想到的是妈妈。妈妈是温暖的港湾，为你挡风遮雨，为你拭泪擦汗，为你掖被摇扇……妈在哪，家就在哪，即便长大成人、结婚生子，有了自己幸福的小巢，妈妈的臂弯也常常让你留恋。

　　当然，在人生的记忆里，最难忘的还是妈妈的味道——任何大餐都替代不了的味道。人无论走到哪里、在什么高位，对妈妈的味道一直念念不忘，说起妈妈的手擀面、三鲜饺子、糖醋鲤鱼、水汆丸子……总是那样眉

---

　　①刘吉祥，瞿来英妈妈的儿子，在历经三度高考落榜后参军入伍，曾任股长、团副参谋长。转业地方后热爱乡镇街道工作，视群众为父母，在经济建设、民生工程、文明建设等方面实现了自身价值。

飞色舞，总是那么令人垂涎，因为那里面有儿时的味蕾，更寄托着对妈妈的情念。

一个人从小到大、从成人到成才，一路上都少不了妈妈味道、妈妈唠叨的陪伴。或许，妈妈的味道让你留恋，妈妈的唠叨让你心烦，但妈妈的话常常哲理四溢、终身留香，哪怕土得掉渣、断无经典可言。然而，现实中人们念念难忘的多是妈妈的呵护、妈妈的味道，有多少人能够常想想妈妈的叮咛、妈妈的指点？又有多少人津津乐道地"炫耀"妈妈的哲理、妈妈的"名言"？

天底下最无私的是妈妈，最懂你的是妈妈，对你最掏心亮肺的也是妈妈，妈妈的话最真诚，妈妈的话最深切，妈妈的话也最受用。我们说，妈妈不仅是温暖的港湾，更是人生不起眼又不可缺的路标，她用"过来人"的智慧和母爱的天性，默默地引领着你绕过暗礁、平稳向前。

别小瞧了妈妈的智慧，莫低看了妈妈的唠叨，而最应该做的就是把妈妈奉为良师益友，把唠叨视为丰厚矿藏。君子每日"三省吾身"，人无论年少、年老，无论资深、资浅，临睡前反思一天来为人处事的得失、学业事业的长进，回味一下儿时妈妈的教诲，虽不能保证你成就伟业，但可免走一些弯路，远离某种意外，防止积聚小错、酿成大失。那样，"本"和"初心"也不会走远。